폭정에 맞서는
공감의 정치

따뜻한 세상을 꿈꾸며

폭정에 맞서는
공감의 정치

따뜻한 세상을 꿈꾸며

2024년 1월 5일 초판 1쇄 펴냄
지은이 김종욱
편집 김균하
펴낸이 신길순
펴낸곳 (주)도서출판 **삼인**
전화 02-322-1845
팩스 02-322-1846
이메일 saminbooks@naver.com
등록 1996년 9월 16일 제25100-2012-000046호
주소 (03716) 서울시 서대문구 성산로 312 북산빌딩 1층

디자인 끄레디자인
인쇄 수이북스
제책 은정

ISBN 978-89-6436-257-0 03300
값 20,000원

폭정에 맞서는
공감의 정치

따뜻한 세상을 꿈꾸며

김종욱

삼인

머리말

　'들머리'는 골목이나 마을 등에 들어가는 어귀라는 뜻의 단어다. 책의 들머리에서 많은 상념이 스쳐 지나간다. 오랜 진화의 역사 속에서 인간은 공감이라는 탁월한 능력을 발전시켰다. 살아 있는 생명체와 공감할 수 있는 능력은 인간을 인간답게 만들었다. 그런 인간이 진화의 끝에 만들어 낸 문명은 '풍요의 시간'을 열었지만, '파국의 문'을 열어버렸다. 인간의 소비를 위해 지구와 지구 생명은 약탈과 착취의 대상이 되었고, 지구상에서 사라졌거나 사라지고 있다. '지속 불가능'은 인간의 문명이 만들어낸 비극이고, '지속 가능'은 생존을 위한 절규다.

　사람이 모여 이룬 공동체는 근대에 들어서 국가와 국민을 만들었다. 국민이 곧 국가라는 프랑스혁명의 구호가 이를 증명한다. 근대 국가 시스템의 정치와 경제는 인간의 공감 능력을 소외시켜 강자를 위한 국가, 자본을 위한 국가를 만들었다. 약자에 의한, 약자를 위한, 약자의 국가는 사라지고 강자와 자본을 위한 국가로 변모한 것이다.

　필자가 이 책에서 밝히고 싶은 것은 이 잘못된 정치경제를 막는 방법은 '공감의 정치'라는 것이다. 역사도 이와 같아서 약자들은 피어린 투쟁을 통해 자유와 평등을 쟁취해 나간다. 약자와 약자의 공감에 의한 연대는 권력과 자본을 뚫고 새로운 세상을 만들어간다. 동아시아의 '역성易姓'과 '반정反正', 미국 독립선언문과 프랑스 인권선언의 저항권·혁명권 보장이 그 증거다. 북한 사회의 변화도 독재와 압제에 맞선 공감의 연대가 그 원동력이 될 것이다.

　폭정暴政에 맞서 국민은 인내하며 반란을 준비한다. 자유와 평등의 세상에서 함께 살아갈 희망을 위해 공감의 연대로 권력과 자본에 맞서 싸운다. 국민은 불평등·불공정·불합리의 불의에 맞서 자유와 평등, 상식과 공정의 사회를 만드는 정의의 장정에 함께했다. 그것이 인간의 역사였고, 공감의 역사였다. 그 길을 걸어온 모든 이들에게 경의를 표한다. 저자는 지금도 폭정에 맞서 '공감의 정치'를 전개하는 모든 이들과 함께할 것이다. 미래의 후배들을 위해서….

　고마운 분들을 알리지 않을 재간이 없다. 필자와 더불어 꿈을 현실로 바꾸고 있는 아내 고은경에게 무엇보다 고맙고 또 고맙다. 입이 열 개가 필요할 정도다. 그 길에 동참해준 최호진, 이태범, 강신부, 세 분에게 고맙다. 이런 책 쓸 수 있게 낳아주셨고 지금은 다른 곳에서 나를 지켜보고 계실 어머니, 아버지께 감사드린다. 눈 마주치고 웃으며 언제나 묵묵히 큰 힘이 되어주셨던 어머니, 보고 싶고 또 보고 싶다. 60대 초반에 닥친 치매로 자식에게 효도 한번 받아보지 못하셨다. 주시기만 하고 가셨다. 아버지도 노년을 쓸쓸하게 보내셨다. 태산 같았던 아버지의 저는 다리를 보며 마음이 쓰렸다. 이젠 그도 볼 수가 없다. 나이 들어야 고마움을 아나 보다. 하나밖에 없어서 언제나 위태롭지만 볼 때마다 예쁜 우리 딸, 이젠 너무 커버려서 서운하다. 매일 안아주고 싶지만 그럴 수가 없다. 딸을 위해 정말 좋은 세상을 만들고 싶다. 살 만한 세상을 남겨주고 싶다.

2023년 12월, 자유와 평등을 위해 싸워온 모든 분에게 감사하며
김종욱

차례

3. 역사 이야기

4. 한반도 이야기

5. 미래를 위한 정치: 석과불식碩果不食

1

들어가는 말: 내 삶의 궤적과 생각의 리듬

여민동락與民同樂과 민시민청民視民聽의 길을 출발하며

사람을 숙연하게 하는 문장들이 있다. 예컨대 미국 소설가 마크 트웨인Mark Twain(1835~1910)의 글이다. "시간이 없다. 인생은 짧기에. 다투고 사과하고 가슴앓이하고 해명을 요구할 시간이 없다. 오직 사랑할 시간만이 있을 뿐이며 그것은 말하자면 한순간이다." 엄연한 삶의 진리임을 알면서도 사랑만 하며 살아가지 못하는 것 또한 엄연한 사실이다. 강의를 듣는 학생들에게 매번 들려주는 이야기이고 모두 고개를 끄덕이며 공감하는 내용이지만 그것을 실천하는 것은 너무나 힘들다. 사랑하며 살아간다는 것의 숭고한 가치에도 불구하고, 우리의 삶은 그런 길을 매번 일탈한다. 어쩌면 우리의 삶은 매 순간 일탈을 조정하며 이어지는 것일지도 모르겠다. 그러나 사람은 사랑할 능력을 지녔다. 그것도 세상에 날 때부터 본성으로 가지고 있다. 사람의 삶은 세상과 만나고, 세상과 사랑과 정의감으로 공감하고 대화하며, 세상과 함께 저물어가는 것이다. 따라서 세상은 사랑과 정의의 공동체이며, 공감장共感場이다. 그 세상을 더욱 살맛 나게 만드는 것은 '공감의 정치'다.

사랑(仁)과 정의(義)의 '공감의 정치'

> 백성이 즐거워하는 것을 즐거워하면 백성도 그 즐거워함을 즐거워하고, 백성이 걱정하는 것을 걱정하면 백성도 역시 그 걱정함을 걱정한다.[1]

정치는 백성과 더불어 즐거워하고 더불어 걱정하는, 동심同心에 의한 동락同樂과 동환同患이라는 의미다. 동아시아는 수천 년 전부터 정치란 국민이 즐거워할 때 함께 즐거워하고 걱정할 때 함께 걱정하는 '공감의 정치'라는 것을 갈파했다. 동아시아 정치의 핵심은 바로 백성이며 국민이다. 그들이 삶에서 느끼는 감정을 알지 못하는 정치는 나쁜 정치다. 좋은 정치는 "백성이 이롭게 여기는 것으로 백성을 이롭게 해주는 것"[2]이며, "그들(백성)이 하지 않는 것을 하게 하지 말고, 그들이 하려고 하지 않는 것을 하려고 하지 말라"[3]는 것이다. 정치의 본령은 민심民心이라는 천명이다.

제선왕齊宣王은 맹자에게 문왕의 동산이 넓이가 70리里에 이른다는데 사실인지 아닌지 물었고, 맹자는 옛 책에 나온다고 답했다. 제선왕은 다시 묻는다. "과인의 동산은 넓이가 40리로되 백성들이 오히려 크

---

1 『맹자孟子』「양혜왕하梁惠王下」(2-4), "樂民之樂者 民亦樂其樂 憂民之憂者 民亦憂其憂."
2 『논어論語』「요왈堯曰」(20-2), "因民之所利而利之."
3 『맹자』「진심상盡心上」(13-17), "無爲其所不爲 無欲其所不欲."

다고 여김은 어째서입니까?" 그러자 맹자는 "문왕의 동산은 넓이가 70 리에 꼴 베고 나무하는 자들이 그리로 가며, 꿩 잡고 토끼 잡는 자들이 그리로 가서 그 동산을 백성과 더불어 함께하셨으니 백성들이 작다고 여김이 당연하지 않습니까?" 뒤이어 "신臣(맹자)이 처음 국경에 이르러 제나라에서 크게 금하는 것을 들은 뒤에야 감히 들어왔습니다. 신이 그때 들으니, 교관郊關(도성 외곽 주요 지역에 설치한 방어 시설)의 안에 동산이 40리인데 동산에 있는 사슴을 죽이는 자를 살인의 죄와 같이 다스린다고 하였습니다. 이는 40리로 나라의 가운데에 함정을 만든 것이니, 백성들이 크다고 여김이 당연하지 않습니까?" 그야말로 맹자가 정치철학으로 제선왕을 한 방 먹인 것이다.

맹자의 뜻은 백성과 함께 동산을 나누어 사용한다면 그 크기가 얼마가 되건 백성은 오히려 기뻐하지만, 백성을 배제하고 왕만을 위해 동산을 독식한다면 백성은 당연히 싫어한다는 것이다. 백성이 싫어하는 정치를 하는 정치인을 백성이 좋아할 리 만무하고, 백성이 하고 싶지 않은 일을 강요하는 정치인을 좋아할 리가 만무하다. 어찌 보면 이것은 인지상정이고 상식이다. 사람들이 그렇게 살아왔고, 살아가고 있으며, 살아갈 것이다.

여민동락의 정치는 뒤이어 백성의 믿음을 얻어야 나라를 얻는다는 득중득국론得衆得國論으로 이어진다. "민중을 얻으면 나라를 얻고 민중을 잃으면 나라를 잃는 것을 말한다."[4] 백성의 믿음을 얻으려면 치자

---

4 『대학大學』(傳10章), "道得衆則得國 失衆則失國."

治者는 인정仁政을 펼쳐야 한다. 인정은 공자의 설명에 의하면 사랑의 정치다. 제자가 공자에게 인仁이 무엇이냐고 물으니, 인은 곧 사랑, 애愛라고 답했다. 사랑의 정치를 행해야 백성의 믿음을 얻을 수 있고, 백성의 믿음이 있어야 나라가 망하지 않는다. 즉 "백성의 믿음이 없으면 나라가 서 있지 못한다"[5]는 것이다.

> 걸주가 천하를 잃은 것은 그 백성을 잃었기 때문이다. 그 백성을 잃은 것은 그 마음을 잃었기 때문이다. 천하를 얻는 데는 도가 있으니, 그 백성을 얻으면 천하를 얻는다. 그 백성을 얻는 데는 도가 있으니, 그 마음을 얻으면 백성을 얻는 것이다. 그 마음을 얻는 데는 도가 있으니, 그들이 바라는 것을 그들과 더불어 그들에게 모아주고, 싫어하는 것을 베풀지 않을 따름이다.[6]

백성의 마음을 얻는 것이 정치의 핵심이며, 백성의 마음을 얻으려면 백성이 바라는 것을 함께하고, 백성이 싫어하는 것을 강요하지 않는 정치다. 인민의 자치, 이것은 프랑스혁명의 핵심 가치였다. 왕이 아니라 인민 스스로가 통치할 수 있다는 자기 통치의 원리가 프랑스혁명의 핵심이다. 동아시아도 아주 옛날부터 왕은 '하지 않고 하게 하는' 무위無爲

---

5 『논어』 「안연顏淵」, "民無信不立."
6 『맹자』 「이루상離婁上」, "孟子曰 桀紂之失天下也 失其民也 失其民者 失其心也. 得天下有道 得其民 斯得天下矣. 得其民有道 得其心 斯得民矣. 得其心有道 所欲與之聚之 所惡勿施爾也."

의 정치를 최선의 것으로 여겼고, 무위의 정치에서 백성은 자치하는 칙
군자치則君自治의 원리를 추구했다. 따라서 하늘의 뜻을 알려면 민심을
통해 확인했던 것이다. 그것이 '천시자아민시天視自我民視 천청자아민
청天聽自我民聽'[7], "하늘이 보는 것은 우리 백성이 보는 것으로 말미암
으며 하늘이 듣는 것은 우리 백성이 듣는 것으로 말미암는다"는 말로,
하늘의 뜻은 백성의 마음을 통해 확인할 수 있다는 것이다.

따라서 하늘을 뜻을 알려면 백성의 마음을 알아야 하고, 백성의 마
음을 얻으려면 사랑의 정치를 펼쳐야 한다. 이것은 정치의 기본인 민시
민청民視民聽 다문다견多聞多見, 백성의 눈만큼 보고 백성의 귀만큼 듣
는, 많이 듣고 많이 보는 자세와 태도의 중요성을 의미한다. 정치인은 국
민의 삶의 현장에서 그들의 삶을 보고 듣는 것을 통해 그들이 무엇을
원하는지 확인하고 원하는 것을 함께 만들어 나가야 하며, 국민이 원하
지 않는 것이 무엇인지 확인해서 그 근원을 막거나 맞서 싸워야 한다.

그다음으로 정치인은 사랑과 정의의 정치를 자신의 철학으로 알고
실천해야 한다. 양혜왕梁惠王은 공자에게 "노인老人(맹자)께서 천 리를
멀리 여기지 않고 오셨으니, 또한 장차 내 나라를 이롭게 함이 있겠습
니까?"라고 물으니, 맹자는 "왕은 하필 이로움(利)을 말씀하십니까? 또
한 인의仁義가 있을 뿐입니다"라고 답했다. 왜 치자가 이익을 말하는가,
사랑과 정의를 말해야 한다는 뜻이다. 그 이유에 대해서는 다음과 같
이 설명한다.

7 『맹자』「만장상萬章上」.

왕께서 어떻게 하면 내 나라를 이롭게 할까 하시면 대부들은 어떻게 하면 내 집안을 이롭게 할까 하며, 사土·서인庶人들은 어떻게 하면 내 몸을 이롭게 할까 하여, 윗사람과 아랫사람이 서로 이를 취한다면 나라가 위태로울 것입니다. 만승萬乘의 나라에 그 군주를 시해하는 자는 반드시 천승千乘을 가진 공경公卿의 집안이요, 천승의 나라에 그 군주를 시해하는 자는 반드시 백승百乘을 가진 대부의 집안이니, 만승에 천승을 취하고 천승에 백승을 취함이 많지 않은 것은 아니지만 만일 의義를 뒤에 하고 이를 먼저 한다면 모두 빼앗지 않으면 만족해하지 않습니다.[8]

치자가 이익에 몰두하면 그 아래 공직자들도 똑같이 사리사욕을 추구하게 되며, 나라가 위태로울 수밖에 없다. 나라의 공직자들이 모두 부정과 부패로 얼룩졌는데 나라 곳간이 남아날 도리가 없고, 일반 국민의 삶은 도탄에 빠질 수밖에 없다. 이런 아귀다툼 속에서 승乘[9]을 가진 고위직은 자신의 이익을 위해 왕의 목숨을 앗아간다는 뜻이다. 정의를 바로 세우지 않고 이익에 몰두하는 자들은 끝까지 더 많은 이익을 위해 수탈을 감행할 것이다. 그러니 나라가 남아날 리 없다. 이와 달리 사랑의 삶을 살면 그 어버이를 버리는 자가 없으며, 정의로운 삶을 살면 그 군주를 따르는 것이다. 맹자는 이런 의미에서 양혜왕에게

8 『맹자』「양혜왕상梁惠王上」.
9 승乘은 전쟁에 쓰는 수레인데, 이 수레 한 대는 갑사甲士 3명, 보병步兵 72명, 뇌중차輜重車에 딸린 병사(취사병) 25명, 군마 4필로 구성된다.

인의仁義를 말씀하셔야지 왜 이리利를 말씀하느냐고 꾸짖은 것이다.

폭정에 저항하는 국민의 권리와 의무

　동아시아나 유럽에서 왕이나 권력층의 폭정에 맞서 싸우는 것은 시민의 권리이자 의무이다. 맞서 싸운다는 것은 시민의 자유와 평등을 단지 지키는 것만이 아니라 시민을 위한 국가를 만드는 정권 전복까지 아우르는 말이다. 동아시아에서 이 전통은 아주 오래전부터 확립되었다. 유학儒學은 반정과 혁명의 대상을 매우 광범위하게 규정하고 있다. 패덕悖德·잔적殘賊한 폭군, 무능하여 정사에 어려운 암주暗主, 반인도적이고 반인륜적이며 패륜적인 혼주昏主까지 모두 그 대상이다. 『역경易經』에 "하늘과 땅이 바뀌고 사시가 이루어지니 탕무 혁명"이라며 탕왕과 무왕이 걸주桀紂를 타도한 사건을 혁명으로 규정했다. 『서경書經』에서는 암주를 죽인 이유를 다음과 같이 설명한다.

　　희·화씨는 그들의 덕을 엎어버리고 술에 빠져 어지러워져 관직을 등지고 숙소를 떠나 천기를 어지럽히고 관아를 멀리하였고, 늦은 가을 월삭에 해와 달이 방에 모이지 않았을 때 소경이 북을 치고 하급관리들은 제멋대로 굴고 백성들은 달아났으나 희·화씨는 관직에 앉아서 직무를 하지 않고 듣고 아는 것이 없고 천상에 어둡고 흐리멍덩하여 선왕이 주살할 짓을 범했다.[10]

희와 화를 타도한 이유로 술독에 빠져서 직무를 방기한 점, 관직을 등지고 숙소를 떠난 점, 관아를 멀리한 점, 관직에 앉아서 직무를 하지 않고 놀아난 점 등을 들고 있다. 백성과 신하에게 함부로 하거나, 백성을 궁핍과 도탄에 빠뜨리거나, 음주와 사냥 등으로 직무를 소홀히 하는 위정자에 대한 방벌放伐과 처형은 당연했다.

폭군을 응징하는 방법은 반정과 혁명으로 구분된다. 왕을 갈아 치우는 것은 반정反正, 사직을 갈아 치우는 것은 역성혁명易姓革命이다. 단순화하면 고려에서 조선으로 넘어온 것은 그 평가야 어떻든 역성혁명에 해당하고, 광해를 몰아내고 인조가 들어선 것은 반정에 해당한다. 동아시아는 왕 중심의 역사관이 아니라 백성 중심의 역사관을 가지고 있다. 그러니 민유방본民惟邦本이라 하여 국가의 근본은 백성임을 천명하고 민귀군경民貴君輕, 곧 백성이 가장 고귀하며 왕의 존재는 가볍다고 규정하는 것이 가능했다.

> 제후가 사직을 위태롭게 하면 제후를 갈아 치운다. 희생이 살찌고 제물이 풍성하고 깨끗하고 제사를 때맞춰 지냈는데도 한발과 큰물이 지면 사직을 갈아 치운다.[11]

---

10 『서경書經』「하서夏書·윤정胤征」, "惟時義和 顚覆厥德 沈亂于酒 畔官離次 俶擾天紀 遐棄厥司 乃季秋月朔 辰弗集于房. 瞽奏鼓 嗇夫馳 庶人走. 義和尸厥官 罔聞知 昏迷于天象 以干先王之誅."
11 『맹자』「진심하盡心下」, "孟子曰 (…) 諸侯危社稷 則變置. 犧牲旣成 粢盛旣絜 祭祀以時 然而旱乾水溢 則變置社稷."

반정은 폭정을 일삼는 폭군을 백성이 방벌하여 사직을 구하는 것이다. 즉, 폭군을 방벌하지 않으면 사직이 위태로우니 그것은 백성을 위한 조치이다. 역성은 새로운 왕조를 열어서 사직을 바꾸는 것이다. 아무리 극진하게 하늘에 제사를 지내도 가뭄과 홍수로 백성의 삶이 도탄에 빠지고 민심이 흉흉해지면, 백성들은 하늘의 뜻이 바뀌었다는 것을 알고 사직을 갈아 치워 천하를 구하는 것이다. 즉, "극진한 제사에도 불구하고 한발과 큰물이 빈발해 백성이 도탄에 빠진다는 것은 국가가 치수·수리 사업을 게을리했거나 했어도 실패해서 한발과 큰물이 빈발했고 도로·항만과 운하를 건설·보수·확장하지 않고 식산흥업을 하지 않아서 백성이 도탄에 빠졌다는 것을 뜻한다." 국가-정부가 무능하여 이런 일이 벌어졌으니 이 정부에서 백성의 삶은 나아질 가능성이 거의 없다고 볼 수 있다.[12] 따라서 정부를 새로 세워서 백성의 삶을 지키려는 것이 역성혁명이다.

유럽도 저항권 또는 혁명권을 존 로크John Locke(1632~1704) 이래로 서서히 확립하였으며, 그 흐름은 미국 독립선언문과 프랑스 인권선언에서 명확히 천명되었다. 로크는 국민의 저항권의 환경을 다음과 같이 설명했다. "치자에 의해 행해지는 불법적 행동이 (치자가 가진 권력에 의해) 계속된다면, 그리고 법률에 따라 마땅한 치유책이 같은 권력에 의해 저지된다면, 저항의 권리는 폭정의 이런 명백한 행동들 안에서도 아직 감

---

12 황태연, 『공자의 자유·평등철학과 사상 초유의 민주공화국』(서울: 공감의힘, 2021), 383쪽.

작스럽게 또는 사소한 일로 정부를 교란하지 않을 것이다. (…) 그러나 이러한 불법적 행동들이 백성 대다수에게 확대된다면, 또는 행패와 박해가 몇몇 소수에게만 불붙을 뿐이지만 그 전조와 귀결이 만인을 위협할 것처럼 보이는 경우라면, 그리고 백성의 대다수가 양심에서 그들의 법과 그들의 재산·자유·생명이 위험에 처하고 그들의 종교도 역시 그럴 지경이라고 확신한다면, 그들이 불법적 힘에 저항하는 것이 어떻게 막아질지 나는 말할 수 없다."[13]

통치자가 일반적 불법 행동을 자행하더라도 법률에 의해 교정할 수 있다고 판단한다면 백성의 저항권은 발동되지 않을 것이라는 뜻이다. 그러나 첫째, 이런 불법 행위가 지속되고 그 피해가 백성들에게 더욱 퍼져 나간다면, 둘째, 그 피해가 소수이지만 그 행위가 모든 백성을 위협할 것으로 추정된다면, 셋째, 백성의 기본권인 재산·자유·생명을 위험에 처하게 한다면, 넷째, 종교의 영역에도 이와 유사한 일들이 벌어진다면, 백성이 통치자에 맞서 저항권을 행사할 수 있다는 것이다.

맹자는 폭군을 처벌할 방법으로 전문 사법관 또는 벌을 집행할 재판소 같은 것을 염두에 둔 것으로 보인다. 살인자를 죽이는 것에 대해 사법관(사사士師)이라면 죽일 수 있다고 말하기 때문이다.[14] 현재 대한민

---

13 Locke, *Two Treatises of Government* [December 1689, but marked 1690, 최종개정판 1713] (Cambridge: Cambridge University Press, 1960·2009), Book II, 404~405쪽. 황태연, 『공자의 충격과 서구자유 평등사회의 탄생 1, 2』(서울: 공감의힘, 2021·2022)에서 재인용.
14 『맹자』 「공손추하公孫丑下」.

국은 헌법에 대통령과 국무위원에 대해 탄핵으로 처벌할 권한을 명시하고 있다. 헌법과 법률을 위반하면 국회가 탄핵을 발의하여 통과시키고, 이는 헌법재판소에서 최종적으로 법리적 검토를 거쳐서 확정된다. 이와 유사하게 맹자도 인민들의 직접 처형 방식이 아닌 다른 방식을 생각한 것이다.

국민은 위정자의 폭정에 맞서 즉각적으로 반응하지 않는다면서, 충분히 인내하고 위정자의 변화를 촉구하면서 기다린다고 해석했다. 혁명의 봉기 시점을 확인하는 방법, 즉 천리天理를 알려면 백성을 통해 확인한다. 빽빽한 구름에도 비가 오지 않아 백성의 입에서 이구동성으로 바꾸자는 말이 세 번이나 나와서 믿고 따르는 자들이 많이 있게 될 때까지 기다린다.[15]

나는 이러한 혁명들이 공무상의 사소한 악정惡政이 있을 때마다 일어나지는 않을 것이라고 답한다. 치자 쪽의 엄청난 실책들, 많은 잘못되고 불편한 법률들, 그리고 인간의 나약함 탓에 빚어지는 실수들은 백성들이 반란이나 불평 없이 인내할 것이다. 그러나 권력 남용·발뺌·계략들이 서로 같은 방향을 향하면서 길게 이어져 그 의도가 백성들의 눈에 띄게 되고 백성들이 어떤 상황에 처해 있는지 느낄 뿐 아니라 자신들이 어디로 가고 있는지를

15 『주역周易』. 황태연, 『공자의 자유·평등철학과 사상 초유의 민주공화국』, 391쪽에서 재인용.

알 수밖에 없다면, 정부가 처음에 수립될 때 추구한 목적을 백성들에게 확보해줄 수 있는 그런 손에 통치가 장악되게 하려고 백성들이 들고 일어나 노력하리라는 것은 놀랄 것이 없다. 만약 이런 일이 없다면 유구한 이름과 허울 좋은 형식들은 더 좋기는커녕 자연 상태나 순수한 무정부 상태보다 훨씬 더 나쁜 것이다."

국민은 사소한 악정에 매번 봉기를 통해 혁명을 추구하는 것이 아니며, 일정한 한도 내에서는 인내할 것이다. 통치자가 엄청난 실책을 저지르고 나쁜 법률을 만들고 집행해도 일단 통치자의 존재를 인정한다는 뜻이다. 그러나 권력을 남용하고 잘못에 대해 발뺌하고 계략으로 잘못을 무마하려는 행태를 지속적으로 벌여서, 백성이 느끼기에 이대로 둘 경우 국가가 무너지는 지경에 이르고 본래 정부를 수립할 때 설정한 목표를 성취할 수 없어 보인다면 백성이 새로운 정부 수립을 통해 목표의 실패를 막아내려고 하는 것은 놀랄 일이 아니라는 것이다. 로크는 백성들의 이런 노력과 힘도 없다면 사회계약을 통해 정부를 구성하는 것보다 자연 상태 또는 순수한 무정부 상태가 낫다고 본 것이다.

그래서 로크는 이런 위정자를 공적 인물로 평가하지 않고, 일개 사인私人으로 규정한다. "(공적) 의지도 없는 일개 외톨이 사인(a single private person)에 지나지 않는다." 주나라의 무왕武王이 백성에게 버림

---

16 Locke, *Two Treatises of Civil Government*, 415쪽.
17 Locke, 위의 책, 368쪽.

받은 자들을 '외톨이 사내'(독부獨夫)로, 맹자가 '일개 사내'(일부一夫)로 규정한 것처럼, 로크도 '외톨이 사인'으로 규정했다. 백성에게 버림받아 외롭고 홀로된 처지를 설명하는 표현으로, 우리 정치사에서 쉽게 가져올 수 있는 사례는 박근혜 전 대통령의 탄핵 이후 모습이다. 국민이 선택한 대통령이 재임하는 동안 비리와 부정부패를 통해 정치적 해악과 사회적 폐단을 저질렀으니, 그의 말년 지지율은 4~5퍼센트에 불과했다.

국민의 저항권 또는 혁명권은 미국의 독립선언문에 구체적으로 명시된다. "우리는 다음과 같은 진리들을 자명한 것(self-evident)으로 여긴다. 즉 모든 사람은 평등하게 창조되었고, 만인은 창조주에 의해 일정한 양도할 수 없는 권리들을 부여받았으며, 그 권리 중에는 생명·자유와 행복 추구가 포함된다. 이러한 권리들을 확보하기 위하여 인간들 사이에 정부가 설립되었고 정부는 자기의 정당한 권력을 피치자의 동의로부터 도출하는 것이며, 어떠한 형태의 정부라도 이러한 목적들에 파괴적으로 될 때면 언제든 그 정부 형태를 변경하거나 폐지하고 새 정부를 설립하여 인민들에게 자신들의 안전과 행복을 성취하기에 가장 가망 있는 것으로 보이는 원칙들에 토대를 두고 또 그러기에 가장 가망 있는 것으로 보이는 형태로 권력을 조직하는 것은 인민의 권리인 것이다." 미국은 정부가 국민에게 악정을 펼친다면 그에 맞서 정부 형태를 변경하거나 폐지하여 새로운 정부를 수립할 권리를 보장한다. 그 이유는 국민에게 안전과 행복을 보장하려는 것이다. 따라서 미국 정부의 수립 목적은 국민의 안전과 행복을 지키는 것이다.

미국은 영국에 맞서 독립전쟁을 진행하며 당시 영국 국왕 조지 3세의 죄목으로 18가지를 열거했다. 토머스 제퍼슨Thomas Jefferson(1743~1826)과 벤저민 프랭클린Benjamin Franklin(1706~1790)은 18가지 죄를 저지른 폭군이 인민의 치자가 될 수 없다고 선언했다. 폭군에 맞서 새로운 수호자를 마련하는 것은 인간의 권리이자 의무라고 규정한 것이다. 이제 저항권 또는 혁명권은 권리임과 동시에 인민의 의무로까지 규정되었다. 따라서 폭정에 맞서 싸우지 않는 것은 의무를 이행하지 않는 것이다. 18가지 죄목 중 일부만 인용하면 다음과 같다.

- 영국의 현 국왕은 공공복리를 위해 가장 건전하고 가장 필수적인 법률에 대한 동의를 거부했다.
- 그는 그가 인민의 권리들을 침범한 데 대하여 민의원이 단호하게 맞선다는 이유로 민의원을 반복적으로 해산했다.
- 그는 사법권의 설립을 위한 법률에 동의를 거부함으로써 사법 행정을 방해했다.
- 그는 수많은 새 관청을 세웠고, 우리 백성을 괴롭히고 그들의 재산을 먹어 치우려는 수많은 관리 떼를 이곳으로 파견했다.
- 그는 군대가 시민 권력에 독립적이고 시민 권력보다 우위에 있도록 영향력을 행사했다.
- 그는 공해에서 나포된 우리의 동포 시민들을 그들의 조국을 향해 무기를 들도록, 그들의 친구와 형제들의 처형자가 되거나 그들의 손에 전사하도록 강제했다.

18가지 죄목의 주요 내용은 법률의 거부, 의회의 권위 실추와 반복적 해산, 관리들의 부정부패, 문민 우위의 원칙 파괴, 시민들에 대한 반인권적 행위 등이다. 핵심은 법률의 거부와 의회 무시라고 할 수 있다. 미국이 영국과 벌인 독립전쟁을 돌아보면서 현재 한국 정부의 상황이 어른거리는 것은 왜일까? 대통령은 국회가 의결한 주요한 법률에 대해 연일 거부권을 행사하고 있고, 야당의 요구에 대해 전혀 반응하지 않으며 국회의 권한을 축소시키고 있다. 이런 행위는 근본적으로 대한민국 주권의 소재가 국민이며, 국회는 국민을 대의代議한다는 것을 원천적으로 부정하는 것으로 해석될 수도 있다. 그러니 집권 첫 해부터 시청 앞에서 탄핵 집회가 열리고, 국회의원이 대통령 탄핵 가능성을 언급하는 것이다.

탄핵은 매우 어려운 절차를 거쳐야 하므로 우리 헌정사에 단 한 명의 대통령이 '외톨이 사인'이 되었을 뿐이다. 그러나 이승만 전 대통령은 국민의 4·19혁명으로 스스로 하야했고, 박정희 전 대통령은 자신의 최측근 부하에게 총격으로 유명을 달리했으며, 전두환은 1987년 6월항쟁에 의해 직선제를 수용할 수밖에 없었다. 국민은 이처럼 짧은 헌정사에서 민심을 따르지 않는 위정자에 대해 단죄해왔다. 민심 무서운 줄 알아야 한다. 대통령부터 미관말직까지, 그들은 국민으로부터 위임받은 권한을 행사하는 것이다. 그것을 사유화하여 자신의 사리사욕과 부귀영화를 위해 활용하면 국민이 가만두지 않는다. 그것이 민주정의 철칙이다.

프랑스는 18세기 말 혁명 이후 「인간과 시민의 권리들의 선언」(1789년 8월 26일)에 압제에 대한 저항을 명시했다. 제2조, "모든 정치적 결사의 목적은 자연적으로 소멸될 수 없는 인간의 권리를 보전하는 것이다. 그리고 여기서 권리란 자유, 재산, 안전 그리고 압제에 대한 저항 등이다." 그리고 4년 후 「인간과 시민의 권리들의 선언」(1793년 산악파의 선언) 제35조에 저항권을 권리이자 의무로 규정했다. "정부가 인민의 권리를 침해할 때, 반란은 인민에게 그리고 인민의 각 부분의 권리 중 가장 신성한 권리이고, 의무 중 가장 필수불가결한 의무로 규정된다."[18]

이렇듯, 폭정에 맞서는 인민의 반란은 권리이자 의무이다. 행사하지 않는 권리는 폭정을 용인하는 것이며, 인민의 자유와 평등을 스스로 포기하는 것이다. 따라서 인민의 자유와 평등을 지키기 위해 의무로 규정한 것이다.

대한민국의 권력구조 개편: 분권형 대통령제[19]

하늘 아래 새로운 것은 없다. 대통령제라는 제도 역시 그 이전의 어떤 것을 모방·변형하여 만들어졌다. '대통령제의 원조' 격인 미국은 왕이 없는 공화국을 채택했고, 공화국의 최고 통치권자인 대통령은 유럽의 '계몽군주'를 모방했다.

미국 건국의 주역 중 한 명인 토머스 제퍼슨은 당시 네덜란드 공화

---

18 황태연, 『공자와 미국의 건국(하)』(서울: 한국문화사, 2023), 1323쪽.
19 이 글은 참여연대 소식지인 『월간 참여사회』 2023년 10월 호에 실린 것이다.

국에서 종신 관직이나 종신 재직권이 쉽게 세습적 상속권으로 전환된 다는 점을 간파했다. 미국에는 세습 방지를 위한 제도가 필요했고, 그 대안으로 '민선 임기제 군주'인 대통령제가 만들어졌다. 독일 정치학자 클라우스 폰 바이메(Klaus Gustav Heinrich von Beyme, 1934~2021)는 미국 건국의 주역들이 유럽의 계몽군주제를 모방하여 국민이 국가 수 반과 행정 수반을 겸직하는 계몽군주를 직접 선출하도록 대통령제를 창안했다고 설명한다. 계몽군주제는 프로이센 국왕 프리드리히 2세가 〈반 마키아벨리론〉(Anti-Machiavel, 1740)에 쓴 "군주는 국민의 제1 공 복이다"라는 선언으로부터 시작되며, '신과 왕의 나라'에서 '백성의 나 라'로 전환되는 새로운 시대를 의미한다.

미국과 같이 영토와 인구 규모가 상대적으로 큰 국가에서는 대통령 이 국가 수반과 행정 수반을 겸직하도록 해서 권력을 집중하는 방식으 로 국민통합을 추구할 수 있다. 반면 영토와 인구 규모가 상대적으로 작은 국가에 대통령제가 적용되면 과도한 권력 집중으로 인해 제왕적 권력이 등장할 위험이 있다.

대통령의 제왕적 권력은 삼권분립과 법치주의의 근간을 흔든다. 한국 헌정사를 보더라도 대통령 친인척이나 측근의 권력형 부정부패로 '실패 한 대통령' 양산, 승자 독식의 권력 구조로 인한 정치 갈등 심화, 경쟁 과 타협이 아닌 '전쟁 정치'의 만연, 국정 마비와 예산의 낭비 같은 문제 들이 반복되었다. 멀리 갈 것도 없이 현재 윤석열 대통령의 국정 운영을 보면 한국식 대통령제가 얼마나 많은 문제를 안고 있는지 확인된다.

이처럼 대통령제는 '권력 독점에 대한 공포의 원천'과 '국민통합의 상징'이라는 양면을 동시에 지닌다. 그래서 유럽 국가들은 대통령제를 기피했다. 19세기에는 언제라도 왕정으로 복고할 수 있다는 공포가 있었고, 20세기에는 새롭게 등장한 광신적 나치즘과 파시즘으로 인해 더욱 권력 집중을 피하게 되었다.

대한민국은 1948년 정부 수립과 함께 대통령제를 채택했다. 그러나 1987년 민주화 이전 정부는 미군정 아래서 만들어진 권력 구조(제1공화국)이거나 군사 쿠데타에 의한 독재 체제(제3~5공화국)여서 대통령제가 한국 사회에 미친 영향을 분석·평가하는 데 한계가 명확하다. 따라서 대통령제에 대한 평가는 민주화 이후 시기가 그 대상이 될 수밖에 없다.

전두환 정부(제5공화국)는 유신헌법(제4공화국)을 변형하여 대통령 간선제와 7년 단임제를 뼈대로 하는 대통령제를 도입했다. 국민에 의한 직접 선출의 길은 막혔고 대통령은 마음대로 권력을 행사했다. 그러다가 1987년 독재에 저항한 국민의 민주화투쟁으로 헌법이 개정되고 권력 구조도 개편되었다. 민주 세력과 신군부 세력 간의 정치적 타협으로 임기를 7년 단임에서 5년 단임으로 줄이고 간선제를 직선제로 바꿨다.

그러나 민주화운동의 성과로 탄생한 현행 한국형 대통령제에서도 '실패한 대통령'이 양산됐다. 대통령의 과도한 권력 집중과 단임제로 인한 조기 레임덕이 중첩·교착된 결과다. 대통령 선거 시기마다 '제왕적 대통령제의 폐해를 중단시킬 헌법 개정'이 단골 메뉴처럼 공약으로 등장했지만, 대통령들은 매번 당선되고 나면 권력 집중이라는 달콤함에서 헤어 나오지 못했고 항상 조기 레임덕의 늪에 빠져 허우적거렸다.

한국의 대통령제는 '절대적 대통령제'(absolute presidentialism), 남미의 '슈퍼 대통령제'(super-presidentialism)와 유사한 수준으로 막강한 권한을 갖는다고 평가된다. 한국 대통령은 국가 수반과 행정 수반을 겸직하는 것뿐만 아니라 비상대권(선전포고권·계엄선포권·긴급재정경제처분 및 명령권·긴급명령권 등), 헌법 개정 발의권, 국민투표 부의권, 입법 거부권, 법률안 제출권을 가지고 있다. 게다가 광범위한 인사권을 갖고 공권력도 장악하고 있다.

따라서 개헌을 통해 대통령의 권력을 분산하는 분권의 방향을 명확히 하고, 국민 자치권과 국회의 권한 확대를 추진해야 한다. 이것이 대한민국 '민주화 이후의 민주주의'의 핵심 내용이라 할 것이다. 우선, 군주도 대통령도 없이 국회의원에 의해 국가를 통치하는 순수 내각제는 국가의 상징적 중심을 확고히 세워야 하는 공화국에는 적용되기 어렵다고 본다. 특히 한국과 같은 휴전 상태의 분단국가에서 군 통수권자로서 대통령의 위상은 매우 중요하다. 대통령제에 대한 국민적 지지가 높은 것도 이런 연유다.

결국 분권형 대통령제 도입을 통해 정부 수반과 행정 수반을 분리하는 분권을 추진해야 한다는 생각이다. 즉, 국민이 신뢰·존중하는 국가원수로서 대통령이 외치를 담당하고, 총리가 계층·세대·지역·이념·이슈가 갈등·충돌하는 내치를 담당하는 제도를 도입해 정치 안정을 꾀하고 국민통합의 시대를 열어야 한다.

개헌을 통해 새롭게 도입될 분권형 대통령제에서는 대통령은 통일부·외교부·국방부·국정원 등 외교 안보 부서를, 총리는 나머지 부서를 책임진다. 그리고 대통령은 국가 수반으로서 총리지명권, 외교권(인사권·외교정책권), 군 통수권(군 지휘권·동원권·인사권), 비상대권, 국회 소집권 또는 국회 해산권, 법률안 거부권, 대법원장 및 일부 대법관·헌법재판관 임명권, 사면권 등을 갖는다. 그리고 국회는 현 권한에 더해 총리와 장관에 대한 신임·불신임권을, 총리는 행정 수반으로서 관할 행정 각부의 장관 임명권을 포함한 조각권과 외교 안보 부처를 제외한 국정 통할권을 갖는다.

분권형 대통령제는 대통령의 권력을 분할·축소하지만, 오히려 대통령에 대한 국민의 권위는 높여줄 것이다. 대통령이 정쟁의 한복판을 떠나 국민의 미래와 국익을 위한 임무에 집중할 수 있기 때문이다. 그래서 분권형 대통령제의 대통령은 국민으로부터 존중받는 국민통합의 중심이 될 수 있다. 일부 학자들은 제도 만능주의를 비판하며, 개헌을 하기에는 국민적 합의와 정당 간 타협을 이루기가 매우 어려우니 다른 방법으로 대통령 권력을 축소하는 것이 현실적이라고 주장한다. 그러나 헌법에 의해 보장된 '흘러넘치는 권력'을 미봉책으로 막을 수 없으며, 개헌을 통해 권력을 제한하는 것이 옳을 것이다.

또한 일부 학자들은 정부 불안정의 원인으로 제기되는 제왕적 대통령제의 문제점을 대통령의 선의와 정치 문화의 변화를 통해 해소하자고 주장한다. 그러나 이는 법치가 아닌 인치人治로 문제를 해결하려는 전근대적 방식이다. '국민 자치의 확대와 분권의 심화'를 전제로 삼고 헌법과 법률을 통해 대통령의 권력을 축소하지 않는다면, 우리는 매번 대통령의 선의와 정치 문화의 변화에 기댈 수밖에 없다. 그러한 바람이 무참하게 무너지고 있는 것을 우리는 현직 대통령의 국정 운영에서 목도하고 있다.

지금 윤석열 대통령은 국회를 통과한 입법은 대통령의 거부권으로, 정부 입장과 다른 법률은 시행령으로, 대통령의 뜻과 다른 조직·단체·인물은 수사·감사·조사와 예산 삭감으로 대응하면서 제왕적 권력을 행사하고 있다. 얼마나 더 확실한 증거가 필요한가? 권력 남용으로 전직 대통령이 탄핵당한 지 6년밖에 지나지 않았다. 한국의 역대 대통령이 각각 다수 유권자 연대를 구성하려고 노력했던 이유는 국정을 안정적으로 운영하고 국회에서 다수 의석을 확보하려는 의도에서였다. 김대중 전 대통령은 DJP 지역연합의 방식으로, 노무현 전 대통령은 대연정의 방식으로, 문재인 전 대통령 또한 유사 방식의 대연정으로 성사 여부와 관계없이 다수 연합 정치를 추진했다.

이러한 접근 방식은 개헌을 통한 제도적 정치 연합이 불가능한 조건에서 대통령의 권력 일부를 각 정치 세력이 일시적·편법적으로 분점하는 교환에 의해 추진되었다. 그렇다면 그때그때 임시방편이나 정무적 판단에 따라 권력을 나눌 것이 아니라 개헌을 통해 대통령의 권한 분산을 제도화하는 것이 상식적이고 근본적인 해결책이다. 새로운 정치를 상상하라는 것, 두려워하지 말고 실천하라는 것이 국민의 요청이다. 우리는 매번 실패한 대통령이 아니라 존경받는 전직 대통령을 만나고 싶다.

정치와 나: 지나온 삶의 궤적

그렇다면 정치는 나에게 무엇이었고 무엇인가? 나는 내 삶 속에서 어떻게 정치를 만났고, 어떤 과정을 거쳐 정치에 관한 나의 생각을 가다듬어왔는가? 이 질문들에 답하기 위하여 부끄럽지만 내가 살아온 길을 독자들께 간략히라도 소개해드릴 필요를 느낀다.

인생 제1막: 학생운동을 만나다

최근 영화 〈서울의 봄〉이 흥행 중이다. 이 영화에 묘사되듯이, 1979년 10·26으로 대통령의 유고 속에 독재의 시대를 마감하고 새로운 민주의 봄이 올 것이라고 믿었으나, 군부의 12·12 쿠데타로 이 나라는 다시 차가운 겨울 속으로 묻혀버렸다. 1980년 광주 시민의 민주화를 위한 숭고한 희생이 있었고, 7년간의 피어린 반독재투쟁을 거쳐 마침내 1987년 '6월 민주화운동'으로 직선제를 쟁취하고 민주주의의 새로운 시대를 열어 나갔다.

나는 2남 1녀 중 장남으로 태어나 1988년 갓 스무 살에 대학 생활을 시작했다. 이 시기가 바로 직선제로 대통령 선거를 치른 다음 해이며, 노태우가 대통령으로 있던 시절이다. 기이한 시절이었다. 독재를 물리쳤는데, 국민은 독재의 후예이자 전두환의 친구인 노태우를 선택했다. 민주화 시대였지만 민주화 시대가 아닌 그런 어정쩡한 시대였다. 그래서 민주화 시대임에도 불구하고 대학가와 노동 현장은 투쟁이 그치질 않았다.

동국대학교 정치외교학과에 입학하여 선배들로부터 '88 꿈나무'라는 칭찬부터 '88 땔나무'라는 농담까지 들으며 해방된 대학가의 분위기를 느낄 수 있었다. 그 당시 우리들의 가슴을 울렸던 것은 광주의 진실이 었다. 많은 대학생이 광주의 진실을 알려야 한다는 책임감 속에서 학생 운동에 뛰어들었다.

전두환 독재를 무너뜨렸으나 다시 군사독재 시대의 인물 노태우가 대 통령이 되면서 대정부 투쟁도 동시에 벌어지는 이중적 시대였다. 독재 를 무너뜨리기 위한 투쟁이 아니라, 독재의 잔재를 청산하는 투쟁과 새 로운 시대로 이행시키려는 투쟁이 동시에 벌어진 것이다. '전(두환)·이 (순자) 구속 투쟁'부터 '광주학살 진상 규명 투쟁'까지, 또한 한반도 평 화와 통일을 위한 청년 학생 통일운동부터 노동자들의 권리 신장까지 사회는 요동쳤고 여전히 더 많은 민주화를 요구했다. 그 과정에서 4년 동안 학생운동에 참여했다. 정치외교학과 학생회장, 총학생회 학술부 장, 총학생회 정책위원 등으로 사회의 개혁과 민주화를 위해 노력했다.

그리고 동국대학교 정치학과 대학원에 입학하여 연구자의 삶을 시 작했다. 나의 목표는 한반도의 평화와 통일을 위해 북한의 관료 시스 템을 연구하고 주민의 삶·사유 세계를 추적하는 것이었다. 그 과정의 결실은 「김정일의 정치적 리더십 형성과정에 관한 연구」(석사학위 논문, 1994), 「북한의 관료체제와 지배구조에 관한 연구」(박사학위 논문, 2007) 로 맺어졌다.

제2막 : 결혼과 독도의 일출

　27세의 늦은 나이에 군대에 입대했다. 현역병으로 입대했는데, 갑자기 전투경찰로 차출되었다. 인생 참 얄궂다고 생각했다. 학생운동을 했던 놈이 전투경찰이라니 말이다. 훈련소 생활을 마치고 부대 배치를 위해 남쪽으로 남쪽으로 내려갔다. 도착한 곳은 포항. 포항 경찰서 또는 전투경찰대에 배치되는 줄 알았는데, 여관에서 잠을 잤다. 그러고는 울릉도행 배를 타고 8시간 넘게 걸려 가서 울릉경찰서에 배치되었다. 내가 배속된 곳은 울릉경찰서 독도경비대(전투경찰)였다. 대한민국에서 극소수의 군대 입대자만 갈 수 있는 곳이다. 늦은 나이라는 이유로 독도에 직접 입도入島하여 임무를 수행한 기간은 2개월에 불과했지만, 독도는 나에게 대한민국이 얼마나 아름다운 땅이며, 왜 그렇게 우리의 선배들이 온몸으로 독도를 지키려고 했는지 확인할 수 있는 시간이었다. 새벽 4~6시 경계근무 시간, 독도의 일출은 천지에서 나타난다. 사방에서 대한민국의 영토인 독도에 태양이 솟아오르며 그 아름다운 빛깔이 바다와 섬을 뒤덮는다. 사랑하지 않을 수 없는 섬이고 바다였고, 반드시 지켜야만 하는 이유가 충분한 곳이었다. 그렇게 애국심을 배우고 느꼈다.

　대학교 2학년 말부터 몰래 사귀었던 1년 후배 여학생 고은경과의 연애는 계속되었다. 1989년부터 시작되어 1996년 결혼에 성공했으니, 근 7년을 함께했고 군에 있는 동안 고무신 꺾지 않고 나를 기다려줬다. 정말 고맙고, 너무 미안할 뿐이었다. 군 생활 중에 결혼했다. 29살 제주도 여자와 28살 남자가 만나 가정을 이루고 부부가 되었다. 지금까지 헤어지지 않고 살고 있으니 이제 35년이 되어간다. 그 긴 시간 동안 술 좋아하고 사람 좋아해서 무던히도 부인 속을 썩인 것 같다. 그래도 서로를 의지하며 살았고, 2002년 2월 정말 예쁜 우리 딸을 세상에서 만났다. 정말 아름답고 감사한 선물이었고, 지금도 내 삶의 원동력이 바로 사랑하는 딸이다. 조금만 집에 늦어도 답답하고, 어디 나간다면 '조심해'라는 말을 하면서도 불안했다. 그래도 잘 커 줘서 고마웠다. 이제는 어른이 다 되어서 자기 앞길 잘 헤쳐 나가는 것 같아 그나마 마음이 놓인다. 자기 엄마 닮았으면 잘 살아갈 것이라는 생각이 든다.

제3막: 사회와의 만남

이십 대 후반 가정을 꾸린 우리 부부는 대학원 생활을 하며 학업과 생계로 바쁜 시간을 보냈다. 1997년 제대 이후 첫 직장은 아시아·태평양평화재단이었고, 연구조교로 일했다. 아태평화재단은 나의 연구 분야와 딱 들어맞는 곳이었고, 한반도 평화와 통일의 상징적인 인물인 김대중 전 대통령께서 설립한 곳이다. 그곳에서 간접적으로 1997년 대통령 선거 과정에 참여하는 기회를 얻었다. 그리고 2000년 이재정 의원님의 비서관과 보좌관으로 3년간 근무했다. 이 시기는 정치가 무엇인지, 어떻게 살아가야 하는지를 배웠다. 성직자이자 재야 민주화운동가였던 이재정 의원님을 통해 참된 삶이 무엇이고 정치가 어떤 것인지를 배웠던 시간이었다. 또 하나의 중요한 경험은 2002년 대선 당시 노무현 후보 '국민참여운동본부'에서 활동한 것이다. 태어나서 처음 직접 대통령 선거에 참여해본 것이었고, 정치개혁과 새로운 시대를 열어 나가려는 정치적 인물과 시대를 바꾸려는 국민의 열망이 결합했을 때 정치적 기적이 현실이 된다는 것을 확인한 귀한 체험이었다.

2003년 청와대 국가안전보장회의(NSC) 사무처 행정관으로 근무를 시작했다. 1년 동안 청와대 내부의 지하 벙커에서 NSC 사무처 전략기획실의 행정관으로 '북핵 TF'와 독도 문제를 담당했다. 이 기간 북핵 문제 해결을 위한 6자회담이 시작되었고 가장 활발하게 움직였다. 북한의 핵 문제를 해결할 수 있다는 가능성을 발견하고 그것을 현실화하려는 노력이었으며, 한반도의 평화를 위협할 수 있는 요인을 근본적으로 제거하려는 실험이 진행되었다. 2004년 청와대 NSC 사무처를 나왔다. 곧이어 정동영 전前 당 대표가 통일부 장관에 임명되면서 장관 정책보좌관으로 약 1년 6개월간 근무했다. 청와대 NSC 사무처와 장관 정책보좌관 시절은 중국 출장, 러시아·독일·벨기에 출장, 금강산 출장, 평양 장관급 회담 참여, 개성공업지구와 개성 방문, 워싱턴 출장을 통해 세계의 흐름과 도전, 북한의 실상과 변화 등을 직접 눈과 귀로 확인할 수 있었던 소중한 시간이었다.

2006년 청와대와 통일부 생활을 마치고 민주당으로 돌아와서 열린정책연구원의 연구원으로 근무했다. 당직자로서의 시작은 연구 활동이었으나 주제는 국제·북한 문제에서 전략·메시지 부문으로 이동되었다. 2007년 연구원을 퇴사하고 정동영 후보의 선거캠프에서 전략·메시지 팀장으로 당 경선에 참여했고, 이후 선거대책위원회 전략기획실에서 활동했다. 가장 참담했던 결과가 나왔던 대선을 경험하면서, 정당은 그 야말로 민심의 바다 위에 떠 있는 일엽편주一葉片舟에 불과하다는 것

을 확인했다. 대선 참패 이후 나는 정치보다는 연구자의 삶을 살기로
하고, 연구와 강의를 진행했다.

제4막: 연구자의 길

2008년 동국대학교 연구교수로 북한정치와 정치학 분야에서 강의와
연구를 진행했고, 정치사상과 정치사를 연결하는 문명과 역사에 관한
연구도 함께 진행했다. 주로 동국대학교에서 정치학·북한학을 강의했
고, 2016년부터 경희대학교 후마니타스칼리지에서 시민교육 강의도 병
행했다. 그리고 한국연구재단의 토대연구와 사회과학연구지원사업(SSK,
2회), 한국학중앙연구원의 한국학 총서 사업 등을 통해 연구와 강의를
병행했다.

2011년 박순성 동국대 교수가 민주정책연구원 원장으로 임명되면서
연구원의 객원연구위원으로 원장님을 보좌하면서 연구원의 개혁 작업
에 참여했다. 2012년 2월부터 2013년 6월까지 민주연구원 부원장으로
활동했고, 정당 싱크탱크의 전반적인 흐름, 당과 연구소의 관계, 정당의
중장기적 전략 및 비전과 관련한 정당 싱크탱크의 역할 등을 경험할
수 있었다.

2014년 5월부터 박영선 민주당 원내대표의 특보(국회 정책연구위원)를
시작으로 2015년 5월까지 윤우근 원내대표의 특보로도 활동했다. 주
로 담당한 업무는 원내대표의 최고위원회의와 원내대책회의 메시지를
작성하고, 전략적 판단과 실행의 기본사항을 준비하는 것이었다.

1년간의 연구자 외의 삶에서 다시 연구자로 돌아와 강의와 연구를 병

행했다. 그 연구의 결과물이 단행본 『북한의 일상생활세계』(파주: 한울, 2010. 공저), 『박근혜 현상』(서울: 위즈덤하우스, 2010. 공저), 『북한의 권력과 일상생활』(파주: 한울, 2013. 공저), 『분단의 행위자 - 네트워크와 수행성』(파주: 한울, 2015. 공저), 『일제종족주의』(서울: 넥센미디어, 2019. 공저), 『근대의 경계를 넘은 사람들』(서울: 모시는사람들, 2018. 단독), 번역서 『경제와 사회 민주주의』(파주: 한울, 2012) 등이다. 국내 등재지 또는 등재후보지에 실린 논문으로는 ① 「북한의 관료체제 '변형'과 '일상의 정치'」(《현대북한연구》, 2007), ② 「북한의 정치 변동과 '일상의 정치': '김정일체제' 이후」(《북한연구학회보》, 2007), ③ 「북한의 관료부패와 지배구조의 변동: '고난의 행군' 기간 이후를 중심으로」(《통일정책연구》, 2008), ④ 「북한 관료의 일상생활세계」(《현대북한연구》, 2008), ⑤ 「오바마 행정부의 동북아시아 외교전략과 우리 정부의 정책 방향: 한국의 대북정책을 중심으로」(《통일정책연구》, 2009), ⑥ 「북한 관료의 일상과 체제변화: '지배공간'의 변형과 기억의 실천」(《현대북한연구》, 2009), ⑦ 「북한의 인권실태 조사방법에 관한 새로운 모색: 정치적 지배구조와 자유권을 중심으로」(《사회과학연구》, 2009), ⑧ 「한반도 평화공영체제 구성과 동아시아 공동체 건설: 아시아-태평양 평화공영을 촉진하는 '네트워크 국가'」(《통일정책연구》, 2011), ⑨ 「냉전의 '이종적 연결망'으로서 '평화의 댐' 사건: 행위자-연결망 이론을 통한 경험적 추적」(《동향과 전망》, 2011), ⑩ 「'예외상태'의 일상화와 통치술로서의 '국방위원장 체제': '김정일 시대' 북한의 국가성격을 중심으로」(《통일정책연구》, 2013), ⑪ 「북한 주민과 관료의 '메티스'와 체제전환의 동학: 앙리 르페브르의 '대안공간'을 중심으로」(《통일정책연구》, 2018), ⑫

「조선 후기 동학의 여성해방사상과 근대성: 신분해방과 동학사상의 연계를 중심으로」(《시민사회와 NGO》, 2018), ⑬「국가와 시민사회의 항일연합항전: '패치워크 역사 접근방법'을 통한 3·1운동의 재해석을 중심으로」(《시민사회와 NGO》, 2019), ⑭「도시의 시민성과 '공감의 정치': '유동하는 공포'를 벗어나 '행복국가'로」(《시민사회와 NGO》, 2020) 등이 있다.

제5막: 방송패널로 시청자와 만나다

2018년 우연한 기회에 방송 패널로 활동하게 되었다. 당연히 민주당의 입장을 대변하는 패널이었으며, 지금까지 6년간 활동을 지속하고 있다. MBN, 연합뉴스TV, YTN(TV/라디오), SBS Biz, TV조선, 채널A 등 주로 종편과 케이블 방송에 출연했으며, MBC, SBS 등에도 간혹 출연했다. 1년 전부터는 유튜브 방송 '스픽스', '서울의소리', '안진걸TV' 등에 출연하고 있다. 방송 출연은 일상적인 사회 현안과 이슈에 대해 반복적인 단련을 가능하게 하여 정세와 사회 환경의 변화, 시대적 트렌드를 읽는 데 큰 도움을 주었다.

매일매일 시시각각 변하는 뉴스와 이슈를 추적하며, 그런 현상이 발생한 정치적 역할과 관계망을 분석·해석하는 과정은 정말 힘들었다. 다양한 기사와 자료를 비교해야 하고, 각종 라디오 인터뷰에 등장하는 이슈 주인공의 발언의 의미를 재해석하는 일이 연속으로 이어졌다. 객관적 사실과 당파적 이해 사이의 간극을 연결해야 하며, 때로는 객관적 사실에 집중하면서 비판을 받기도 하고, 대중의 정서와 어긋나는 당파적 발언 때문에 비판받기도 했다. 이렇게 단련되는 것이라 생각한다. 민심과 여론은 단기적으로 조금씩 오차가 있으나 궁극적으로 오차 범위를 매우 촘촘하게 축소한다.

방송 패널 활동은 그야말로 민심과 여론을 생생하게 만나는 과정이라 해도 과언이 아니다. 생방송으로 진행되니 긴장도도 매우 높고, 실수도 잦을 수밖에 없다. 그러나 그런 경험의 축적은 정치 생태계의 변화를 조금은 넓은 시선과 촘촘한 감각으로 이해할 수 있는 능력을 제공해주는 것 같다. 방송을 많이 했던 2002년은 일주일에 7~10회, 한 달에 대략 30~35회, 1년이면 근 400회 정도를 출연했다. 그야말로 많은 경험을 쌓은 시간이었다.

제6막 : 처음 가는 길

이제 새로운 여정을 시작하려고 한다. 그것은 내가 경험하지 못했던 새로운 길이고 공간이다. 그만큼 용기가 필요했고, 쉽지 않은 선택이었다. 그러나 결단하면 그 길을 담대하게 걸어가야 한다. 성공일 수도 실패일 수도 있는 길이다. 성공의 길을 만들어야 한다. 이제 새로운 시작이다. 청와대, 정부, 국회, 정당, 학계와 교단을 약 30년 동안 경험했다. 다양한 경험과 실무를 익힐 수 있었던 것은 나에게 정말 감사한 일이다. 동시에 차분한 연구 작업을 통해 거시적 차원의 사회 구성에 관한 기술도 익혔다. 세월호, 이태원, 오송 참사를 보면서, 사회적 불평등이 날로 심화하는 것을 보면서, 젠더 갈등이 중요한 사회적 분열의 구조가 되는 것을 보면서, '선제타격'이라는 말도 안 되는 대통령의 발언으로 한반도의 평화가 위기에 빠지는 것을 보면서, 무엇을 해야 하는가에 대해 많은 질문을 던졌다. 그래서 윤석열 정권의 폭정에 맞서 국민의 삶을 지키는 것이 이 시대의 정신이라고 결론을 내렸다.

독자와 나누고 싶은 이야기

새로운 길을 시작하면서 내가 그동안 쓴 글들을 가지고 독자와 이야기를 나누었으면 했다. 그러기 위해 그간 연구 생활을 하면서 학회지에 발표했던 논문 중 다섯 편의 글을 골라보았다. 첫 번째는 '세상을 바꾸는 정치 이야기' 부분으로 「'민주화 이후 정치'를 넘어 '공감과 행복의 정치'로: '87년 체제'의 한계 극복을 위한 정치적 탈주」(2016)와 「도시의 시민성과 '공감의 정치': '유동하는 공포'를 벗어나 '행복국가'로」(2020)라는 두 편의 논문이다. 앞의 글은 '공감의 정치'를 이론화하려고 시도한 것이며, 뒤의 글은 도시 공간에서 실현하는 행복국가에 대한 시론적 접근이다. 두 번째는 '사실을 바로잡는 역사 이야기' 부분으로 「조선후기 동학東學의 여성해방사상과 근대성 — 신분해방과 동학사상의 연계를 중심으로」(2018), 「국가와 시민사회의 항일연합항전 — '패치워크 역사 접근방법'을 통한 3·1운동의 재해석을 중심으로」(2019)라는 두 개의 글이다. 조선 시대 여성들이 자신의 해방을 위해 노력한 궤적을 살펴보는 글, 그리고 3·1운동이 국가와 시민사회가 함께 만들어낸 연합항전이었음을 밝히는 논문이다. 세 번째는 '평화를 바로 세우는 한반도 이야기'로 「북한 주민과 관료의 '메티스'와 체제전환의 동학: 앙리 르페브르의 '대안공간'을 중심으로」(2019)라는 논문이다. 이 글은 북한의 주민과 관료가 단지 정권에 순응만 하는 존재가 아니라 자신의 생존과 자존을 위해 다양한 방식으로 권력을 전유하고 맞서는 존재라는 것을 추적한 글이다.

제1장 내용이 정치철학과 내 삶의 궤적에 대한 것이라면, 제2장부터 제4장은 연구자로서 '세(세상을 바꾸고) · 역(역사를 바로잡고) · 평(평화를 바로 세우는)'의 길에 대한 고민을 하면서 세상을 이롭게 하려는 이야기라 할 수 있다. 제5장은 미래에 관한 이야기다. 근대 문명이 개발과 성장의 담론 속에서 지구와 다른 생명을 약탈해온 방식은 더 이상 지속 가능하지 않다. 새로운 길을 모색하려는 씨 과실을 남겨야 한다는 것이다. 아무것도 남기지 않으면 미래는 없기 때문이다.

2

정치 이야기

도시의 시민성과 '공감의 정치':
'유동하는 공포'를 벗어나 '행복국가'로

이 글은 2020년 코로나19 한복판에서 같은 제목으로 〈시민사회와 NGO〉 제18권 제1호 (2020)에 쓴 글을 부분 수정한 것이다. 도시 공간의 밀집도와 접촉면으로 인해 벌어지는 다양한 문제들을 진단하고, 어떻게 하면 새로운 사회와 행복한 국가로 진전할 수 있는지에 대한 정치학적 방향을 모색해보았다.

1. 들어가며:
'파국'과 '파멸', 인간문명은 지속될 수 있을까?

> 그 어느 때보다 우리, 지구의 인간 거주자들은 양자택일의 상황
> 에 처해 있다. 우리는 서로 손을 맞잡을 것인지, 아니면 같이 공
> 동묘지로 갈 것인지 선택해야 하는 상황에 직면해 있다(지그문트
> 바우만 2018, 257).

전근대에서 근대로의 이행의 징표는 신분적 굴레에 갇혀 있던 신민
이 자유롭고 평등한 시민으로 등장했다는 것이다. 자유와 평등의 전제
조건은 신분해방이며, 자유롭고 평등해진 시민은 주권자로서 자기통치
와 자기입법을 실현할 수 있게 되었다. 민주주의의 핵심은 자치의 선언,
즉 누구의 지배에 의한 것이 아니라 스스로가 통치할 수 있다는 선언이
다. 그것은 근대로 진입한 사람들의 '시민성'이기도 했다. 시민성은 시대
의 흐름에 따라 변화되고 재再정의된다. 또한 시민이 당대의 문명 속에
서 삶을 살아간다는 점에서 시민성은 문명의 반영이라 할 수 있다.

문명은 생산, 행동, 사유, 풍류, 예술, 생사生死의 양식(styles)·방법
(methods)·기술(technics)·방식(fashions)을 표현하며, 따라서 사람들이
생산하고 분배하고 먹고 즐기고 생각하고 행동하고 평가하고 살고 죽
는 생활방식의 총체이다(황태연 2011, 29). 이러한 문명의 진행 과정에서
시민은 탄생했고, 그 문명의 생활방식은 시민성을 구성한다. 따라서 시
대의 진단은 바로 시민성과 잇닿아 있다 할 수 있다. 그러나 애석하게

도 놈 촘스키Noam Chomsky는 인간 문명이 지금의 자본주의를 견뎌 낼 수 없을 것이라는 절망적 예측을 내놓았다(놈 촘스키 2019, 43).

자유롭고 평등한 시민이 등장한 근대의 시간은 20세기 말부터 시작된 신자유주의 경제시대를 거치면서 '신新신분질서'로 구조화되고 있다. 이 흐름은 다시금 자유와 평등의 근간을 훼손하고, 자기통치와 자기입법 실현의 기초를 무너뜨리고 있다. '신신분질서'의 원인은 신자유주의 경제 질서의 누적에 따른 양극화의 확산, 그것의 사회적 적용으로서 불평등의 구조화라 할 수 있다. 불평등의 양상은 전 지구적으로 구조화되고, 경제적 불평등은 정치권력·사회자본·문화자본의 불평등으로 확산되고 있다.

'유동하는 공포'[1]는 불평등과 '신신분질서'라는 토양 위에서 등장하고 있으며, 여기에 자본의 무한 축적과 인간의 진보에 대한 욕망이 결합된 지구 환경 파괴로 인해 인류는 현재 '지속 가능성'이 뿌리에서부터 문제되는 상황를 목도하고 있다. 지금 지구를 떠도는 '코비드(COVID)19' 의 공포는 그야말로 유동하는 공포이며, 인간의 자연 파괴에 대응하는 자연의 인간에 대한 공습이다. 즉 21세기는 자본주의의 불평등 구조화

---

1 "공포가 가장 무서울 때는 그것이 불분명할 때, 위치가 불확정할 때, 형태가 불확실할 때, 포착이 불가능할 때, 이리저리 유동하며, 종적도 원인도 불가해할 때다. 어떤 규칙성도 합리적 이유도 없는 공포, 그 낌새가 여기저기서 선뜻선뜻 나타나지만, 결코 통째로 드러나지는 않는 공포야말로 가장 무시무시하다. '공포'란 곧 불확실하다는 것이다. 위협의 정체를 모른다는 것, 그래서 그것에 대처할 방법이 없다는 것이다. 그것에 달려들어 맞서 싸우려 해도, 싸워볼 도리가 없다는 것이다"(지그문트 바우만 2009, 11~12쪽).

에 따른 '파국'의 가능성과 인간의 지구 파괴에 의한 '파멸'의 가능성이 중층적으로 결합된 시대로의 진입을 의미한다.

전자는 위기의 극복이라는 새로운 가능성을 통해 해결의 기회로 포착될 수 있으나, 후자는 그야말로 돌이킬 수 없는 문제로 우리 앞에 등장한다. 전자의 위기를 기회로 포착하여 지구의 '지속 가능성'을 확보하는 것이야말로 인간 문명을 위해 사활적이다. 전자는 그러므로 '커먼즈commons'라는 용어로 등장하는 것이며, 파국과 파멸을 일으키는 본거지인 도시에서 더욱 중요하게 언급되는 것이다. 후자의 문제는 '커먼즈'를 통한 지속 가능성의 공감대 형성 문제다. 하지만 이 또한 누구도 겪지 못한 것이기에 그저 상상과 지금까지의 경험 한계 내에서의 대안이라는 수준에서 접근할 수밖에 없다. 그야말로 '난국難局'이고 '난망難望'이다.

이 비극적 전망의 반대편에 행복(happiness)이라는 단어가 배치된다. 행복에 대한 연구는 학문 영역에서 더욱 확산되고 있다. 이러한 추세는 행복 또는 웰빙well-being과 관련된 논문이 1980년 1년 동안 약 1,390편이었던 반면 2013년에는 매달 1,000편의 논문이 발표되고 있다는 사실에서 확인할 수 있다(존 헬리웰, 거스 오도넬, 리처드 레이어드 2017, 13). 많은 국가들은 국민의 행복을 정부 운영의 중심적 가치로 이동시키고 있다. 과거 경제성장 지상주의에서 행복 지향으로 국가 목표가 변화되고 있는 것이다. 그도 그럴 것이 1인당 GDP가 15,000달러를 넘기면 소득과 행복 간의 연관성이 사라진다(Layard 2003, 17)는 연구 결과가 성장에서 행복으로의 방향 이동의 근거를 설명해준다. 동시에 신자유주의 경제정책하에서 소득의 증가는 상대적 양극화를 더욱 구조화시키며, 소수의 가진 자를 제외한 다수의 사람들은 상대적 박탈감과 함께 심각한 분노를 느낀다.

그리고 사회적 부의 상승은 사회를 기계화·도시화하는데, 이 도시화 현상은 행복을 위협하는 불행 요인들의 증가로 인도한다. 각종 질환, 범죄, 갈등, 각종 산재·교통·안전사고, 환경 파괴에 따른 천재지변, 공해, 스트레스 등으로 인간의 행복이 심각하게 훼손되고, 동시에 사망과 유병有病, 행복의 훼손으로 인한 자살, 각종 스트레스와 갈등 등으로 인한 이혼율의 상승과 유아에 대한 학대 그리고 범죄율의 증가 등이 나타난다(김종욱 2016, 141). 즉, 사회적 부의 상승은 도시화로 이어지고, 도시화의 부작용으로 다수의 빈자·약자들은 불행한 삶을 살아야 한다는 것이다. 따라서 도시의 삶의 방식을 변화시켜야 한다. 행복 연구자들에 의하면, 매우 가난한 나라를 제외하고 소득보다는 행복이 인간관계의 질을 바꾸며, 성공적인 사회는 사람들이 서로에 대해 매우 높은 신뢰를 갖고 그 신뢰 속에서 관계를 맺어 나가는 과정에서 행복을 더욱 많이 느낀다. 그 이유는 다른 사람들을 더 돌보는 사람들이 대체로 더 행복하기 때문이다(존 헬리웰 외 2017, 79~82).[2]

---

2 현상적으로 불평등에 의한 불행은 비도시지역에 거주하는 지역민에게 더 큰 문제점으로 나타나고 있으며, 도농격차에 의한 농촌 지역민들의 삶의 질과 낮은 행복도로 나타나고 있는 것이 현실이다. 그러나 '도시는 잉여생산물이 사회적·지리적으로 집적되는 과정에서 발생'했고, 이 잉여는 점진적으로 소수의 수중으로 집적되었으며, 도시는 과잉자본 흡수에서 결정적 역할을 담당하며 지리적 규모를 끊임없이 확대하면서 도시 대중에게서 일체의 도시권을 박탈하는 '창조

우리는 이런 행복 연구의 결과를 통해 공감과 동정심의 중요성도 확인할 수 있다. 국민총행복(GNH, Gross National Happiness) 지수를 만들어낸 부탄은 2008년 채택된 신헌법에 따라 총리를 선출했다. 선출된 총리는 아래와 같이 언급했다.

> 　　GNH에서 우리는 '행복'을, 종종 그 용어와 연관되는 유쾌하고 '기분 좋은' 일시적 상태와 명백히 구분하고자 한다. 타인이 고통받고 있을 때 진정한 지속적 행복은 존재할 수 없음을 우리는 알고 있다. 타인에게 봉사하면서 자연과 조화로운 삶을 영위하는 데에서, 그리고 자신의 정신의 진정하고 빛나는 본성과 우리의 내면적 지혜를 깨닫는 데에서 진정한 지속적 행복이 온다는 것을 우리는 알고 있다.[3]

　　행복은 다른 사람과의 공감과, 인간뿐만 아니라 자연까지도 포괄하는 생명애로부터 온다. 또 행복은 도덕적 공감 감정과 동물·자연에 대한 '생명애'(biophilia)를 통해 지속된다. 동시에 사물인 공간의 변화에

적 파괴' 과정이 지속되었다는 점을 고려해야 한다(데이비드 하비 2017, 55). 도시에서 잉여(이윤)를 빨아들이는 소수에 의해 도시 대중에 대한 '창조적 파괴'가 벌어지는 것과 동시에 교외와 농촌의 잉여를 빨아들이면서 '강제적 파괴'도 동시에 발생한다. 잉여 집적의 원천인 도시의 변화 없이 교외와 농촌의 불평등 해소는 요원하다.

3 "Educating for Gross National Happiness" 회의 개회사: Lyonchlen Jigmi Y. Thinley, Thimphu, Bhutan. 2009년 12월 7일.

도 주목해야 한다. 근대의 도시화로 귀결된 산업화와 관료화는 불행의 원인으로 지목되었고, 다양한 방식의 새로운 공간 창출이 논의되고 있다. 앙리 르페브르Henri Lefebvre의 『공간의 생산』(2014), 미셸 푸코 Michel Foucault의 『헤테로토피아』(2009), 데이비드 하비David Harvey의 *Space of Hope*(2000)와 『반란의 도시』(2017)에서 이제 도시 '커먼즈' 운동으로 이어지는 것은 '파국'과 '파멸'을 넘어서야 한다는 시민에 의한 시민성의 표출이며 절멸을 막아야 한다는 공감에 의한 것이다.[4]

2. 도시, '불행의 공간'에서 '대안의 공간'으로 전환할 수 있을까?

도시는 역사적으로나 개념적으로나 안보와 안전의 환유어였으나, 그것이 이제 위협과 폭력의 원천으로 바뀌었다(Mendietta 2005. 지그문트 바우만 2009, 118에서 재인용).

멘디에타의 절망적 푸념처럼 근대를 상징하는 도시는 왜 '위협과 폭

---

4 르페브르의 '헤테로토피아heterotopia'는 푸코의 개념과 달리 도시에서 '다른 무언가'를 실현 가능할뿐만 아니라 혁명의 궤도를 정하는 토대의 의미를 지닌 다(데이비드 하비 2017, 20). 푸코는 양립 불가능한 복수의 공간, 복수의 배치를 하나의 실제 장소로 나란히 구현할 수 있으며, 한 사회와 완전히 다른 방식으로 변화되어 작동시킬 수 있는 열림과 닫힘의 체계로서 '헤테로토피아'를 설명한다(푸코 2009, 50~53).

력의 원천'이 되었는가? 도시는 왜 삶을 불행하게 만드는 공간으로 우리에게 등장했는가? 도시는 왜 도처에 편재遍在된 공포로 인해 도대체 피할 공간을 찾을 수 없게 되었는가? 그래서 바우만의 공포에 대한 설명은 한 편의 호러horror 영화를 보는 것 같다.

> 공포는 어디서나 새어든다. 우리의 가정에, 전 세계에, 구석구석마다, 틈마다 흠마다 스며든다. 공포는 어두운 거리에도 있고, 반대로 밝게 빛나는 텔레비전 화면 안에도 있다. 침실에도 있고, 부엌에도 있다. 우리의 일터에는 공포가 기다리고, 그곳을 오가기 위한 지하철에도 공포가 도사린다. 우리가 만나는 사람들, 혹은 누군지 알지 못하는 사람들에서도, 우리가 소화하는 것들 그리고 우리가 접촉하는 것들에도, 공포가 숨어 있다(지그문트 바우만 2009, 15).

도시에 편재된 공포는 삶을 불행으로 인도하고, 우리의 아이디어와 노동은 약탈의 창고가 된다. 하지만 '약탈당함'과 '불행해짐'은 당연한 사회 작동 원리로 옹호된다. 불평등에 의한 '가난해짐'은 무능과 게으름의 다른 표현에 불과하며, 미래에 대한 '불안함'은 아이디어 없음과 잘못 살아온 자신의 삶 때문이다. 이런 양상이 나타나니 유전공학자 리 실버Lee Silver가 '젠리치GenRich'라는 유전자 엘리트와 나머지 전부인 '자연인'(Naturals)의 두 인류를 상상했던 것이다(발터 샤이델 2017, 559).

하비는 "도시란 경제적인 탈취를 목적으로 철저히 권력과 자본에 의해 이윤을 추구하는 일부 집단과 개발된 인프라로부터 소외되는 다수의 도시 노동자가 대립하고, 도시개발 프로젝트는 오로지 자본의 이해관계에 의한 것으로 도시인구의 대다수를 점하고 있는 노동자들은 신성한 '도시에 대한 권리'를 침해"당한다고 규정했다(김갑곤 2019, 414). 자본과 국가의 지배와 통제 아래 시민사회가 활력을 잃어간다면, 시민의 권리는 약화되고 삶의 질은 하락하며 불행은 일상화될 것이다.

하지만 도시의 시민은 이런 사태를 그냥 용인하지 않는다. 도시는 불평등의 공간임과 동시에 저항이 발생하는 공간이다. 새로운 가능성의 출발은 바로 도시의 일상정치를 통해 착수된다. 도시의 시민은 "권력이 부과한 기존 질서의 골격을 재채용하고 내부적 변형을 가하며 일상적 투쟁과 저항을 실천"한다. 이 투쟁과 저항을 통해 "지배집단이 부과한 체계를 이용자들이 자신의 이익과 목적에 부합하도록 무한히 변환하고 적응하는 전유(appropriation)"의 과정이 반복된다(장세룡 2002, 213). 또한 대중은 불평등과 억압에 맞서 저항적 통방通房 행위와 연대적 모의를 통해 지배의 의도를 전유한다. 이런 경험은 누적되어 사람들의 지혜와 현명의 결정판인 '메티스mētis'로 진화한다. 즉, 국가의 제도도 다양한 인간들의 '메티스'를 통해 변경·갱신·반복을 거친다(스콧 2010, 472~477). 시민은 이미 '대안의 공간'으로 전환할 수 있는 역사적 경험을 체득하고 있는 것인데, 이것은 다양한 방식으로 나타날 것이다.

불행은 행복의 반대말이다. 행복이 '즐거움', '즐김', '기꺼움'을 의미한다면, 불행은 '괴로움'을 뜻한다. 도시의 시민이 행복하지 않다는 것은 삶이 괴롭다는 것이다. 시민들이 느끼는 고통의 징표는 도처에서 확인된다. 21세기 최대의 위협은 불평등이다. 양극화에 의한 불평등의 구조화와 자원의 불균형에 기인한 정치권력의 편중성은 소수에 의한 다수의 소외를 일반화시킨다. 이런 상황은 다양한 통계와 지표가 잘 보여주고 있다.

2015년 지구의 최고 부자 62명이 인류의 절반인 하위 35억 명의 개인 순자산을 합친 것만큼 소유했으며, 전 세계 가구 중 제일 부유한 1퍼센트는 지구상 개인 순자산의 절반보다 조금 더 많이 소유하고 있고, 미국 최고 부자 20명은 미국의 하위 50퍼센트 가구를 전부 합친 것만큼 소유했다(발터 샤이델 2017, 17~18). 1970년~2005년 사이 80개국의 동향을 다룬 조사에 의하면, 국제무역 자유화 및 그와 함께 일어난 규제 완화가 불평등을 상당히 증대시켰다는 것이 드러난다(같은 책, 539).

이와 같은 경제적 불평등은 바로 정치권력의 편중성과 연동된다. 이는 미국의 투표율을 통해서 확인할 수 있는데, 2010년 극빈층 가구는 4분의 1, 15만 달러 이상의 소득 계층은 절반 이상이 투표를 했다. 더욱 특징적인 것은 미국의 '1퍼센트'가 정치적으로 활발하게 움직이는데 이들은 나머지에 비해 과세, 규제, 사회복지에 대해 보수적이라는 점이다. 자본과 정치의 결합 양상을 보면 이를 더욱 잘 확인할 수 있다. 미국에서 최고 소득을 벌어들이는 0.01퍼센트는 1980년대에 전체 선거자금 기부액의 10~15퍼센트를 기여했지만, 2012년에는 전체의 40퍼센트 이상을 차지했다. 따라서 정당과 정치인은 정치자금의 흐름에 따라

보수적 방향으로 접근하는 경향성이 강해지며 감세와 규제 완화, 탈脫 노조화와 최저임금 하향화가 진행됨으로써 양극화는 더욱 심화된다. 이런 정치와 경제의 '야합'은 불평등으로 귀결되는데, 그것은 미국에서 1979~2007년 시장소득 증가의 60퍼센트가 '1퍼센트'에 의해 흡수된 반면, 전체 증가분의 9퍼센트만이 하위 90퍼센트에 돌아갔다는 통계에서 확인할 수 있다(발터 샤이델 2017, 542).

한국도 예외가 아니다. 어쩌면 가장 빠른 속도로 불평등 사회에 진입하는 전형일지 모른다. 신자유주의 경제정책의 경쟁적·약탈적 구조, 1997년 외환위기, 2008년 금융위기 속에서도 대한민국은 GDP 1조 6,194억 달러(2018년 기준)로 세계 12위의 경제 강국이 되었다. 경제 지표인 GDP만 살펴보면 대한민국은 잘사는 나라다. 우리 국민의 평균 IQ는 세계에서 1, 2위를 다툰다. 그러나 국민의 삶은 불행하다. 이것은 다양한 지표들이 보여주고 있다.

2016년 기준 한국의 소득 상위 10퍼센트의 소득 집중도는 43.3퍼센트이며, 나머지 90퍼센트에 돌아가는 소득과 유사하다. 또한 소득 상위 1퍼센트는 전체 소득의 12퍼센트를 가져간다. 상위 소득 10퍼센트는 소득이 계속 상승해 2018년 월 평균 1,180만 114원을 벌어들이는 반면, 하위 소득 10퍼센트는 소득이 계속 하락해 동년 월평균 85만 7,396원을 벌고 있다. 매달 수익 격차가 1,094만 2,718원이 발생한다. 연으로 환산하면 1억 3,131만 2,616원의 소득 격차가 발생하는 것이다.

더 큰 문제는 이런 세계적인 소득 격차를 넘어서 한국 사회에서는 세대 간 격차가 너무 벌어지고 있다는 점이다. 아직까지 한국의 가처분 소득 지니계수(0.302/2014)는 OECD 평균보다 낮지만, 빈부 10퍼센트 간의 격차는 높고, 중위 소득 50퍼센트 미만의 비율(14.4퍼센트)도 상당히 높은 것(OECD 평균 11.4퍼센트)으로 나타났다. 특히 중위 소득 50퍼센트 미만의 비율에서 65세 이상의 비율이 49퍼센트에 이르고 있다(OECD DATA 2014).

이와 함께 한국의 각종 지표는 계속 악화되고 있으며, 이로 인해 삶의 만족도는 하락하고 있다. 즉, 경제 규모는 계속 커지고 성장하는데, 다수의 삶은 불행해지고 있는 것이다. 통계청의 '2018 인구주택총조사'에 의하면, 1인 가구가 전체 가구의 28.6퍼센트(2017년 기준)인데, 1인 가구 증가를 이끈 세대는 45세 이상으로 나타났다(통계청 2018년 3월). 특히 주목해야 할 것은 60대 1인 가구가 2016년 대비 가장 크게 증가했다는 점이다. 따라서 한국의 40~50대는 '고독한 중년'에서 '빈곤한 노년'이 되며, 65세 이상의 노인이 된다는 것은 불행으로의 진입을 의미한다.

그렇다고 아동들이 삶에 만족을 느끼며 사는 것도 아니다. 보건복지부가 공개한 '2018년 아동실태조사' 보고서에 의하면 OECD 27개국 아동들의 평균 삶의 만족도(7.6점)보다 상당히 밑돌며, 여가 활동이나 음식 섭취 등 삶에 필요한 것을 누리지 못하는 아동의 비율을 뜻하는 결핍지수도 다른 국가들에 비해 월등히 높다(조선일보 2018). 어린 시절의 결핍을 안고 성인이 되어 불평등한 사회에서 경쟁해야 하며 외롭고 빈곤한 노인으로 가는 삶은 그야말로 고통이고 불안이다.

이런 구조 속에서 한국 국민의 삶의 만족도와 정부 신뢰도가 낮은 것은 당연하다. 갤럽 세계여론조사(Gallup World Poll)의 조사(2014년 기준)에 의하면, 한국인의 삶의 만족도와 정부 신뢰도 모두 OECD 평균보다 낮은 하위권으로 분류되었다. 156개국 대상 국민의 행복도 조사에서 한국은 세계 54위에 그친 것이다. 이런 상황에도 한국의 공적 사회 지출비용은 OECD 국가 중에서 가장 낮은 수준에 머물러 있다. 국가 운영과 사회 작동 패러다임의 전면적 변화를 위한 특단의 대책이 시작되어야 하는 이유다. 환경 파괴적 발전방식, 도시화와 같은 과밀한 공간 구성, 심화되는 불평등 사회경제 구조에 대한 개선 없이 행복의 추구는 공염불에 불과하다.

세계의 미래도 여전히 밝지 못하다. 20세기 후반부터 2015년까지 세계 소득 1퍼센트의 수입은 계속 증가하는 반면, 하위 50퍼센트는 정체상태에 머물러 있다. 2050년까지 세계적 수준에서 부의 집중은 여전할 것으로 예측되고 있다. 2050년 기준으로 소득 상위 1퍼센트(39퍼센트), 0.1퍼센트(26퍼센트), 0.01퍼센트(17퍼센트)의 수입은 계속 상승 곡선을 그어서, 세계의 중간계급인 40퍼센트의 수입(27%)보다 소득 상위 1퍼센트는 12퍼센트 높은 수입 비율을 나타내며 소득 상위 0.1퍼센트의 수입과 엇비슷할 것으로 예측되고 있다. 이것은 그야말로 부의 집중과 불평등의 시대로의 진입을 명증하게 보여주는 것이다.

로티Rotty의 전망은 명백하다. 불평등에 의해 정치적 권리는 사라지고 새로운 신분질서를 상징하는 특권계급의 시대가 열리고 있다는 것이다. "우리는 이제 모든 중요한 결정을 독점해서 내리는 글로벌 특권계급을 갖게 되었으며, 그들에게 전혀 독자적으로 입법할 수 있는 권리와 '어떤 국가의 국민의 투표권보다 앞서는 의사표시의 권리를 부여했다'(Rotty 1999, 233).

"두 개의 나라가 있다. 둘은 서로 교류하지 않고 동정을 표하지도 않는다. 마치 다른 구역, 다른 행성에서 사는 사람들처럼 서로의 습관과 생각, 감정에 대해 잘 모른다. 다른 환경에서 성장하고, 다른 음식을 먹고, 다른 예절을 배우기 때문에, 같은 법을 적용받지 않는다"(Disraeli 1998, 66). 이런 사회에서 '다수의 약자'는 공포와 함께 삶을 연명해야 한다. 그 공간에 사는 사람은 "일자리와 더불어 소속된 사회적 지위를 잃게 될 공포, 집과 더불어 여생을 위한 동산 일체가 '압류'될 공포, 행복과 명망의 고개에서 미끄러지는 자녀들과 시장가치가 어떻든 간에 공들여 학습하고 연마해온 기술을 빼앗기는 자신을 맥없이 바라봐야 할 공포"와 맞닥뜨려야 한다(지그문트 바우만 2018, 30). 그렇다고 두 손 두 발 다 들고 항복할 수는 없는 것 아닌가!

3. 대안사회를 지향하는 '커먼즈' 운동이 성공할 수 있을까?

도시의 인간적 면모는 도시의 다양한 공간들에서 이루어지는 우리의 실천으로부터 나온다(데이비드 하비 2017, 58).

'커먼즈'는 "사용자들의 공동체가 그 공동체의 규칙과 규범에 따라 공동으로 다스리는 공유된 자원, 물과 땅 같은 자연의 선물만이 아니라 문화적 산물이나 지식 같은 공유된 자산들 혹은 창조적 작품들도 포함"되는 무엇이다(Michel Bauwens, Vasilis Kostakis, Stacco Troncoso, Ann Marie Utratel 2017, 5). 그리고 '커먼즈 운동'은 도시를 변화시켜 나가는 운동이면서 그 운동을 통해 민주주의가 실현되고 민주적 과정과 훈련의 장으로 도시가 활용되며, 도시의 물리적·환경적 공유자산 등을 확보하려는 것일 뿐 아니라 배타적·독점적 자본에 대항하는 사회적 실천이 전개되고 권력과 도시의 물적 환경을 획득하여 이를 '공유자산화'해 나가는 시민들의 연대활동(김갑곤 2019, 412, 414~415)으로 정의된다. 또는 근대를 구성했던 국가와 자본의 외부에 자율적 공동체를 구축하고 이를 통해 대안 근대로 이행하려는 목적을 가진 운동으로 규정된다(정남영 2017, 204).

따라서 '도시 커먼즈'에 대한 연구는 "새로운 커먼즈의 출현 현상을 '도시'를 매개로 복합적으로 분석하고, 새로운 권리 담론을 도시적 맥락에서 종합적으로 재구성하여 정치의 위기와 경제적 불평등을 해결"(이승원 2019, 151)하려는 것이다. 네그리(Antonio Negri)와 하트(Michael Hardt)는 '커먼즈'를 "개방적 접근과 집단적이고 민주적인 결정 및 자주관리로 정의되는 부의 한 형태"로 규정하며, 이 자치의 형식을 발명하는 것을 '커먼즈'를 위한 기획의 중요한 과제로 도출한다. 이 운동은 따라서 시장과 국가, 사적인 것과 공적인 것이 우리에게 주어진 유일한 선택지가 아니며 공기, 물, 땅의 결실을 공통적인 것으로 만들 수 있는 제한된 자원의 분배를 결정하기 위한 민주적이고 참여적인 메커니즘 구축의 방법을 찾을 것을 제기한다(네그리·하트 2014, 9~11).

'커먼즈' 운동을 전개하는 진영은 도시의 삶을 구성하는 방식에 관한 구상도 다르다. 즉, 국가의 성격과 소유권 테제부터 자본주의의 점진적 개혁을 통해 '사실상의 혁명'을 꿈꾸는 것으로 보인다. '커먼즈' 운동가들은 기존과 다른 소유방식을 추구한다. 즉, 추출적 방식이 아닌 생성적 소유방식을 택하는 것이다(〈표 1〉 참조). 새로운 방식은 메타 경제적 네트워크(meta-economic networks), 통합협동조합(the Catalonian Integral Cooperative, 스페인 카탈루냐), 상호부조 네트워크(the Mutual Aid Network, 미국 위스콘신 주 매디슨), 엔스파이럴(Enspiral, 뉴질랜드) 등의 다양한 실험을 통해 진행되고 있으며, 이런 실험은 도시의 삶을 바꾸고 있다.

이들은 '반란 도시'(Rebel Cities) 또는 '대담한 도시'(Fearless Cities)를 지향하면서 세계 도시 곳곳에서 투명성 높이기, 시민들이 참여하는 예산 책정 가능하게 하기, 사회적 돌봄 협동조합 창출 촉진하기, 공터를 공동체 정원으로 바꾸기, 기술과 도구를 공유하는 프로그램들을 공동 창출하기를 실행한다고 밝힌다.[5] 이를 통해 궁극적으로 시민이 주도하는 자치도시연합들(municipalist coalitions)을 형성하고, 국가와 커먼즈 기반 시민사회가 인간의 평등의 재출현을 위한 조건을 창출하며, 이를 통해 국가는 사유화되는 것이 아니라 점차 '공통화'(commonfied)될 것

---

5 이런 실험은 '커먼즈' 운동으로 명명되지 않았으나, 한국에서도 이미 다양한 방식으로 진행되고 있다. 이것은 도시의 삶을 바꾸려는 시민들의 '일상의 정치'가 만들어내는 다양성의 한 형태로 볼 수 있을 것이다. 이 운동의 특징과 그 가능성이 무엇이 될지는 시간이 지나야 확인될 수 있을 것이다.

이라고 주장한다(Bauwens et al. 2017). 즉, '생산 공동체'는 시민사회가 되고, '커먼즈 지향 기업가 연합들'은 시장 조직이 되며, 비영리 지원 단체는 국가(파트너 국가)가 되는 그런 미래를 주장한다(정남영 2017, 210).

〈표 1〉 추출적(extractive) 소유와 생성적(generative) 소유

추출적 소유	생성적 소유
금융적 목적: 단기간에 이윤 극대화	삶의 목적: 장기적으로 삶의 조건 창출
부재 구성원: 소유가 기업의 삶과 분리	토착 구성원: 소유가 당사자들의 손에
시장에 의한 거버넌스: 자본시장에 의한 자동조종 통제	사명에 의해 통제되는 거버넌스: 사회적 사명에 헌신하는 사람들에 의한 통제
카지노 금융: 주인으로서의 자본	이해관계자 금융: 친구로서의 자본
상품 네트워크: 가격과 이윤만 위한 교역	윤리적 네트워크 : 생태적·사회적 규범들을 집단적으로 유지

출처: Bauwens et al. 2017, 14.

자본주의의 진전과 함께 과거의 공유지에 근거한 삶의 형태로서 '공통적 부'를 가리키던 '커먼웰스commonwealth'는 연방, 국가 등을 뜻하는 것으로 그 의미가 변형되었다. 따라서 '공동의 것'이라는 의미의 '커먼즈'는 자본주의의 진전에 따라 국가에 귀속되었고, 모두는 소외되었다. 그 소외의 과정에서 자본은 무한증식을 진행했으며, 그 무한증식의 이익은 국가와 자본의 권력을 소유한 자들에게 집중되었다. 따라서 '커먼즈' 운동을 전개하는 것은 "다중이 자치 기술을 배우고 영속적인 민주

적 사회조직 형태를 발명하는” 것이라 할 수 있다(네그리·하트 2014, 16).

19세기 『공산당 선언』의 첫 문장, “하나의 유령이 지금 유럽을 배회하고 있다”가 떠오를 정도로 ‘커먼즈’ 운동은 21세기에 출현한 유령처럼 지금 세계의 한 귀퉁이에서 비행을 시작한 것으로 보인다. 하비는 마르크스가 국가 소유권을 옹호하지 않고 공동선을 위해 생산에 임하는 노동자 집단에 부여된 소유권을 옹호한다고 규정하면서, 잉여 생산과 분배를 사회화하고 누구에게나 열린 부의 새로운 공동성을 확립하자고 주장한다(데이비드 하비 2017, 61~63). 마르크스가 “생산수단의 공동점유(Gemeinbesitz) 토대 위에서 ‘개인적 소유’(individuelles Eiegntum)를 다시 산출”한다고 규정한 것은 공동점유 상태의 생산수단에 대한 개인적 소유를 주장한 것이다. 마르크스가 구상한 사회주의에서 소유권자는 개인들이고 공동체는 점유권자이며, 이로 인해 이 공동체의 법적 지위는 오로지 개인적 소유 부분들로부터만 파생된다(황태연 1992, 121~122). 또한 마르크스에 의하면 정복된 국가권력은 소유의 국유화를 위해 이용되는 것이 아니라 민간적, 시민적 협동조합을 전국적 차원으로 발전시키고 촉진시키기 위해 사용되어야 하는 것이다. 레닌도 마찬가지로 도시협동조합의 체제를 건설하면 사회주의 사회가 완성되는 것으로 보았다(황태연 1992, 129~130).

대안 사회를 지향하는 ‘커먼즈’ 운동은 자본의 ‘포식성 축적 습성’과 (소수)강자에 의해 그 습성을 더욱 자유롭게 할 수 있도록 규제와 통제 장치를 해체하는 이 악덕 결합 체제의 외부에서 새로운 가능성을 모색하고 있다. 즉, 국가와 자본의 본거지에서 새로운 자율적 공동체를 만들어 공간을 재탈환하는 것이다. 그런 차원에서 '커먼즈' 운동은 새로우면서도 오랜 전통 속에 놓여 있다. 마르크스와 엥겔스 그리고 레닌에 의해 기획된, 그러나 '붕괴된 사회주의'에 의해 왜곡된 소유권과 자율 공동체로서의 시민사회, 그리고 마르크스가 기획했던 그 시민사회에 '하복下服'하는 기관으로서의 국가라는 구상을 21세기에 실천하는 것으로 이해할 수도 있을 것이다. 국가적 행정기관과 국가적 인민대표부가 인민을 소외시키는 자립성을 상실하고, 사회의 공공적 정치를 대변하는 시민사회의 소통적 공공성과 새로운 시민적 공공권력에 굴복하는 그런 시대로 변혁되는 것이다(황태연 1992, 353).

그러나 빈 여백, 중요한 것들이 남아 있다. 왜 그런 사회로 가려는 것인가? 억압과 착취 없는 세상을 위해 계급투쟁을 마다하지 않았던 이유가 '영구 전쟁'과 '영구 계급투쟁'을 위한 것은 아니다. 오랜 진화의 과정에서 인간 본성에 침잠된 공감으로서의 삶을 살아가면서 느끼는 도덕과 행복에 대한 희구 때문이다. 그것을 잊는다면 운동은 방향을 잃어버린다.

4. 행복 정책과 행복국가의 흐름이 확산되는
    이유는 무엇일까?

거친 밥 먹고 물 마시고 팔을 구부려 베고 누우니 이 역시도 즐거움이 그 속에 들어 있다. 불의하면서 부귀한 것은 내게 뜬구름 같은 것이다(飯疏食飮水 曲肱而枕之 樂亦在其中矣 不義而富且貴 於我 與浮雲.『논어』「술이述而」 편에서).

테러를 당한 무슬림 공동체에 이슬람 여성의 전통 복장인 히잡Hijab 을 두르고 방문해 위로한 일로 유명한 뉴질랜드 총리 저신다 아던 Jacinda Ardern은 2019년 5월 30일, 야심찬 행복 정책을 발표했다. 뉴 질랜드 총예산의 3.4퍼센트에 해당하는 규모의 '행복 예산'을 발표한 것이다. 이후에도 4년 동안 256억 뉴질랜드 달러(약 19조 8600억 원)의 행복 예산을 투입할 예정이다. 아던 총리는 "GDP 증가가 경제활동의 질을 반영하지 못할뿐더러, 경쟁에서 낙오하거나 뒤처진 사람들을 배려 하지 못한다"고 지적했다. 그래서 뉴질랜드 국민의 정신 건강, 아동 빈 곤과 가정 폭력, 마오리 원주민과 남태평양계 뉴질랜드인들의 삶의 질 개선, 경제구조의 전환을 통한 생산적인 국가라는 비전을 제시하면서, 불행한 사람들을 덜 불행하게 하는 데 예산을 가장 먼저 투입하겠다고 선언했다(〈한겨레21〉 2019).

행복 전도 국가인 부탄은 행복을 국가 정책목표로 헌법에 명시했고, GDP를 대체하는 국민총행복(GNH) 개념을 도입했다. 국민총행복에 부 정적 영향을 끼치는 정책은 행복영향평가에서 탈락하며, 국민총행복 정책을 총괄하는 장관급 위원회 조직도 운영하고 있다. 이미 20세기 후반부터 유럽과 미국의 정당·정부도 행복국가 노선으로의 전환을 시 작했다. 영국 정부의 WWW(Whitehall Wellbeing Working) 그룹, 미국 민주당의 생활정치·가족행복 정책, 영국 노동당의 'Wellbeing State',

영국 보수당의 'Happiness State' 등이 그것이다. 영국 노동당 정부는 2001년부터 행복 개념을 도입해 행복 경제와 행복 정치를 추진했고, 2007년 영국 보수당 당수 데이비드 캐머런David Cameron은 행복(wellbeing)을 사회 진보의 징표로 보고, GDP가 아닌 새로운 방법이 필요하다고 언급했다(Cameron 2007, 44). 총리가 된 이후 2010년 그는 새로운 척도로서 GWB(General WellBeing)를 선언했으며, "경제성장뿐만 아니라 행복(wellbeing)을 생각했더라면 지금쯤 영국은 더 나은 나라가 돼 있었을 것"이라고 주장했다(《문화일보》 2010). 중동의 아랍에미리트(UAE)도 2016년 행복부를 설립하고, 정부 차원에서 행복을 측정할 수 있는 행복성과지표를 개발했으며, 정부 부처마다 행복사무관을 두고 공공기관에는 행복위원회를 설치했다.

행복은 동서양 모두가 옛날부터 중시했던 가치다. 서양의 경우 소크라테스·플라톤부터 아리스토텔레스의 『니코마코스 윤리학』에 이르기까지 행복은 중요한 화두였다. 그 이후 제러미 벤담(Bentham 1996, 39~40)의 '최대 다수의 최대 행복'이라는 문구는 공리주의의 대명사처럼 회자되고 있다.[6] 케인즈(John Maynard Keynes)도 "경제 문제가 원래 뒷자리로 물러나고 (⋯) 삶과 인간관계, 창조와 행동과 종교와 같은

6 '최대 다수의 최대 행복'의 지적 소유권자는 허치슨(Francis Hutcheson)이다. 허치슨은 1725년 *Inquiry into the Original of Our Ideas of Beauty and Virtue*에서 "최상의 행동은 최대 다수의 최대 행복을 추구하는 것이고, 최악의 행동은 동일한 방식에서 불행의 경우"이며, "도덕이라는 주제에 대해 수학적 계산을 도입하려고 시도"했다(Hutcheson 2004, 125).

실질적 문제가 마음을 가득 채울 시대가 그리 멀지 않았다. (그때가 되면) 사람들은 영원한 문제를 고민하게 될 것이다. 다시 말해 경제적인 근심, 걱정으로부터 벗어나서 그 자유를 어떻게 이용할 것인가, 과학과 복리複利의 강력한 혜택으로 받은 여가를 어떻게 보내서 현명하고 행복하게 잘 살아갈 것인지와 같은 문제들을 고민"하는 시대가 올 것이라고 예측했다(Keynes 1991, 367). 한국의 헌법도 국민 행복의 내용을 담고 있다. 헌법 전문에 "우리들과 우리들의 자손의 안전과 자유와 행복을 영원히 확보할 것을 다짐"하고 있으며, 헌법 제10조에 "모든 국민은 인간으로서의 존엄과 가치를 가지며, 행복을 추구할 권리를 가진다"고 명시했다.

과거에 중시했던 물질적 부는 정보·자동화로 인해 전체 생산 인구의 20퍼센트 미만의 인력 투입으로 산출할 수 있는 재화로 주변화되었고, 21세기의 주도적 가치는 통신·서비스·지식·정보·문화·미학적 가치(패션·취향·영상·오락·향락), 안전·환경·보건·스포츠·레저·웰빙 등 '행복' 개념에 포괄되는 탈물질적 가치가 중요하게 부상했다. 즉, 행복의 가치를 구현하는 것이 정치와 국가의 목적으로 전환되는 과도기라 할 수 있다.

허치슨은 "덕성이 행위자의 가장 확실한 행복"(Hutcheson 2004, 8)이며, "어떤 행위든—— 세계의 가장 먼 지역, 또는 어떤 지난 시대에 있었을지라도——사랑, 인간애, 사의謝意, 연민(compassion), 타인의 복리에 대해 마음 씀, 타인들의 행복에 대한 기쁨으로부터 흘러나오는 것으로서 우리 앞에 표현되자마자 우리는 우리 내부에서 즐거움을 느끼고, 그 예쁜 행위를 찬미하고, 그 행위의 수행자를 칭찬한다"고 했다 (Hutcheson 2004, 91).

행복을 불러일으키는 덕성으로부터 공감의 의미 이해가 중요하다. 허치슨은 인애仁愛(benevolence), 즉 사랑하는 감정은 인간에게 본성적이라고 주장하며 이와 함께 또 다른 본성으로 동정심(compassion)을 들고 있다(Hutcheson 2004, 159). 그래서 맹자는 측은지심이 없으면 사람이 아니라고 한 것이다. 사람이라면 본성적으로 사람을 사랑하기에 다른 사람이 위험한 상황에 처하면 동정심이 본능적으로 발동한다. 그래서 행복 정책을 추진하는 영국 정부는 사회감성교육(Social and Emotional Aspects of Learning, SEAL) 프로그램을 모든 학교에 도입한 것이다(리처드 레이어드 2011, 316).

'커먼즈' 운동도 윤리적 기획 속에서 출발한다. 네그리와 하트는 가난과 사랑을 언급하며, 배제된 주체로서의 빈자가 아니라 "빈자의 생산성과 가능성을 힘으로 전환시키는 방법"을 찾고, 개인주의의 고립성을 탈피하는 출구로서 사랑을 언급한다. 즉, "공통적인 것의 생산과 사회적 삶의 생산을 핵심으로 하는 정치적 사랑 개념"에 도달해야 한다는 것이다. 이러한 '윤리적 기획'이 바로 "제국 내에서 정치적으로 다중을 구축하는 경로"라고 판단한 것이다(네그리·하트 2014, 19~23). '커먼즈' 운동은 정치적 기획임과 동시에 윤리적 기획이며, 가난에 찌든 빈자들의 새로운 생산성과 가능성을 만들고 고립을 탈피하는 연대의 힘으로서 사랑을 상정하고 있다. 그 윤리의 힘은 공감에서 시작되며, 그럴 때 정치적 기획이 현실로 시야에 들어온다.

5.   나가며:
'공감의 정치'는 가능한 것인가?

> 우리는 파국을 맞이해야만 파국이 왔다는 것을 인식하고 받아
> 들이게 될 것 같다(아, 회고적으로, 단지 회고적으로만). 이런 생각을
> 해본 적이 있다면, 그것은 실로 섬뜩한 생각이 아닐 수 없다. 하지
> 만 그런 생각이 틀렸다고 할 수 있을까? 시도해보지 않는 한, 거
> 듭해서 그리고 더욱 더 열심히 시도해보지 않는 한, 그 생각이 틀
> 렸는지는 결코 알 수 없을 것이다(지그문트 바우만 2017, 115).

18세기 계몽철학자 실루에트(Etienne de Silhouette, 1709~1767)는 정
의보다 인애가 선차적이며, 누구나 동정심과 도덕 감정을 본성적으로
가지고 있다고 주장했다(Silhouette 1764, 62~63. 황태연 2016, 104~105
에서 재인용). 스코틀랜드 도덕철학자들인 섀프츠베리(Anthony, Third
Earl of Shaftesbury), 허치슨, 흄(David Hume), 그리고 이후 다윈(Charles
Darwin)부터 캐롤 길리건, 제임스 윌슨, 아르네 베틀레센, 나탄 츠나이
더, 마이클 슬로트, 프란스 드발, 대커 켈트너에 이르기까지 정의보다
인애가 우선한다는 인애의 '선차성 테제'를 주장했다.
  인간은 모든 것을 공감을 통해 인지하고 이해한다. 공감[7]은 "긍정적·

---

7 공감에 대한 뇌 과학적 설명은 다음과 같다. "인간은 신체적 모방과 흉내를 통
  해서만 다른 사람들이 느끼는 것을 느낄 수 있다. 신체적 모사가 뇌 속에서

부정적 감정을 가리지 않고 남의 감정을 자기 속에서 '재현'하여 남의 감정과 유사한 감정을 '남과 같이 느끼는' 이심전심의 감정적 '작용' 또는 '능력'"(황태연 2014, 87)을 의미한다. 동시에 "어려움에 처한 어떤 사람의 인지된 복지와 동일한, 그리고 어려움에 처한 사람들에 의해 유발된 타인 지향적 관점"으로 정의된다(Waytz et al. 2014, 2).

최근에 공감은 "인도주의의 위기와 폭력적 정치 갈등에서부터 기후 위기와 종 다양성 파괴까지 세계적 도전을 막을 수 있는 기본적 힘"이라고 주장되며 새로운 정치적 담론으로 논의되고 있다(Krznaric 2015, 3). 미국 대통령 빌 클린턴과 버락 오바마의 승리는 이들의 리더십과 함께 정치 지도자의 공감력에 이끌린 수천만 명의 '공감 유권자'들의 열광적 지지와 실천에 의해 가능했다는 논거가 제시되고 있다(Waytz 2014, 3). 또한 리프킨(Jeremy Rifkin)은 "공감이 없는 세상에는 인간이 무엇인가 하는 문제에 대한 진지한 고민도 있을 수 없다"고 했다(Rifkin 2010, 179). 신경과학자 다마시오(Antonio Damasio)는 감정이 없는 사람들은 민감한 결정을 할 수 없는데, 그 이유는 어떤 것이 얼마나 가치 있는지를 알 수 없기 때문이라는 것이다. 따라서 공감과 같은 사회적 감정이 없는 사람은 객관적 의사결정자가 아니라고 주장한다(Lakoff 2011).

> 이루어지면 자기의 신체적 움직임이 일어난 것이나 다름없는 효과를 갖고 변연계를 자극하여 신체적 모사대상인 외부 타인의 감정과 유사한 감정이 관찰자 뇌 안에서 재생된다. 이것이 공감이다." 즉, "시청각피질 → 전운동피질 거울뉴런 → 뇌섬 → 변연계의 연결 메커니즘"이다(황태연 2014, 117~118).

연대가 값비싼 사치품이 되면서 임시 동맹에 자리를 내주었고, 같은 상황에서 경쟁자보다 더 많은 이득을 뽑아내는 존재가 되는 것이 항상 급선무였다. 동료들과의 사회적 유대감은 약해지고, 회사나 조직에 대한 정서적 몰입도 약해지고 있다. 과거에는 괴롭힘이 학교에 국한되었지만, 이제는 직장에서도 흔한 특징이 되었다. 그것은 전형적으로 무력한 인물이 자기의 불만을 약한 이들한테 분출하는 증상으로, 심리학에서는 전위된 공격성으로 알려져 있다. 감춰진 공포감의 범위는 수행 불안부터 타인을 위협하는 폭넓은 사회적 공포에까지 이르고 있다(*The Guardian* 2014).

경제적·정치적 양극화에 의해 '실제 전쟁 없이 진행되는 항구적 전쟁 상태'로 치닫고 있는 현대에 덩그러니 남은 단어는 '편견'과 '상대적 빈곤'이다. 상대방의 의견은 '들리지 않는 소음'이고, 가난에 찌든 삶을 쳐다보지도 않는 '무無동정심'이 도처에서 발견된다. 동정심과 공감은 사라지고 공포와 공격이 돌출하고 있다. 그래서 사회적 병리 현상은 더욱 확산되고, 사회적 비용은 더욱 늘어나고, 사회적 연대는 빠르게 부서지고 있다. 그 이유는 "결국 친절한 협력, 상호 관계, 공유, 상호 신뢰, 인정, 존중 등을 바탕으로 하는 공생에 대한 인간적인, 너무나 인간적인 갈망을 경쟁과 경합(탐욕에 이끌린 소수의 축재가 모두의 행복에 이르는 왕도라는 믿음에서 도출되는 존재 양식)으로 대체한 데서 비롯된 결과"이다. 그래서 "우리 대부분은 거짓말에 대한 요구는 말할 것도 없고 거짓말을 할 필요조차 별로 없는 세상에서 사는 것을 선호"한다(지그문트 바우만

2017, 109~110).

신자유주의 세계화 시대의 모순 구조를 극복하는 공정과 정의의 길도 공감과 사랑의 확대 속에 가능하다. 신자유주의 경제체제하에서 자본 물신物神적 이윤 극대화·무한축적 메커니즘이 인간의 공리적 행위를 오히려 지배하고 있다. 자유시장의 경쟁 조건은 자본축적의 무한성을 부추긴다. 어떤 수준의 자본축적도 안전을 보장할 수 없기 때문이다. 따라서 사회경제적 권력으로서 자본의 안전보장은 무한축적을 지속하는 것이다. 무한축적을 통해 한 분야의 독점에 도달하고, 이제 세계시장으로, 가급적 전 분야에 걸쳐 문어발식 독점 달성을 추구하는 방향으로 나아간다. 이처럼 자본은 인간의 본유적 도덕 감정을 "완전히 탈각시키고 관심의 초점을 감정(목적)에 무차별적인 수익성으로 이동시켜 고착화"하며, "인간 감정적 가치를 파괴하는 자본주의적 '목적합리적 행위'의 '물화성物化性' 또는 '물신성物神性'"을 그 본질로 한다 (황태연 2015, 2111). 치열한 기업에서 빠져나와 목가적 삶을 추구하는 직장인들을 우리는 발견한다. 그것을 실행하고 살아가는 삶이 행복하다고 말하는 사람들을 우리는 TV를 통해 접하곤 한다.

불평등·불공정·불합리한 사회구조가 심화되면서 '유동하는 공포'는 더욱 확산되고 있다. 예측할 수 없는 미래에 대한 공포, 의지할 곳 없는 사회, 이런 현상이 도처에서 일상화되니 많은 국가들이 행복 정책으로 눈을 돌리는 것이다. 예를 들면, 뉴질랜드 정부가 선정한 최우선 과제는 정신 건강과 아동 빈곤, 가정 폭력 등의 해결이다. 이 문제를 겪는 이들에 대한 동정심을 사회정책으로 실천하는 정부가 되겠다는 것이다. 이제껏 배제되었던 마오리 원주민과 남태평양 뉴질랜드인의 삶을 지원하는 것도 마찬가지다. 그리고 선제적인 기회와 분배를 만들 수 있는 경제구조의 전환도 누구든 불행하지 않아야 한다는 공감 때문이다.

이처럼 행복으로 인도하는 것은 인애의 인간 본성에 의해 사람과 생명을 사랑하는 공감 능력이다. 따라서 '행복국가'(happiness state)는 인애에 근거한 정의와 복지 구현을 목표로 삼는 것이며, '공감의 정치'(politics of empathy)는 국민적 '공감장共感場' 또는 '공감대共感帶'로서의 민심民心을 다문다견多聞多見·민시민청民視民聽하여, 이를 대의적 공론장의 숙의민주주의(deliberative democracy)와 결합하는 것이다(김종욱 2016, 127~128). 여기에서 무엇보다도 중요한 것은 국민의 마음을 이해하는 것이다. 국민의 마음은 공감을 통해 알 수 있으며, 국민이 공감할 수 있는 정책을 펼친다면 국민은 그것을 '인정仁政', 즉 '사랑의 정치'로 찰떡같이 알아들어서 지지할 것이다.

공감의 정치는 갈등과 투쟁의 극단적 정치를 배제하고, 약자를 위한 정치를 위해 다수 유권자를 구축하고, 민주주의의 위기를 탈주하기 위해 인간의 공감을 통한 민주주의의 활로를 개척한다. 이것을 위해 현장의 생생함을 경험하고 풀뿌리 조직과 민주주의를 확대함으로써 국민이 만족하는 행복한 사회를 만든다. 동시에 국민의 건강과 안전을 예방하고, 평화를 지향하는 정책을 최우선으로 놓으며, 지속 가능한 발전을 위해 동물과 자연과 공존하는 방향성을 명확히 한다. 이 사회는 '커먼즈' 운동을 전개한 경험과 유사한 징후를 보여주는데, 이 운동을 전개한 사람들에 따르면 "가장 신선한 특징 가운데 하나는 정치적 담론에 대한 그들의 태도가 더욱 여성화"[8]되었다는 것이다. 행복국가도 어머니와 같은 넓은 품으로 국민을 안아주는 것이다. 그 목표를 위해 우리 사회가 담아야 할 것은 바로 공감의 정치다.

---

8 Ann Marie Utratel & Stacco Troncoso 지음, 정백수 옮김, "Commons in the time of monsters: How P2P Politics can change the world, one city at a time"(2017. 6. 5.). http://commonstrans.net/?p=744(검색일: 2019. 8. 5.).

참고문헌

『論語』「述而」.

김갑곤. 2019. 「도시를 민주적으로 재생시키기 위한 시민자산화운동」. 『황해문화』 여름호.
김종욱. 2016. 「'민주화 이후 정치'를 넘어 '공감과 행복'의 정치로: '87년 체제'의 한계 극복을 위한 정치적 탈주」. 『시민과세계』 제29호.
데이비드 하비. 한서린 옮김. 2017. 「커먼즈의 미래 사유재산권을 다시 생각한다」. 『창작과비평』 45권 3호.
리처드 레이어드. 정은아 옮김. 2011. 『행복의 함정: 가질수록 행복은 왜 줄어드는가』. 서울: 북하이브.
미셸 푸코. 이상길 옮김. 2016. 『헤테로토피아』. 서울: 문학과지성사.
안토니오 네그리·마이클 하트. 정남영·윤영광 옮김. 2014. 『공동체: 자본과 국가너머의 세상』. 고양: 사월의책.
앙리 르페브르. 양영란 옮김. 2014. 『공간의 생산』. 서울: 에코리브르.
이승원. 2019. 「도시 커먼즈와 민주주의: 도시 커먼즈 운동의 특징과 동학에 관한 이론적 재고찰」. 『공간과사회』 제29권 2호. 134~174.
장세룡. 2002. 「미셸 드 세르토의 일상과 민중문화」. 『서양사론』 제82호.
정남영. 2017. 「대안근대로의 이행과 커먼즈운동」. 『오늘의 문예비평』.
제임스 C. 스콧. 전상인 옮김. 2010. 『국가처럼 보기: 왜 국가는 계획에 실패했는가』. 서울: 에코리브르.
존 헬리웰, 거스 오도넬, 리처드 레이어드. 우성대 외 편역. 2017. 『행복의 정치경제학』. 서울: 간디서원.
지그문트 바우만. 안규남 옮김. 2017. 『왜 우리는 불평등을 감수하는가? 가진 것마저 빼앗기는 나에게 던지는 질문』. 파주: 동녘.
──────. 정일준 옮김. 2018. 『레트로토피아Retrotopia: 실패한 낙원의 귀환』. 파주: 아르테.
──────. 함규진 옮김. 2009. 『유동하는 공포』. 서울: 산책자.
통계청. 2018. 『2017 인구주택총조사』. 대전: 통계청.
황태연. 1992. 『환경정치학과 현대정치사상』. 서울: 나남.
──── . 2011. 『공자와 세계』 제1권. 파주: 청계.
──── . 2014. 『감정과 공감의 해석학』 제1권. 파주: 청계.
──── . 2015. 『감정과 공감의 해석학』 제2권. 파주: 청계.

Alvaredo, Facundo et al. 2018. *World Inequality Report 2018: Executive*

Summary. World Inequality Lab.

Bauwens, Michel, Vasilis Kostakis, Stacco Troncoso, Ann Marie Utratel. 2017. *Commons Transition and P2P: a primer*. Amsterdam: The Transnational Institute.

Bentham, Jeremy. 1996. *Introduction to the Principles of Moral and Legislation*. (eds.) J. H. urns and H.L.A. Hart. Oxford : Oxford University Press.

Disraeli, Benjamin. 1998. *Sybil, Or the Two Nations*. Oxford: Oxford University Press.

Harvey, David. 2000. *Space of Hope*. Edinburgh: Edinburgh University Press. 데이비드 하비 지음, 최병두·이상율·박규택·이보영 옮김. 2001. 『희망의 공간』. 파주: 한울.
─────── . 2012. *Rebel Cities: From the Right to the City to the Urban Revolution*. London and New York: Verso. 데이비드 하비 지음, 한상연 옮김. 2017. 『반란의 도시』. 서울: 에이도스.

Helliwell, John F., Richard Layard, Jeffrey D. Sachs. 2019. *World Happiness Report 2019*. New York: Sustainable Developments Solutions Network.

Hutcheson, Francis. 2004. *An Inquiry into the Original of Our Ideas of Beauty and Virtue; In two Treatises*. 1st ed. 1726; 3rd ed. 1729; London: Printed for R. Ware, J. Knapton etc., 5th ed. 1753. Indianapolis: Liberty Fund.

Keynes, John Maynard. 1991. "Economic Possibilities for Our grandchildren," in *Essays in Persuasion*. Norton (1991; originally published in 1931).

Krznaric, Roman. 2015. *The Empathy Effect: How Empathy Drives Common Values, Social Justice and Environmental Action*. friends of the earth.

Layard, Richard. 2006. *Happiness: Lessons from a New Science*. New York: Penguin Books. 리처드 레이어드 지음, 정은아 옮김. 2011. 『행복의 함정: 가질수록 행복은 왜 줄어드는가』. 서울: 북하이브.

Mendietta, Eduardo. 2005. "The axle of evil: SUVing through the slums of globalizing neoliberalism," *City*, Vol 9 No 2.

Rifkin, Jeremy. 2009. *The Empathic Civilization: The Race to Global Consciousness in a World in Crisis*. New York: Penguin. 이경남 역. 2010. 『공감의 시대』, 서울: 민음사.

Rotty, Richard. 1999. "Globalization, the Politics of Identity and Social Hope,"(1996) in Rotty, *Philosophy and Social Hope*. New York: Penguin.

Scheidel, Walter. 2017. *The Great Leveler: Violence and the History of Inequality from the Stone Age to the Twenty-first Century*. Princeton: Princeton University Press. 발터 샤이델 지음, 조미현 옮김. 2017. 『불평등의 역사』. 서울: 에코리브르.

Silhouette, Etienne de. 1764[1729]. *Idée générale du gouvernement et de la morale des Chinois: tirée particulièrement des ouvrages de Confucius.* Paris.

Lakoff, George. 2011. "Empathy, Sotomayor, and Democracy: The Conservative Stealth Strategy," *The Huffington Post* 30 May 2009. Updated 25 May 2011. http://www.huffingtonpost.com/george-lakoff/empathy-sotomayor-and-dem_b_209406.html(검색일: 2016. 8. 30.).

Layard, Richard(2003). "Income and Happiness: Rethinking Economic Policy". 27. February. http://cep.lse.ac.uk/events/lectures/layard/RL040303.pdf(검색일: 2016. 9. 10.).

Waytz, Adam et al. 2014. *Ideological Differences in the Expanse of Empathy.* http://www-bcf.usc.edu/~jessegra/papers/WIYG.circle_chapter_draft.pdf(검색일: 2016. 6. 19.).

"캐머런총리, 국민행복지수 조사 'GDP보다 GWB'". 「문화일보」 2010. 11. 27.
"성인 4명중 1명 정신질환 경험…정신과 상담 고작 22%". 「중앙일보」 2017. 4. 12.
"상위 10%가 전체 소득 43% 차지…상위 1%보다 10%가 더 심해". 『중앙일보』 2018. 12.16.
"한국, 아동 삶 만족도 OECD 최저…'친구와 놀 시간이 없어요'". 「조선일보」 2019. 5. 24.
"뉴질랜드는 '행복'이 목표다". 『한겨레21』 제1269호(2019. 6. 30.).

Ann Marie Utratel & Stacco Troncoso 지음, 정백수 옮김. "Commons in the time of monsters: How P2P Politics can change the world, one city at a time" (2017. 6. 5.). http://commonstrans.net/?p=744(검색일 2019. 8. 5.).

Paul Verhaeghe, "Neoliberalism has brought out the worst in us," *The Guardian* (2014. 9. 29.) https://www.theguardian.com/commentisfree/2014/sep/29/neoliberalism-economic-system-ethics-personality-psychopathicsthic(검색일: 2019. 4. 3.).

Provisional data from OECD Income Distribution Database. http://oe.cd/idd(검색일: 2019. 10. 9.).

'민주화 이후 정치'를 넘어
'공감과 행복'의 정치로: '87년 체제'의
한계 극복을 위한 정치적 탈주脫走

<hr>

이 글은 민주당이 2007년 대통령 선거에서 패배한 뒤부터 2016년 국회의원 선거에서 1석 많은 제1당(민주당 123석, 새누리당 122석, 국민의당 38석, 정의당 6석, 무소속 11석)이 되기 전까지 무엇이 문제였는지를 분석하고 그 대안을 모색한 글이다. 한국 진보개혁진영과 민주당이 왜 국민에게 외면당했는지에 대한 해석은 2022년 대통령 선거에서 민주당이 패배했다는 점에서 지금도 여전히 유효하다. 통계와 사실관계가 시점이 지남에 따라 변동이 있는 부분에 대해서는 부분적으로 수정했다. 처음 발표된 지면은 『시민과세계』 통권 제29호(2016)다.

1. 왜 국민은
정치를 믿지 않는가?

국민은 왜 정치를 신뢰하지 않는가? 국민은 왜 정치가 부도덕하며 타락했다고 생각하는가? 국민은 왜 정치에 공감하지 못하는가? 이런 질문은 진부하고 반복적이지만, 회피할 수 없다. 정치는 여전히 국민의 질문에 응답하지 못하고, 오히려 역주행하고 있다. 자신의 가치와 이념을 아무리 주장해도 그것이 대중의 삶을 반영하지 못하면 그저 스쳐 지나가는 '바람결'에 불과하다. 대중은 일상 속에서 권력과 지배를 '전유'(appropriation)하며 새롭게 구성되는 존재이기에, '대중의 삶에 근거한 새로운 정치'로의 '영구 혁신'이 필요하다.

> 우리는 단순히 수동적인 수신자들이나 소비자들이 아니다. 우리는 우리의 문화적 세계로부터 부단히 새로운 의미들을 만들어 내고, 지배적인 메시지에 저항하며, 새로운 사회적 표현 양식들을 개발해낸다. 우리는 지배 문화의 사회적 세계로부터 고립되어 있지 않을뿐더러, 그 세계의 권력들을 단순하게 묵묵히 따르지도 않는다. 오히려 지배 문화 내부로부터 우리는 대안적인 하위문화뿐만 아니라 더욱 중요하게는 새로운 집단적인 표현 네트워크들을 창조해낸다(Negri & Hardt 2008[2005], 316).

대중 또는 국민이 집단적인 '표현 네트워크'를 창조해낸다는 것은 표현이 감정이나 의견을 전달한다는 뜻이므로, 민심民心의 공감대로 볼 수 있다. 그 많은 익명의 대중 모두가 의사소통하지 않아도 그들의 몸짓과 메시지, 표현 양식 등을 통해 '새로운 의미와 문화'를 만들어내고 이 문화의 전파와 확산은 부지불식간에 공론 또는 민심으로서의 공감대를 형성한다.

'잃어버린 10년'으로 지칭되는 2008년부터 2016년까지 민주당이 처한 상황은 진보개혁진영에 대한 민심의 이반으로 규정할 수 있다. 정당과 시민정치에 대한 국민의 이런 상황 반전의 이유는 무엇이며, 이것을 극복할 대안의 정치는 무엇일까? 그 방향은 국민주권과 시민권의 회복, 그리고 삶의 가치 복원을 통해 정치가 시민에게 행복한 국가와 사회의 전망을 제시하는 것이다.

세계사적으로 계급과 이념에 근거한 투쟁과 배제의 정치는 '지속적 전쟁 상태'일 수밖에 없었다. 한국도 민주화를 달성하는 과정에서 '민주 대 반反민주'가 격돌하는 적아敵我의 '전쟁 상태'였으며, 이후 이념적 대립은 갈등과 투쟁의 원인이었다. 그러나 정의와 복지의 근본적 이유가 대중의 행복과 보편적 사랑임에도 불구하고 정의와 복지를 집권을 위한 수단으로 전락시킨 좌파의 정치는 '사랑 없는 정의', '행복 없는 복지'의 양상으로 나타났다. 역으로 우파의 신자유주의는 불평등의 확대와 복지 기반의 파괴로 귀결되었다. 역설적으로 한국의 신자유주의 정책과 불평등의 구조화는 노무현 정부에서 시작되었으며, 이명박 정부 이후 불평등은 더욱 심화되고 복지 논쟁은 일상화되어버렸다.

따라서 '정의 지상주의'를 내세운 좌우파 정부의 실험이 실패로 드러난 만큼, 새로운 해법과 방향을 모색해야 한다. 그것은 인애仁愛(benevolence)에 근거한 정의와 복지를 통해 구현되는 '행복국가'(wellbeing state 또는 happiness state)다. 또한 행복한 국가와 사회를 만들기 위한 새로운 접근으로서 '공감의 정치'(politics of empathy)다.

'공감의 정치'는 국민적 '공감장共感場' 또는 '공감대共感帶'로서의 민심을 바탕으로, 이 민심에 기초해서 전개되는 대의적 공론장의 숙의민주주의(deliberative democracy)와 공감으로 만들어지는 일상적 공론장(여론)의 민주적 토론을 통해 인애의 행복국가를 추진하는 것이다. 절차적 제도와 이념도 궁극적으로 '국민의 의미(sense)'[1]를 공감하고 이것을 올바르게 대의할 수 있는 정치를 통해 구현될 수 있다는 점에서, '국민의 의미'를 알기 위해서는 공감대로서 민심에 대한 '다문다견多聞多見'과 '민시민청民視民聽'이 필요하다. 이것은 '공감의 정치'를 통해 가능하다. "국가공동체 전체의 존립과 발전도 국가의 인정仁政에 호응하는 '국민적' 동심동덕同心同德에 기초"(황태연 2014, 179)하는데, 이 '동심

---

1 'sense'로서의 '의미'는 바로 감정(단순감정+공감감정), 마음씨, 의도 등에 대한 내감의 '평가적' 감각과, 이에 따르는 감정으로 실감되는 실재적 타당성 또는 실재적 가치다. 즉, 내감의 'sense'로서의 이 '의미'는 쾌·통감의 '기분 좋음과 기분 나쁨', 재미 감각의 '재미있음과 재미없음', 미추 감각의 '아름다움과 추함', 시비 감각의 '선함과 악함(가함과 불가함, 잘잘못)', 그리고 모든 단순·공감·교감 감정들이다. 이 '의미'는 내적 감각과 감정에 의해 직접적이고 실재적인 것, 실감 나는 것이다. 또한 내감의 이 감정적, 쾌락적, 유희적, 미학적, 도덕적 의미 변별은 동시에 내감의 '본능'이다. 간단히, '의의'(meaning)는 '지시적, 협약적, 간접적, 허구적'인 반면, 내감의 '의미'(sense)는 '직접적, 실재적, 실감적, 본능 감각적'이다(황태연 2014, 741).

동덕'은 공감에 의해서 이해할 수 있기 때문이다. 감정의 공감을 통해 인간은 '의미'를 이해한다는 점에서, 정치도 민심과 공감해야 하며, 이 공감을 위해서는 인정仁政을 펼쳐야 한다. 인정은 '사랑의 정치'를 뜻한다.[2] 지금까지의 정치는 주로 언어와 토론을 매개로 하는 소통에 집중되었고, 이로 인해 전문가 중심, 계파 중심, 운동권 중심, 자본 중심 등 커뮤니케이션의 수단을 장악한 집단에 의해 주도되는 정치였다.

　한국은 이념과 계급의 정치 시대(민주화투쟁과 민주화 이후)에서 사랑 없는 정의와 복지의 시대(민주화 이후의 민주주의)로 이행했다. 이 과정에서 정치에 대한 국민의 반감은 확산되고, 극단적인 정치적 충돌은 반복되었다. 따라서 이 글의 목적은 공감에 기초한 새로운 정치방식의 탐색을 통하여 기존의 한계를 탈주脫走해 국민의 마음으로 다가가는 대안의 단초를 모색해보려는 것이다. 이 목적을 위해 제2장은 한국 진보개혁진영의 문제점과 한국 사회의 실태를 파악하고, 제3장은 기존 정치의 한계를 극복하기 위한 새로운 패러다임으로서 인애와 행복국가의 방향을 살펴보며, 제4장은 '공감의 정치'의 내용과 방향을 시론적試論的으로 모색했다. 제5장은 이 글이 초보적 문제의식 수준이라는 한계를 밝히면서 '모정주의'에 기초한 행복국가의 가능성을 제안하는 것으로 끝맺었다.

---

1 번지樊遲가 공자孔子에게 인仁에 대해 묻자 사람을 사랑하는 것(愛人)이라 했다(樊遲問仁 子曰 愛人 問知 子曰 知人. 『論語』「顔淵」22).

2. 한국 진보개혁진영의 문제점과 '불행한' 국민

  독재에 맞선 대중의 항쟁을 통해 대한민국은 '87년 체제'로 일컬어지는 현행 헌정 체제를 획득했으나, 30여 년이 지난 지금 진보개혁진영은 국민에게 외면당하고 있다. 자유로운 상상력은 관행으로 포장된 권위주의에 눌려 사장되었고, 정치권·학계·시민단체·노동단체 등의 상층부에 군림한 명망가와 활동가들의 관성적 행동은 지속되었다. 각박한 삶을 살아가는 대중의 일상적 변화를 인지하지 못했던 이유는 진보개혁진영의 잘못된 관행과 습속 때문이었다. 어디를 가나 진보·개혁의 가치를 선점하고 그들만의 집단을 만들어 그들만의 잔치를 벌이는 그들에게 대중의 삶은 반영되지 않았고, 그들만의 가치로 재단하고 그들만의 관계망 밖의 것에 대해서는 철저히 봉쇄했다. 이런 시간의 지속은 공감의 부족으로 나타났다. 대중을 사랑하는 정치를 하지 않는데 대중이 그들에게 신뢰와 지지를 보내지 않는 것은 당연하다. 따라서 '너무나 정치적인, 그러나 너무나 비현실적인 낡은 정치세력'의 낙인에서 벗어나야 한다. 민심을 알고 대중과 공감·소통하기 위한 전면적인 변화가 필요하다.

진보개혁진영의 한계:
'정의'와 '투쟁' 중심의 정치 관점과 일상 삶과의 유리遊離
  우선, 진보개혁진영의 '정의 지상주의'와 이에 따른 갈등과 투쟁 중심의 정치 관점의 문제다. 진보적 시민정치의 영역에서 참여는 "정치 공동체에서 배제되지 않고, 그 정치적이며 개인적인 존재를 인정받는 것"이며 "공정한 자신의 몫 (…) 정치적 권리와 개인적 권리 지분을 갖는 것"으로 규정한다(이병천 2009, 9). 이것은 시민들이 정치 공동체에서 '배제'되는 것을 방지함으로써 모두가 동등한 참여의 기회를 보장하려는 것이며, 동시에 정의로서의 '공정한 자신의 몫'의 권리와 지분을 지키는 것이다. 시민정치는 '배제'와 불공정한 부정의를 방지하는 역할을 담당한다는 것이다.

따라서 시민정치는 '혼돈, 무질서의 세계'인 '지상의 정치'에서 보수와 진보의 아방我方과 타방他方으로 나뉘어 쟁투로서의 헤게모니 기획과 실천을 통해 보편성과 시민성을 역사적으로 창조하는 실천으로 규정된다. 이제 '쟁투'는 피할 수 없는 여정이며, "미래의 다가올 공화국을 위하여, 쟁투 또는 갈등을 우회"할 수 없다. 외길로서 '추방 불가능한 쟁투'를 통해서 공화국은 "공멸이 아니라 공공선을 달성"할 수밖에 없다는 것이다(이병천 2009, 14~16). 즉, 정의와 공화제를 위해 투쟁하는 것이 시민정치의 본령이다. 참여와 정의를 가로막는 지배 블록과 이념 블록에 맞서 "때로 아방과 타방은 서로 죽이자고 덤비기도"하나, 대부분의 경우는 "상대를 인정하며 공존하는 가운데 다양한 스펙트럼으로 쟁투"를 벌인다(이병천 2009, 17). 즉 부정의에 맞서 다양한 쟁투를 벌이지만 그것의 극단적 양상은 '서로 죽이자고 덤비기'도 하는 것이다. 이렇듯, 자신의 몫에 대한 정당한 분배를 의미하는 정의는 그 몫을 둘러싼 치열한 갈등과 쟁투를 전제할 수밖에 없다.

샤츠슈나이더(E. E. Schattschneider)는 "갈등을 야기하는 자극과 흥분은 쉽게 군중에게 전달"되는 것이라면서 "대중이 갈등의 확산에 참여하는 방식 및 대중과 갈등 간의 유동적인 관계를 관리하는 과정"이 정치의 핵심이며(2008[1960], 43~44), 민주주의 정치의 핵심은 '갈등·경쟁·리더십·조직'이라고 규정한다(2008[1960], 220). '정의 지상주의'의 이런 관점은 일상적인 갈등과 투쟁, 또한 전쟁도 불사하게 만든다. 정치를 진보와 보수의 적과 아의 이원적 구조로 접근하는 것은 일상적인 갈등과 투쟁을 유발할 수밖에 없다. 왜냐하면 모든 문제점은 적으로 돌려지고 아我는 도덕적 또는 논리적으로 정당성을 갖는다는 편견과 아집을 구조화하기 때문이다.

"가장 중요한 것은 이 시대 보수 헤게모니의 원천, 즉 반反사회적이고 반反공공적인 삶의 양식 자체다. 시장과 경쟁, 효율과 업적 숭배의 사회 원리가 단지 순수하게 경제적인 영역만이 아니라, 사회적 삶과 일상의 구석구석까지 침투해 들어왔음을 직시해야 한다"(신진욱 2009, 42). 구석구석까지 침투해 들어온 사회적 삶과 일상인 시장과 경쟁, 효율과 업적 숭배의 사회 원리가 보수의 '단독 범행'(?)인지에 대해 근본적 질문을 던질 수밖에 없다. 신자유주의 세계화의 한국 삼투는 오히려 '국민의 정부'와 '참여정부', 그리고 현재에 이르기까지 일관된 흐름이었다. 10년의 '진보개혁진영' 집권 시기 동안 벌어진 대한민국 일상의 변화는 무엇이었는지에 대한 반성부터 착수해야 한다. 왜 진보개혁진영은 연대적 가치와 시민성을 확장시키지 못했는지에 대한 성찰 말이다.

둘째, 시민정치의 도덕성과 독립성에 대한 과다한 강박의 문제다. "시민들의 정치적 관심과 정치개혁에의 요구가 넓고 오랜 힘을 가지려면, 변화의 동력은 특정 정당 세력으로부터 독립적인 시민들의 정치적·문화운동으로부터 나와야 한다"(신진욱 2009, 43). 시민단체의 독립성이 중요한 것이라면, 정당 편향성, 이념 편향성도 동시에 지적당할 수 있고, 시민단체에 참여하는 인사들의 정당 관련 또는 개입도 문제가 될 수 있다. 어떤 세력 또는 이념으로부터의 독립성이 문제가 아니라, 시민정치 또는 운동이 시민의 공론 또는 민심을 반영하고 있는가 아닌가가 핵심이다. 이것이 독립성의 요체이지, 특정 정당 또는 이념과의 관련성이 문제되지 않는다. 모든 국민(시민)은 정당에 가입할 수 있고, 사상과 표현의 자유를 가지고 있다. 즉, 도덕성 또는 독립성에 대한 과다한 강박이 중요한 것이 아니라 동시대 시민들이 느끼는 문제에 대해 얼마나 공감하고 실천하는가의 문제다. 시민과 함께 즐기고, 시민과 고통을 반분半分하는 정치와 운동의 태도와 방식을 실천하고 있는가의 문제라는 말이다.

셋째, 사람들이 살아가는 삶의 감정과 느낌에서 벗어난 추상성과 이격離隔성의 문제다. "민주개혁진영은 소위 '먹고사니즘'과 분명히 결별해야 한다. 진보를 진보이게끔 만드는 것은 '잘 먹고 잘살게 해줄게'라는 자본가다운 약속이 아니라, '함께 잘 살기 위한 공존의 윤리'다"(신진욱 2009, 47). 이 정도의 요청이라면, 진보는 구름 위를 걷는 '선문답의 철학자'들이다. 진보개혁진영이 구체적인 일상의 삶을 살아가는 시민들과 얼마나 이격되어 있는지, 그리고 문제 해결에 있어 얼마나 추상적인지의 단면을 볼 수 있다. 정치의 핵심은 국민이 '잘 먹고 잘사는데 함께 잘 사는 세상을 만드는 것'이다. 그렇기 때문에 국민이 요구하는 '먹고사는 문제'에 더욱 천착해야 한다. 2016년 〈중앙일보〉 여론조사 (9. 20.~21., 전국 성인남녀 1,000명 대상 유무선 전화면접조사)에서 '내년 대선에서 요구되는 대한민국의 비전과 시대적 과제는 무엇이라고 생각하느냐'라는 질문에 '경제성장'(31.7퍼센트), '경제민주화'(15.5퍼센트), '북핵 등 안보 위협 해소'(12.3퍼센트), '복지 확대'(11.6퍼센트), '불평등 양극화 해소'(10.6퍼센트) 순이었다(2016년 9월 28일). 국민이 세상을 잘못 이해하고 있는 것인가? '사회적 약자'는 다른 국민인가? '잘 먹고 잘사는' 것이 자본가들만의 약속인가? 여전히 "대중 정치를 이해하고 적응하기보다는 기존의 자신들이 견지했던 이념의 언어로 현실을 재단하고 대중을 계도하려는 태도"(박상훈 2011, 142)의 관성과 관행에서 벗어나지 못하고 있다. '먹고사니즘'이 무슨 잘못을 했단 말인가!

'87 체제' 30년, 대한민국의 현실과 '불행한' 국민

신자유주의 세계화 시대의 경쟁적·약탈적 구조, 1997년 외환위기, 2008년 금융위기 속에도 대한민국은 GDP 1조 4,300억 달러(2015년 기준)로 세계 11위의 경제 강국이 되었다. 구매력평가(ppp) 기준 한국의 1인당 국민소득(3만 5,379달러)은 일본(3만 7,519달러)과 거의 같아졌고, 2018년이면 한국이 PPP 기준으로 일본의 1인당 국민소득을 앞지르며, 2025년경이면 명목상 총 GDP 면에서 일본을 제치고 세계 3위의 경제 대국으로 부상할 것이라는 전망이 나오고 있다(황태연 2016, 172~173). 경제지표인 GDP만 살펴보면 대한민국은 잘사는 나라다. 대한민국 국민의 평균 IQ는 세계에서 1, 2위를 다툰다. 그러나 국민의 삶은 불행하다. 이것은 무수한 지표들이 보여주고 있다.

1987년 민주화 이후 민주주의가 진행된 30여 년 후인 지금의 모습을 살펴보자. 〈한겨레〉(2016. 10. 13.)의 'OECD 사회지표 영역별 한국의 위치'에 의하면, 실업률과 기대수명을 제외한 대부분의 항목에서 OECD 국가들 중에 최악이거나 취약한 것으로 나타났다. 실업률의 경우 비경제활동 인구가 많고 가파르게 상승하는 청년 실업률을 고려한다면 지표와 달리 비관적이며, 기대수명의 상승에도 불구하고 노인 빈곤율 49퍼센트의 지표는 노년기의 불행한 삶을 보여준다. 출산율, 고령화, 노인 빈곤율, GDP 대비 복지 지출, 건강 인식, 자살률, 삶의 만족도, 정부 신뢰도, 미래 불안의 항목은 '최악'이다. 실업급여, 실업자 소득지원, 보건 지출(공공/민간), 사회관계는 '취약'으로 분류되었다. 각 영역별 사회지표는 한국이 OECD 국가 군 중에서 너무나 취약하고 문제가 많은 사회임을 보여준다.

가장 극단적인 지표는 자살률이다. OECD 국가 중에서 부동의 1위를 기록하고 있다(〈그림 1〉 참조). 위와 같은 지표들의 결과, 한국의 삶의 만족도는 5.8로 낮게 나타났으며, 이것은 OECD 평균 6.6보다 낮은 수준이다(〈그림 2〉 참조). 삶의 만족도뿐만 아니라 사회적 고립도 심각한 수준으로 나타났다. OECD 34개국의 사회통합 수준을 0부터 10까지 표준화된 점수를 매겨서 비교한 결과, 한국의 사회통합지표는 5.0으로 OECD 평균(6.0)보다 낮았다.

문제는 사회적 지원 네트워크('만약 당신이 곤경에 처했다면, 당신이 도움

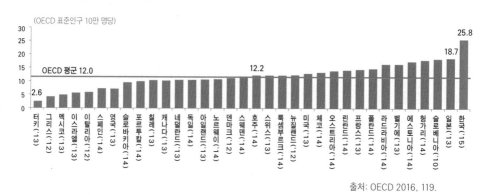

〈그림 1〉 OECD 국가 자살률 비교

(OECD 표준인구 10만 명당)

OECD 평균 12.0

출처: OECD 2016, 119.

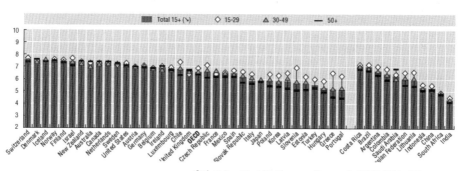

〈그림 2〉 갤럽 세계여론조사에 따른 삶의 만족도(2014/2015)

출처: Gallup World Poll(www.gallup.com); OECD 2016, 127.

받기를 원할 때 의존할 가족이나 친구가 있습니까?'라는 조사 질문에 긍정적인 답을 한 사람의 비중)가 최저로 나타났다는 데에도 있다(〈그림 3〉 참조). 자신이 곤경에 처했을 때 도움을 요청할 대상이 많지 않다는 것이다.

〈그림 3〉 OECD 주요국 사회적 관계(사회적 지원 네트워크 수준, 2015년 기준)

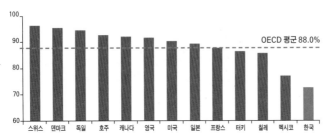

(단위 %)

OECD 평균 88.0%

스위스 덴마크 독일 호주 캐나다 영국 미국 일본 프랑스 터키 칠레 멕시코 한국

출처: 이만우 2016. 2.

대한민국은 각종 지표가 최악의 수준이고 이로 인해 삶의 만족도는 하락하며 도움을 요청할 손길은 없는 사회로 빠져들고 있다. 경제는 성장하는데 불행한 사회로 가는 역설적 상황이 벌어지고 있다. 통계청의 '2015 인구주택총조사'에 의하면, 1인 가구가 전체 가구의 27퍼센트를 차지했다. 1인 가구 증가를 이끈 세대는 40~50대로 나타났다. 한국의 40~50대는 '고독한 중년'에서 '빈곤한 노년'으로 살아가게 된다(《한겨레》 2016년 9월 29일).

가정의 붕괴와 인간관계의 파편화로 인해 고립감이 증가하고 있는 상황에서 안전과 건강 문제도 상당히 취약하다. 인구 10만 명당 도로 교통사고 사망자 수(2013년 기준)는 칠레(12명), 미국(10.3명)에 이어 한국이 세 번째로 높은 수준(10.1명)이다. 더 큰 문제는 보행자 사망 비율이 가장 높다는 것이다. 14세 이하 어린이의 교통사고 사망자 수도 1.4명으로 아이슬란드, 칠레, 미국, 폴란드 다음이며, 65세 이상 노인의 교

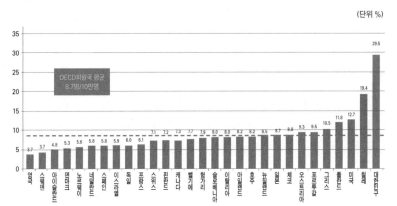

〈그림 4〉 65세 이상 노인 인구 10만 명당 교통사고 사망자 수

(단위 %)

자료: http://stats.oecd.org. 도로교통공단(2015, 39)

통사고 사망자 수는 29.5명으로 가장 높다(〈그림 4〉 참조). '세월호 참사' 로 상징되는 국민의 안전은 도처에서 사회적 문제로 등장하고 있다. 국 민 안전의 실패는 죽음으로 현실화한다. 그 죽음은 남아 있는 가족들 과 친지, 이웃들에게 슬픔과 분노 또는 심각한 트라우마trauma로 나타 나고, 공동체는 파괴된다.

이와 함께 건강 문제도 심각하다. 정신장애 평생 유병률(평생 동안 한 번 이상 정신장애를 앓은 적이 있는 사람의 비율)은 27.6퍼센트(표준오차 1.1) 이며, 담배·알코올 사용장애를 제외할 경우 14.4퍼센트로 인구 100명 당 약 15명이 일생 동안 정신장애를 앓는 것으로 나타났다. 문제는 정 신장애 유병률이 점차 줄어들고는 있으나, 담배·알코올 사용장애를 제 외한 비율은 오히려 상승했다는 점이다(조맹재 외 2011, 12~18). 한국의 국민으로 태어나서 정신질환을 앓을 가능성이 15%에 달한다는 것은 개인적 불행의 가능성이 점차 높아지고 있다는 것을 의미한다. 이와 함께 '가족병'이라 할 수 있는 치매 환자의 상승폭은 대단히 높다. 한 연구 결과에 의하면, 한국은 치매 환자가 12분마다 1명씩 발생한다(《의학신문》 2015년 9월 15일). 분당서울대병원이 발표한 치매인구 조사(2012년)에 의하면, 치매 인구는 2015년 약 65만 명, 치매 유병률은 9.8퍼센트이며, 2050년에는 약 270만 명의 치매 인구가 발생해서 유병률은 15퍼센트로 예상되었다(《뉴시스》 2016년 4월 26일). 치매는 개인에게도 치명적인 질병이지만 가족의 불행을 동반한다는 점에서 이에 대한 사회적 대책은 국민의 행복에 사활적이라 할 수 있다. 이 모순적 상황은 우리 정치에 중대한 임무를 부여하고 있다. 우리 사회의 공감 능력이 낮아지고, 불행이 엄습하고 있다는 것이다. 이 자체만으로도 '공감의 정치'를 통한 행복국가의 가능성 탐색은 시급한 우리의 과제임이 확인된다.

3. 정의·복지국가 패러다임에서 인애에 기초한 행복국가로

정의에 대한 인애의 선차성 발견과 도덕 감정의 문제

18세기 계몽철학자 실루에트는 정의가 나오는 출처를 '보편적 사랑'이라고 천명했다. 정의보다 선차적인 것으로 사랑 즉 인애를 들고 있으며, 누구나 동정심과 도덕 감정을 본성적으로 가지고 있다고 주장했다

(Silhouette 1764, 62~63. 황태연 2016, 104~105에서 재인용). 그러나 애석하게도 아담 스미스Adam Smith는 "인혜(beneficence)는 정의보다 사회의 존속에 덜 본질적인 것"이므로 "사회는 (…) 인혜 없이 존속할 수" 있으나 "불의의 만연은 사회를 철저히 파괴"할 것이라고 논변했다(Smith 1790, II.ii.iii.§§3). 스미스의 주장은 쇼펜하우어(Arthur Schopenhauer), 스펜서(Herbert Spencer), 롤스(John Rawls)로 이어져 정의 중심의 국가론으로 이어졌다.

반면 실루에트의 사상은 섀프츠베리, 허치슨, 흄, 다윈(Charles Darwin), 캐롤 길리건의 '배려도덕론'(1982), 제임스 윌슨의 '친애본성론'(1992), 아르네 베틀레센의 '인애도덕'(1994), 나탄 츠나이더의 '연민도덕'(2001), 마이클 슬로트의 '배려윤리학'(2007), 프란스 드발의 '박애최상론'(2009), 대커 켈트너의 '인仁과학(jen science)'(2009) 등으로 이어져 인애의 선차성 테제가 확인되고 있다. 즉 공감과 동정심, 인애 개념에 논의의 초점을 맞추면서 이타적 인애주의를 주장하고, 정의 개념도 '보편화 가능한' 공리적 호혜 및 상호주의로 포장된 '이기적 정의'에서 '이타적 정의'로 강세가 이동하고 있다(황태연 2014, 8~9).

> 나는 도덕 감각을 우리가 자발적으로 행동할(즉, 강박 아래서 행동하지 않을) 때 우리가 어떻게 행동해야 하는가에 관한, 직감되거나 직관되는 믿음으로 정의한다. '해야 한다'(ought)를 나는 유사한 상황에 처한 모든 사람들을 구속하는 의무로 정의한다(Wilson 1993a, xii).

즉 도덕 감각은 인간이 동일 또는 유사한 상황에 처해 있을 때 대체적으로 어떻게 행동하는지에 대한 정언적 의무와 같은 것으로 볼 수 있다. 윌슨(James Q. Wilson)은 "아장아장 걷는 열 달 정도 된 아이들은 다른 사람이 고통을 표현하면 분명히 반응한다"(1993b, 4)고 밝혔다. 따라서 "유아들은 생물학적으로 도움과 배려(attention)를 추구하는 경향이 있다는 것은 명백하다"(Rheingold and Hay 1978, 119). '다른 사람의 감정에 대한 이 선천적 감성(sensitivity)'은 "너무 강력해서 우리가 친구와 가족 구성원의 느낌뿐만 아니라 일부의 이방인들, 많은 허구적 인물 그리고 심지어 동물까지도 그 느낌을 파악할 수 있도록 해준다"(Wilson 1993b, 4).

인간은 본성적으로 도덕 감정을 타고났다는 것이다. 윌슨은 도움이 필요한 사람이 있고 그 주변 사람이 다수일 때, 만약 이타심이 자기 이익을 위한 미래의 투자라면 모두가 도우려고 나서야 하지만 그렇지 않다면서, 오히려 나 혼자일 때 이타심을 더 강렬한 책임감으로 느낀다고 밝혔다. 즉 "우리는 내부에서 공중에 대해서가 아니라 내면의 소리에 반드시 답"(Wilson 1993b, 4~5)한다. 동정심, 도움과 배려는 선천적인 감정이며, 너무나 강력해서 가까운 사람부터 의사소통을 할 수 없는 동물까지도 공감할 수 있다. 이 본성은 누구에게 보여주기 위한, 또는 누구에게 호혜적 보답을 받기 위한 계획된 행동이 아니라 본래부터 타고나서 '해야만 하는' 것이다. 그래서 과거 유럽의 계몽철학자들도 인애의 보편성을 주장했던 것이다. 컴벌랜드(Richard Cumberland)는 "만인의, 만인에 대한 진실한 인애"를 "가장 가치 있는 재산", "가장 위대한 장식 또는 안전판"으로 평가했다(2005[1672], 311). 아담 스미스도 인색하지만 이 도덕 감정을 어쩔 수 없이 인정하고 있다.

> 인간이 아무리 이기적이라고 하더라도, 분명히 인간의 본성 안에는 인간으로 하여금 타인들의 운명에 관심을 갖도록 만들고, 이것으로부터 타인들의 행복을 보는 기쁨 외에 아무것도 끌어내지 않을지라도 그들의 행복을 그에게 필수적이게 만드는 어떤 원리들이 있다. 동정심 또는 연민, 즉 우리가 남들의 불행을 목도하거나 아주 생생한 방식으로 이것을 지각하게 만들 때 이들의 불행에 대해 느끼는 감정이 그런 종류의 원리들이다. (…) 최대의 악한, 사회의 법률의 상습적 위반자도 이 감정이 전혀 없지 않다(Smith 1790, 11).

앞에서도 언급했듯이 '정의 제일주의'의 흐름 속에서 보편적 인애와 동정심은 뒷전으로 밀려났다. 그러나 '정의' 개념은 분배될 가치들의 상이성과 분배 기준의 다양성(인격적 평등, 개인적 필요, 노동량, 분업적 역할과 위치, 능력, 기술, 자본액, 덕성, 상호성, 등가성, 기회 균등, 선착순, 순번제, 추첨, 행운, 시장의 우연 등 수많은 기준) 때문에 천차만별로 분화되며, 따라서 이런 천차만별의 이해와 요구로 인해 이것을 둘러싼 상이한 계급과 계층, 집단들이 서로 상이한 기준과 가치를 정의로 내세우며 다툴 수밖에 없다(황태연 2014, 8). 동정적 인애와 연대적 배려가 배제되는 '정의 제일주의'는 따라서 이해와 요구의 상이한 정의의 기준으로 인해 충돌할 수밖에 없고, 이것을 해결할 길은 힘 또는 물리력의 사용일 수밖에 없다. 이제 과거의 패러다임을 넘어서야 한다. 필요한 것은 인애에 기초한 행복국가의 비전이다.

행복국가의 필요성

노벨경제학 수상자 아마르티아 센Amartya Sen은 개발의 척도로 행복을 측정하는 것에 반대하는데, 그 이유는 투덜거리는 부자가 만족해하는 농부보다 덜 행복해한다는 것 때문이다. 존 홀Jon Hall은 수입, 사회적 지원, 건강한 기대수명, 생애 선택의 자유, 너그러움 등을 행복의 새로운 척도로 제시했다. 또한 금융위기 때 가장 심각한 충격을 받았던 아일랜드와 아이슬란드의 경우, 좋은 시기나 나쁜 시기 모두 작동할 수 있는 준비가 되어 있었는데 그것은 높은 수준의 상호 간 신뢰였다. 즉 국가의 주관적 행복은 사회적 연결의 질, 너그러움의 확산, 사회적 규범의 강도 등을 통해 만들어진다는 것이다(Hall and Helliwell 2014, 8~10).

1인당 GDP가 15,000달러를 넘기면 소득과 행복 간의 연계가 없어진다(Layard 2003, 17). 반면에 사회적 부의 상승으로 사회는 기계화·도시화된다. 이 도시화 현상은 행복을 위협하는 각종 불행 요인의 증가를 뜻한다. 각종 질환, 범죄, 갈등, 산업재해, 교통·안전사고, 환경 파괴에 따른 천재지변, 공해, 스트레스 등으로 인간의 행복이 심각하게 훼손된다. 궁극적으로 도시화의 각종 원인으로 인한 사망과 유병有病, 행복의 훼손으로 인한 자살, 각종 스트레스와 갈등 등으로 인한 이혼율의 상승과 유아에 대한 학대, 범죄율의 증가 등이 나타난다. 이런 요인을 해결하지 못한다면, 그 사회의 사람들은 불행한 삶을 살아가야 한다.

이런 문제점을 해결해가고 있는 북구의 국가들과 이런 문제에 직면한 다른 유럽의 국가들은 복지국가에서 행복국가로의 전환을 실현하고 있거나 실험하고 있다. 북유럽 국가들의 경우, 평화로운 지정학적 위치와 자연적 생업 기반, 천혜의 생태 환경 덕택에 주요 정치 세력들이 근대화 시기부터 인애와 자연 사랑의 정서를 공유하는 온화한 좌우 중도 세력으로 출발했고, '정의 제일주의'의 '계급 복지' 대신 '동정적 인애'의 '국민 복지'와 생명애적 '자연 보전'을 앞세움으로써 온갖 사회 갈등을 완화하고 1인당 GDP 6~10만 달러의 풍요를 이룩한 화목한 '행복국가'의 방향으로 나아갈 수 있었다(황태연 2014, 6).

과거에 중시했던 물질적 부富는 정보화·자동화로 인해 전체 생산 인구의 20% 미만의 인력 투입으로 산출할 수 있는 재화로 주변화되었고, 21세기의 주도적 가치는 통신·서비스·지식·정보·문화·미학적 가치(패션·취향·영상·오락·향락), 안전·환경·보건·스포츠·레저·웰빙 등 행복 개념에 포괄되는 탈물질적 가치가 중요하게 부상했다(황태연 2009, 1). 행복국가는 예방적·적극적·생산적 복지·행복 정책을 추진하면서, 서민과 더불어 온 국민이 행복한 국가를 만들어 나가는 개념이다.

한국의 헌법은 이미 국민 행복의 내용을 담고 있다. 헌법 전문에서 "우리들과 우리들의 자손의 안전과 자유와 행복을 영원히 확보할 것을 다짐"하면서 헌법 제10조에 "모든 국민은 인간으로서의 존엄과 가치를 가지며, 행복을 추구할 권리를 가진다"고 명시했다. 더 자세히는 헌법 제34조에 "① 모든 국민은 인간다운 생활을 할 권리를 가진다. ② 국가는 사회보장·사회복지의 증진에 노력할 의무를 진다. ③ 국가는 여자의 복지와 권익의 향상을 위하여 노력하여야 한다. ④ 국가는 노인과 청소년의 복지향상을 위한 정책을 실시할 의무를 진다. ⑤ 신체장애자 및 질병·노령 기타의 사유로 생활능력이 없는 국민은 법률이 정하는 바에 의하여 국가의 보호를 받는다. ⑥ 국가는 재해를 예방하고 그 위험으로부터 국민을 보호하기 위하여 노력하여야 한다"는 점을 분명히 하고 있다. 또 헌법 제35조는 "① 모든 국민은 건강하고 쾌적한 환경에서 생활할 권리를 가지며, 국가와 국민은 환경보전을 위하여 노력하여야 한다"고 적시한다. 따라서 행복의 주관성을 고려할 때, 국가의 역할은 국민적 불행의 원인을 예방적으로 제거하는 '소극적 행복 정책'과 국민 행복의 증진을 위한 객관적·사회적 조건을 창출하고 개선하는 '적극적 행복 정책'을 아울러 펴는 것이다.

4. '공감의 정치'와 사회 변화

> 이성은 감정의 노예이고 노예이어야만 하며, 감정에 봉사하고 복종하는 것 외에 감히 다른 직무를 결코 요구할 수 없다(Hume 2000[1740], 266).

세월호 참사로 인한 수백 명의 인명 피해와 국민적 슬픔과 분노, 그리고 지속적인 불안의 트라우마가 여전히 한국 사회에 내재되어 있다.

우리는 심의·숙의하지 않아도, 온 국민이 침몰하는 세월호의 모습을 보면서 일순간에 슬픔과 분노, 안전한 대한민국이 절박하다는 거대한 공감대를 형성했다. '박근혜·최순실 게이트'가 방송에 흘러나오고 신문 지상과 인터넷에 널리 알려지면서 국민은 난감함, 난망함, 답답함을 느꼈고 촛불을 들고 광장에 모여 대통령의 퇴진을 외쳤다. 일주일도 안 되어 국민의 95%가 대통령의 국정 운영을 지지하지 않기에 이르렀다. 이렇듯 사람과의 관계부터 국정國政까지 민심을 형성하는 것은 공감이다. 이 거대한 공감대는 공론으로 나타나고 이 공론의 긴 누적은 민심으로 표출된다. 그것의 근원은 이성이 아니라 공감이다. '이성은 감정의 노예'이기 때문이다.

공감의 발견과 사회로의 확산

1990년대 이탈리아 파르마 대학의 신경심리학자인 자코모 리촐라티 Giacomo Rizzolatti 교수팀이 거울뉴런을 발견한 것을 계기로 '공감이론'이 주목받기 시작했다. 이것을 계기로 공감에 기초한 인애윤리학이 새로운 사조로 등장했다. 이로 인해 섀프츠베리, 허치슨, 흄, 아담 스미스, 막스 셸러Max Scheler 등으로 이어지는 공감, 동정심, 인애 개념에 대한 논의가 다시 주목받게 되었다. 그리고 1990년대 이래 진화생물학, 신경과학, 심리학 분야의 연구에서 인간을 '공감하는 종'(homo empathicus)으로 정의한다. 정치사상가 매튜 테일러Matthew Taylor는 "보편주의의 감정적 기반은 공감이다"라고 주장했다(2010, 16).

최근에 공감은 "인도주의의 위기와 폭력적 정치 갈등에서부터 기후 위기와 종 다양성 파괴까지 세계적 도전을 막을 수 있는 기본적 힘"으로 논의되고 있다. 공감이 주목받는 이유는 ① 신경과학, 진화생물학, 행동심리학의 새로운 연구들에 따라 공감하는 능력이 인간의 핵심적 특성임이 밝혀졌고, ② 공감이 감정적 지능과 관계구축(relationship-building)의 핵심 기술이라는 점, 유럽과 북미에서 감정 교육이 성장에 도움을 준다는 점이 발견되었고 르완다에서 중동까지 분쟁 해결에 공감이 사용되었으며, ③ 정치 지도자들이 공적 논쟁에서 공감의 개념을 옹호하는 발언을 함으로써 새로운 정치적 담론으로서의 의미를 얻어갔다는 점 등이다(Krznaric 2015, 3).

정치에도 공감은 중요한 의미로 등장했다. 1992년 미국의 빌 클린턴은 경제가 많은 유권자들에게 '가장 중요한 위치'에 있는 이슈라고 이해했다. 그는 유권자의 경제적 관심("바보야, 문제는 경제야!")에 대해 공감적으로 이해할 수 있었고, 이 공감을 바탕으로 의사소통할 수 있었기 때문에 승리했다(Byrner 2009). 또한 버락 오바마는 캠페인을 통해 미국의 '공감 부족'을 지적했는데, 미국 유권자들이 오바마의 삶에 대한 신뢰에 공감하면서 유권자 연대가 확대되었다. 즉 클린턴과 오바마의 승리는 그들의 리더십 덕도 있었지만 정치 지도자의 공감에 이끌린 수천만 명 '공감 유권자'들의 열광적 지지와 실천에 의해 가능했다(Waytz et al. 2014, 3).

공감은 캠페인 조직에서 빠르게 확산되고 있다. 캠페인 조직으로 공감이 확산되는 이유는 첫째, 공감이 우리의 근본적인 사고의 프레임을 변형시키고, 둘째, 사람들이 외재적 가치보다는 본질적 가치를 우선하는 쪽으로 이동할 수 있도록 하며, 셋째, 자기 이익의 사고 프레임을 공익적 사고 프레임으로 이동시키는 가장 효과적인 수단이기 때문이다(Krznaric 2015, 4). 레이코프는 "공감은 진짜 합리성(real rationality)의 핵심이다. 왜냐하면 그것은 우리 가치의 핵심이며, 우리의 정의감의 기초(basis)이기 때문이다. 공감은 우리가 자유와 공평의 원칙을 가지는 이유이며, 정의의 필수적 구성 요소"(Lakoff 2011)라고 밝혔다. 캠페인 조직에서 공감이 확산되는 이유는 사람들을 사랑과 연대, 배려 등으로 인도하는 것이 공감이라는 점을 발견했기 때문이다. 또한 레이코프가 밝히고 있듯, 공감은 '정의감의 기초'이며 필수적 구성 요소다. 따라서 정의에 선차적인 것은 공감이다. 공감이 없다면, 정의는 투쟁과 배제, 갈등으로 인도한다.

따라서 인간 번영이 관계에서 이루어진다는 인식, 미래세대에 대한 관심, 인도주의와 환경 위기의 충격에 직면한 상황에서 더욱 강화해야할 가치는 공감인 것이다. 이 가치는 단지 인간에게만 한정되는 것이 아니라 자연 세계까지 포괄하는 것이기 때문에, 공감은 사회적·환경적 변화에 대응하는 핵심이다(Crompton 2010, 5). 제러미 리프킨은 "공감이 없는 세상에는 인간이 무엇인가 하는 문제에 대한 진지한 고민도 있을 수 없다"고 했다(Rifkin 2010[2009], 179). 정신 생활은 "내가 알고, 네가 알고, 네가 안다는 사실을 내가 안다는 생각"의 개념에 기초한다. 따라서 "생각 그 자체의 발달은 다른 사람과의 관계를 필요"로 하며, "우리는 다른 사람과의 관계를 통해서만 우리 자신을 알 수 있을 뿐"이다(Rifkin 2010 [2009], 186). 공감에 기초하지 않는다면, 우리는 문제를 진지하게 고민할 수도 없고, 우리 자신을 알 수도 없다. 신경과학자 안토니오 다마시오에 따르면 감정이 없는 사람들은 민감한 결정을 할 수 없는데, 그 이유는 어떤 것이 얼마나 가치 있는지를 알 수 없기 때문이다. 따라서 공감과 같은 사회적 감정이 없는 사람은 객관적 의사결정자가 아니라고 주장한다(Lakoff 2011). 하물며 정치에서는 공감의 중요성을 강조하고 또 강조해도 모자라다.

공감과 공론, 공감과 민심, 공감과 사회적 변화

찰스 다윈은 공감을 "사회적 본능의 본질적 부분을 형성"하는 '사회적 본능의 주춧돌'로 정의했다. "우리가 공론에 얼마나 큰 비중을 귀속시키든 우리의 동료들에 대한 가·불가감정은 공감에 달려 있다"고도 했다(Darwin 1874, 99). 즉 어떤 사회에서 공론이 전개될 때, 그것에 동의하거나 동의하지 않는 것은 공감에 달려 있으며, 공론에서 더 많은 사람들을 설득하고 다수가 되기 위해서 요구되는 것은 공감이라는 것이다. 따라서 공론의 결정은 공감의 가부에 달려 있다. 이 공감 메커니즘에 대한 뇌 과학의 발견은 20세기 말의 위대한 성과다.[3]

"'공감장'은 이 위에 떠 있는 언어소통적 '공론장'(sprachlich-

---

3 뇌 과학적 측면에서 '공감'(empathy)의 설명은 다음과 같다. "인간은 신체적 모방과 흉내를 통해서만 다른 사람들이 느끼는 것을 느낄 수 있다. 신체적 모사가 뇌 속에서 이루어지면 자기의 신체적 움직임이 일어난 것이나 다름없는 효과를 갖고 변연계를 자극하여 신체적 모사대상인 외부 타인의 감정과 유사한 감정이 관찰자 뇌 안에서 재생된다. 이것이 공감이다. (…) 야코보니의 공감메커니즘 가설은 신체모방을 담당하는 전운동피질의 거울뉴런이 시청각피질로부터

kommunikative 'Öffentlichkeit')보다 더 근본적이고, 따라서 더 선험적인 것이다"(황태연 2015, 2017). '공감 정치'는 하버마스식의 '논변적 공론장'에서 구변 좋은 논객들이 뛰어난 말주변으로 '진리로서의 지식'을 다투며 승패를 겨루는 '언어소통적 두뇌 정치'가 아니라, 공감대로서의 '민심'을 하늘처럼 받들고 '공감장'(mitfühlende Öffentlichkeit)에서 '개연적 지식'으로서의 '의견'을 나누며 백성과 더불어 동고동락하는 '이심전심의 정치'를 가리키는 것이다(황태연 2016, 103).[4]

언어적 의사소통에 의해 이루어지는 '공론'과 '공론장'은 그때그때의 바람에 의해 '민심의 바다' 위에서 일어나는 물결이나 파도와 같은 것이다. 물결과 파도가 바람에 일더라도 둘 다 바다의

시청각 정보를 받아 활성화되어 신체운동을 뇌 안에서 시뮬레이션하면 이 시뮬레이션 정보를 뇌섬에 전하고 이 뇌섬이 이를 감정부호로 바꿔 변연계로 신호를 전달하면 생생한 감정이 재현된다는 '시청각피질 → 전운동피질 거울뉴런 → 뇌섬 → 변연계'의 연결 메커니즘이다"(황태연 2014, 117~118). 또한 "긍정적·부정적 감정을 가리지 않고 남의 감정을 자기 속에서 '재현'하여 남의 감정과 유사한 감정을 '남과 같이 느끼는' 이심전심의 감정적 '작용' 또는 '능력'"을 의미한다(황태연 2014, 87). 또한 공감은 "어려움에 처한 어떤 사람의 인지된 복지와 동일한, 그리고 어려움에 처한 사람들에 의해 유발된 타인 지향적 관점"으로 정의한다(Waytz et al. 2014, 2).

4 "언어 능력의 형성은 공감의 크기와 범위가 확장되고 문화를 전달하는 과정에서 몸짓으로 하는 의사소통 방식이 갈수록 복잡해져가는 과정의 최종단계이다. (…) 말로 하는 커뮤니케이션에는 사실상 손동작과 얼굴 표정과 몸짓이 늘 따라다닌다. 이런 요소들은 우리의 말을 풍부하게 해주고 그럴듯하게 해주고 강도를 조절해주는 시각적 뉘앙스를 제공한다. (…) 커뮤니케이션이란 상대방의 마음을 읽고 반응하는 것이다"(Rifkin 2010[2009], 128~130).

위에서 일어나는 현상이다. 그러나 미풍으로 물결이 잔잔하면 바다도 잔잔하고 태풍에 바다가 흔들리면 물결도 성나듯이, 민심과 공론은 상호작용한다. 공감대로서의 민심은 공론을 고요히 장기적으로 규정하고 지도한다. '공론'은 말과 소리로 고요한 '민심'의 지침을 드러내 요란하게 공명시키는 가운데 그때그때의 세사에 응하는 의제 설정으로 세사를 결정하고, 이러는 가운데 민심에 역작용하고, 이 역작용의 장구한 누적 속에서 민심도 장기적으로 부지불식간에 조금씩, 오직 조금씩만 변화·발전시킨다(황태연 2014, 243).

의사소통의 공론과 공론장은 사건과 결합되어 태풍처럼 몰아치기도 하고 미풍처럼 정제된 논의로 전개되기도 하지만, 그 근저는 민심이다. 민심이 반응하지 않으면 공론은 잔잔한 물결에 그치며, 민심이 반응한다면 태풍처럼 몰아친다. 많은 국민이 모두 의사소통의 공론에 참여하지 않아도 거대한 공감대로서 이심전심으로 세사를 느끼고 이것은 여론으로 모아진다. 잘난 척하지 않아도 사람들은 동네에서, 시장에서, 학교에서, 직장에서 서로 공감한다. 수백만 명이 모인 광장의 시민들이 공감대로서 분노를 표출하면서도, 그 분노의 발현 양태가 국민들에게 잘못 전달될 것에 대한 두려움으로 모두 평화적이며 깨끗한 시위 문화를 형성해야 한다는 공감대를 느낀다. 그래서 민리民理가 아니라 민심民心이라 부르는 것이고 과거에는 민정民情이라 했던 것이다.

최근 미국과 유럽의 시민단체는 공감을 통한 다양한 활동을 전개하고 있다. 캠페인의 수단으로서 공감을 활용하는데, 예를 들면 실제적인 경험을 하고 공감적 연결을 확장하기 위해 사회적 분리를 가로지르는 대화의 장을 마련하고, 문화적 내용과 수단을 활용하기도 한다.[5] 그리고 공감 교육을 통해 기후변화, 종 다양성 훼손, 세계적 불평등을 막아보려는 노력도 진행되고 있다.[6]

'공감의 뿌리' 설립자 매리 고든Mary Gordon은 공감을 다음과 같이 이해하고 있다. "공감은 가정, 교정, 회의실, 전장에서 분쟁을 해결하는 데 필수적이다. 다른 사람의 관점을 취할 수 있는 능력, 우리의 공유된 감정을 통해 공통성을 정체화할 수 있는 능력은 우리가 가지고 있는 가장 최고의 평화 알약이다. (…) 비록 우리가 환경 문제를 풀 수 있는 과학을 가지고 있지만, 예를 들어 우리가 보지도 알지도 못하는 하류의 사람들을 돌보지 않는다면, 우리는 그 과학을 적용할 수 있는 동기를 가질 수 없다"(Gordon 2013).

5 'Hello Peace Telephone Line in Israel and Palestine, Musekeweya(New Dawn), Radio soap opera in Rwanda, Dialogue in the Dark, Live Below the Line, Most Shocking Second a Day Video, klima X climate change exhibition in Finland, Friends of the earth's infernal combustion installation, Greenpeace's palm oil campaign against Nestlé, Yeb Saño's climate change hunger strike 등(Krznaric: 2015, 13~17).

6 그 사례로는 '공감의 뿌리'(Roots of Empathy, 1995년 캐나다에서 설립), 'Service Programme at United World Colleges(UWC) school', 'Social and Emotional Aspects of Learning(SEAL) programme, UK', 'Climate Chaos teaching resources, Oxfam' 등을 들 수 있다(Krznaric 2015, 19~20).

'공감의 정치'를 통한 진보개혁진영의 국민적 공감대 확산

진보개혁진영의 한계를 극복하고 새로운 전환적 계기를 마련하기 위해 '공감의 정치'가 필요하다. 이 '공감의 정치'를 통해 국민적 신뢰와 지지를 확보하고 국민이 행복한 국가를 만드는 방향을 모색해야 한다. 우선, '공감의 정치'는 극단과 배제, 투쟁의 정치를 종식하고 사랑에 기초한 정치로 전환할 수 있도록 한다. 오바마는 미국 정치의 심각한 양극화의 원인을 공감의 부족으로 규정했다(Honigsbaum 2012). 바론 코헨Baron-Cohen은 공감을 '정치적 교착상태'를 포함해 '해결해야 하는 집중된 어떤 문제'에 요청되는 '보편적 용액'(universal solvent)으로 보았다(Baggini 2014). 토론토 대학 로트만 스쿨의 최근 연구에 의하면, 공감은 정치적 설득의 핵심이며, 자신의 정치도덕적 원칙보다 정치적 반대자의 도덕적 원칙에 기초한 주장이 성공할 수 있다는 것이다. 따라서 정치적 반대자들이 어떻게 생각하고 이해하는지에 관해 생각하는 것으로부터 정치적 프레임과 메시지를 고민하라고 제안했다(Rotman School of Management, University of Toronto 2015). 또한 모렐은 편견과 양극화를 감소시키고 협력과 화해를 증가시키기 위해 공감이 필요하다고 주장한다(Morrell 2010, 126).

최근 〈조선일보〉·미디어리서치의 대선 정치지표 조사에서 진보층은 '국민과의 소통 능력'(48.1퍼센트)이 '국가경영 능력'(28.1퍼센트)보다 더 중요하다고 보았고, 중도층은 '국가경영 능력'(39.0퍼센트)과 '국민과의 소통 능력'(31.2퍼센트)이 엇비슷하게 나온 반면, 보수층에서는 국가경영 능력(42.7퍼센트)이 '국민과의 소통 능력'(25.0퍼센트)에 비해 높게 나왔다

《조선일보》 2016년 9월 26일).[7] 이렇듯 진보·보수·중도 유권자들이 정치 지도자에게 요구하는 능력은 정반대의 양상으로 나온다. 이 상황에서 상대방에 대한 공감과 배려의 노력을 기울인다면, 갈등보다는 대화와 타협의 접점을 넓힐 수 있을 것이다. 즉 정치적 교착을 해결할 수 있는 '용액'으로서 공감이 필요한 것이다.

둘째, '공감의 정치'는 약자를 위한 정치의 원동력이며, 다수 유권자 연대를 구성할 힘을 제공해줄 수 있다. 레이코프는 공감을 "돌보는, 다른 사람이 느끼는 것을 느끼는, 다른 사람이 직면한 것과 그들의 삶이라는 것을 이해하는 능력"이며, 진보사상의 핵심이라고 주장했다. 오바마도 공감을 자신의 도덕률의 핵심, 민주주의의 기초로 보았으며, 미국인이 자유와 공평을 증진시킬 수 있는 능력으로 보았다. 따라서 정의는 공감을 전제하는데, 그 이유는 어떤 행동이 다른 사람에게 미칠 수 있는 영향을 고려하기 때문이다(Lakoff 2011).

진보개혁진영의 정치는 약자를 위한 것이다. 이것은 약자에 대한 공감적 동정심과 인애에 근거한다. '공감의 정치'는 여성과 평범한 서민들이 가장 잘 이해한다. 해외에서 진행된 공감 테스트에서 여성이 남성보다 공감 수준이 높고(Konrath 2013; Baron-Cohen 2011, 15~16), 수입이 낮은 사람들이 부유한 배경을 가진 사람보다 공감 수준이 높고(Kraus et al. 2010), 기업의 최고 중역들 중에서 사이코패스적 경향을 가진 사

---

7 단, 최근 벌어지고 있는 '박근혜·최순실 게이트'로 인해 국가 지도자와 국민과의 소통이 중요하다는 국민적 인식이 월등히 높아졌을 것으로 예측된다.

람들이 일반인들보다 4배 정도 많으며(Krznaric 2015, 10), 좌파 성향인 사람들의 공감 수준이 높게 나타났다(Iyer 2010). 이런 결과는 정당과 시민정치에 중요한 시사점을 준다. 장기적인 '다수 유권자' 구축을 위한 가장 중요한 전략이 '공감'일 수 있기 때문이다. 공감은 본성적으로 타고난 것이지만(단, 사이코패스는 교감은 가능하지만 공감은 할 수 없으며, 대체적으로 전체 인구의 2퍼센트 내외인 것으로 알려지고 있음), 정치 활동과 사회적 교육을 통해 확장될 수 있다. 그리고 진보개혁진영이 유권자 연대의 주체로 생각하는 것이 정치적 약자이며 평범한 사람들이라는 점에서 공감의 사회적 확산은 유권자 연대의 확대로 나타날 수 있다.

셋째, '공감의 정치'가 숙의민주주의의 확장과 '인간적(공감적) 민주주의'로의 전환에 필요하다는 점이다. 모렐은 민주주의는 공감의 과정이 필요하며, 이 과정이 민주주의를 위한 충분한 조건은 아니지만 필요조건 중에 하나라고 본다(Morrell 2010, 158). 또한 숙의(deliberation)를 "사람들이 정보의 교환과 공감 과정을 증진시키는 포괄적·배려적 의사소통 교환에 참여함으로써 정치적 대상을 심사숙고하는 실천"으로 정의한다(Morrell 2010, 163). 숙의를 배려의 과정으로 보는 것이다. 공감적 숙의는 편견과 선입관을 극복할 수 있도록 해주기 때문에, 공감 과정이 없다면 숙의는 덜 포괄적일 것이며, 역으로 공감적 성향은 상호 존중과 화해의 가능성을 높여줄 것이라는 주장이다(Morrell 2010, 160~161). 정치적 대상을 조사하고 진지하게 고려하는 숙의 과정에서 배려의 자세로 의사소통에 참여하는 것을 강조하는데, 이것은 숙의의 중심에 정서(affect)가 있으며, 감정이 풍부한 표현이 좀 더 깊은 숙의로 인도하기 때문이다(Mansibridge et al. 2006, 19. Morrell 2010, 163~164에
서 재인용).

민주주의는 "(도달할 수 없는) 목표, 지속적인 정치적 기획"이며, "민주
화는 그 서명자들에게 스스로를 만들고, 질서를 부여하고, 통치하는
권력을 공유하게끔 하지만, 그것은 언제고 끝나지 않는 과정"으로서 탈
주적(fugitive)이다. 민주주의를 구속하는 것으로부터 끊임없이 탈주해
야 한다. 그래서 "민주적으로 권력을 공유할 수 있게 해주는 최소한의
문턱이 무엇일 수 있는지, 우리가 여전히 민주주의를 믿고 있는지, 또
왜 믿는지, 민주주의가 21세기에도 생존할 수 있는 형태인지, 그리고
민주주의의 어두운 측면을 억제하는 데 한층 효과적이면서도 결코 끔
찍하지 않은 대안이 존재하는지 등에 관해 (…) 숙고"해야 한다(Brown
2010[2009], 98~103). 민주주의의 위기의 시대에 '공감의 정치'는 숙의
민주주의의 한계를 극복하고 탈주할 수 있는 가능성을 보여준다. 인민
과 국민의 삶을 공감한다면, 폭력과 압제가 들어설 자리는 더욱 좁아
질 것이기 때문이다. 이와 함께 공감을 위한 공공정책의 수립과 법·제
도의 도입이 필요하다. 모든 사람과 만날 수 없다는 점에서 면 대 면 숙
의뿐만 아니라 '내적 숙의'(deliberation within)를 위한 다양한 지원체제
를 구축하는 것이다(Morrell 2010, 127). 풀뿌리 조직과 민주적 토론이
결합하고, 공감의 공간 확대와 다양한 지원사업(도서관, 미술관, 영화관, 아
트마켓, 축제 등)을 통해 시민의 공감 능력을 높여야 한다.

넷째, '공감의 정치'는 삶의 경험 속에서 강화되므로 풀뿌리 민주주
의와 결합되어야 한다. 민심과 공감한다는 것은 국민의 삶을 '다문다

견', '민시민청'한다는 것이며, 그 과정에서 국민들과 '여민동락', '여민동고'하는 것이다. 정당 또는 시민정치는 현장의 경험을 통해 민심을 반영하고, 풀뿌리 운동을 통해 사회적 연대를 강화해야 한다. 한국의 경우, 자발적 결사체에 참여하는 비율이 2005년 97.9퍼센트, 2010년 93.1퍼센트, 2015년 87.4퍼센트로 계속 하락하고 있으며, 단 한 개의 단체나 모임에도 참여하지 않는 비율이 2005년 2.1퍼센트에서 2015년 12.6퍼센트로 10년 사이에 대폭 상승했다(김석호 2016, 107). 이것은 사회적 고립의 심화를 뜻하며, 사회 전체를 공감 능력 약화로 인도한다. 어떤 조사에 의하면, 공감의 정도가 높을수록 정보 공유와 협력의 강도가 높고, 타인을 신뢰하는 정도도 강하며 친사회적 행동 경향성을 보이는 것으로 나타났다(권상희·김은미·김효경 2012, 140~141). 또한 공감이 사회정의 실천을 촉진할 수 있는 방법이며, 이 촉진을 위해 사회적으로 소외된 집단에 대한 접촉 경험이 중요하다는 연구 결과도 있다(민문경·이나빈·안현의 2015, 587).

따라서 정당과 시민정치는 풀뿌리 조직의 확대에 집중해야 한다. 풀뿌리 조직이 민심을 반영하는 바로미터이며, 독선과 아집의 정치를 예방할 수 있는 기초가 될 것이다. 특히 중앙 중심, 이슈 중심인 정치인과 시민활동가들은 현장에서 일상의 생생한 모습을 체험하고 느끼는 활동을 의무적으로 실행해야 한다. 예를 들면, '공감의 뿌리'와 같이 공감을 체험할 수 있는 현장 학습 프로그램, '어둠 속에서의 대화'(Dialogue in the Dark)처럼 사회적 갈등과 차별을 화해로 이끄는 다양한 접촉 공간의 확대, 지속 가능한 지구와 사회를 위한 다양한 활동 등을 통해 공감이 사회에 확산될 수 있을 것이다. 버락 오바마는 힐러리 클린턴의 대선 패배 이후 민주당의 재건을 위해서 "더 많은 풀뿌리 조직을 어떻게 구축할 것인지, 주와 지역의 당 기구, 학교 위원회 선거를 어떻게 조직할 것인지, 주지사 선거와 시의회 선거는 어떻게 할 것인지"를 언급하면서, 풀뿌리 조직과 현장의 중요성을 강조했다(*The Huffington Post US* 2016년 11월 15일).

다섯째, '공감의 정치'는 국민의 불만과 불행의 해소를 가장 중요한 역할로 상정할 것이다. 공감은 다른 사람의 감정과 마음을 시뮬레이션을 통해 이해하는 것이다. 다른 사람이 만족하지 못하고 불행을 느낀다면, 그와 공감 과정에서 나 또한 불행을 느끼며 이것을 극복하기 위해 노력할 것이다. 빅데이터 분석 전문 기업의 보고서[8]에 의하면, 우리나라 국민은 ① 안전 위협(세월호 및 남북관계 긴장), ② 신뢰 하락(세월호, '헬조선'), ③ 부패 인식(권력형 비리), ④ 생존 위협(일자리 불안)을 느끼고 있다. 위협이 발생한 원인을 정치 분열(30.3퍼센트), 사회 투명성 부재(26.9퍼센트), 리더십 부재(20.3퍼센트), 윤리의식 부족(11.5퍼센트), 대기업 및 기득권 독식 구조(10.9퍼센트) 등으로 보고 있다[(주)타파크로스 2016].

우리 국민이 느끼는 위협은 공감 능력의 부재를 단적으로 보여주고 있으며, 그 원인에 대해서도 분열과 갈등, 약자를 위하지 않는 기득권

---

8 이 보고서는 트위터 국내 계정 1,600만 개, 네이버, 다음, 티스토리 등의 블로그, 네이버와 다음의 카페, 다양한 커뮤니티와 페이스북 기업 페이지 등 2014년 7월부터 2016년 6월까지 2년간의 전체 2,950,762,084건의 데이터를 분석한 것이다[(주)타파크로스 2016].

구조 등에 있다고 생각한다. 한국의 OECD 사회지표를 보더라도 위험 사회의 징후는 이미 구조화되었고, 국민은 불행하다고 생각한다. 이 불행을 극복할 수 있는 사회적 연대의식도 너무나 취약하다. 이런 상황은 더욱 '공감의 정치'를 요청한다. '공감의 정치'는 불만족하고 불행한 국민의 감정을 적극적으로 느끼며, 이 문제 해결을 최우선의 자기 역할로 규정하고, 국민에게 만족과 행복을 주기 위해 노력할 것이기 때문이다. 그것의 성공은 공감으로서 '뿌듯함'으로 다가올 것이다.

'모정주의'(maternalism)에 기초한 국가공동체로서 행복국가

국가는 가장 조직적이고 가장 튼튼하고 가장 큰 공동체로서, 개인들에게 가장 강력한 집단적 정체성의 소속감과 일체감을 주는 민심의 제도적 조직체다. (…) 공감적 일체감의 모정주의적 제도화로서의 국가는 사회적 '어머니'로서, 또는 '백성의 부모'(民之父母)로서 가령 전쟁, 대재난, 가난, 위험으로부터 국민들을 평등하게 보호하고 양육하고 교육하고 국민의 복지와 행복을 증진해야 한다. 동시에 전쟁을 막고 평화를 공고히 하여 국민의 생명을 요구하지 않아야 한다. 따라서 대동大同의 모정적 인애·평등·평화·행복국가만이 진정한 국가다(황태연 2014, 251).

'모정주의적 국가'는 자식을 잉태할 때부터 온갖 정성을 다하는 어머니의 인애, 열 손가락 깨물어 안 아픈 손가락이 없는 어머니의 평등한 자식 사랑, 가정의 평안과 평화를 위해서 모든 것을 바치는 헌신성, 평생을 가족의 행복을 위해서라면 주름살이 켜켜이 쌓이는 것도 마다하지 않는 어머니와 같은 국가다. 따라서 이 국가는 공감적 사랑을 국가 차원으로 확대 변형한 것이다. 우리는 정의·복지국가에서 어머니의 사랑을 구현하는 행복국가로의 전환을 모색해야 한다.

정의보다 인애가 우선한다는 것, 즉 사랑에 기초한 정의와 복지가 '공감의 정치'의 핵심이다. '공감의 정치'는 국민이 행복한 사회를 지향하는 정치다. 불안과 위험사회에서 벗어나 포용의 사회적 연대가 실현되고 국민이 만족해하는 사회를 위한 정치다. '공감의 정치'는 갈등과 투쟁의 극단의 정치를 배제하고, 약자를 위한 정치를 위해 다수 유권자 연대를 구축하고, 민주주의의 위기를 탈주하기 위해 인간의 공감을 통한 민주주의의 활로를 개척한다. 이것을 위해 현장의 생생한 경험을 공감하고 풀뿌리 조직과 민주주의를 확대해 국민이 만족하고 행복한 사회를 만든다. 동시에 국민의 건강과 안전을 도모하고 평화를 지향하는 인본주의적 정책을 최우선으로 놓고, 지속 가능한 발전을 위해 동물과 자연과 공존하는 방향성을 명확하게 한다.

세계행복리포트(*World Happiness Report 2015*)에 의하면 한국은 158개 조사 국가 중에서 47위이다. 행복 순위는 스위스, 아이슬란드, 덴마크, 노르웨이, 캐나다, 핀란드, 네덜란드, 스웨덴, 뉴질랜드, 오스트리아가 1위부터 10위를 차지했다(Helliwell, Layard and Sachs 2016, 26~28). 행복국가를 추구하는 북유럽의 국가가 모두 10위 안에 들어갔다. 적어도 한국은 빠른 시일 내에 세계 20위 이내의 행복국가로 가기 위한 정책 전환이 필요하다. 그것은 '공감의 정치'를 통한 행복국가 추진이다. '사람이 걸으면 길이 된다.' 이제 '공감의 정치'를 통해 '행복한 국가'의 길을 만들어보자.

참고문헌

『論語』「顔淵」.

권상희·김은미·김효경. 2012. 「SNS에 대한 공감, 신뢰, 정치 태도에 관한 연구: 공감 의도와 소속 동기가 친사회적 행동 및 정치 행동 의도에 미치는 영향을 중심으로」. 『한국언론학회 학술대회 발표논문집』. 138~141쪽.

김석호. 2016. 「한국인의 자발적 결사체 참여와 시민성」. 이내영·윤인진 공편, 『한국인의 정체성: 변화와 연속, 2005-2015』. 서울: EAI.

도로교통공단. 2015. 『2015년판(2013년 통계) OECD 회원국 교통사고 비교』. 원주: 도로교통공단.

민문경·이나빈·안현의. 2015. 「공감 능력이 사회 정의 실천에 미치는 영향: 사회 인지적 관점에서」. 『한국심리학회지: 문화 및 사회문제』 Vol. 21 No. 4. 575~594쪽.

박상훈. 2011. 『정치의 발견: 정치에서 가능성을 찾고자 하는 사람들을 위한 정치학 강의』. 서울: 후마니타스.

신진욱. 2009. 「보수의 진지전, 진보의 혁신, 시민정치의 비전」. '참여사회연구소 시민정치연구센터 창립기념 심포지엄 - 이명박 정부 시대의 시민정치와 개혁과제' 자료집. 참여사회연구소 시민정치연구센터 주최.

이만우. 2016. 「OECD 사회통합지표 분석 및 시사점」. 『지표로 보는 이슈』 제62호. 서울: 국회입법조사처.

이병천. 2009. 「시민정치와 시민민주주의의 구상: 공화국의 생환과 진보의 재구성」. '참여사회연구소 시민정치연구센터 창립 기념 심포지엄 - 이명박 정부 시대의 시민정치와 개혁과제' 자료집. 참여사회연구소 시민정치연구센터 주최.

조맹제 외. 2011. 『보건복지부 학술연구 용역사업 보고서 - 2011년도 정신질환실태 역학조사』. 서울대학교 의과대학.

㈜타파크로스. 2016. 『빅데이터로 분석한 2017년 핵심 시대정신 예측보고서』. 서울: 타파크로스. http://www.ifs.or.kr/bbs/board.php?bo_table=research&wr_id=399(검색일: 2016. 9. 29.)

황태연. 2009. 「복지국가에서 행복국가로: 국가비전의 업그레이드」. 미간행 초고.
──── . 2014. 『감정과 공감의 해석학 1: 공자 윤리학과 정치철학의 심층 이해를 위한 학제적 기반이론』. 파주: 청계.
──── . 2015. 『감정과 공감의 해석학 2: 공자 윤리학과 정치철학의 심층 이해를 위한 학제적 기반이론』. 파주: 청계.
──── . 016. 『패치워크문명의 이론: 동아시아 관점의 새로운 문명관』. 파주: 청계.

Baron-Cohen, Simon. 2011. *Zero Degrees of Empachy: A New Theory of Human Cruelty*. London: AQllen Lane.

Brown, Wendy. 2009. "Nous sommes tous démocrates à présent," Giorgio Agamben et al. *Démocratie, dans quel état?* Paris: La Fabrique éditions. 「오늘날 우리는 모두 민주주의자이다」, 조르조 아감벤 외, 김상운·홍철기·양창렬 역, 『민주주의는 죽었는가? 새로운 논쟁을 위하여』. 서울: 난장, 2010.

Crompton, Tom. 2010. *Common Cause: The Case for Working With Our Cultural Values*. World Wildlife Fund UK.

Cumberland, Richard. 2005[1672]. *A Treatise of the Laws of Nature*. Indianapolis: Liberty Fund.

Darwin, Charles. 1874. *The Descent of Man, and Selection in Relation to Sex*. London: John Murray.

Hall, Jon and John F. Helliwell. 2014. *Happiness and Human Development*. UNDP Human Development Report Office. OCCASIONAL PAPER.

Helliwell, John, Richard Layard and Jeffrey Sachs. 2016. *World Happiness Report 2015*. New York: Sustainable Development Solution Network.

Hume, David. 2000[1740]. *A Treatise of Human Nature: Being an Attempt to Introduce the Experimental Method of Reasoning into Moral Subjects*. Oxford University Press.

Kraus, Michael, Stephane Cote and Dacher Keltner. 2010. "Social Class, Contextualism, and Empathic Accuracy," *Psychological Science*, Vol. 21 No. 11. pp. 1716~1723.

Krznaric, Roman. 2015. *The Empathy Effect: How Empathy Drives Common Values, Social Justice and Environmental Action*. friends of the earth.

Morrell, Michael E. 2010. *Empathy and Democracy: Feeling, Thinking, and Deliberation*. University Park: Pennsylvania State University Press.

Negri, Antonio and Michael Hardt. 2005. *Multitude: War and Democracy in the Age of Empire*. New York: Penguin Books. 조정환·정남현·서창현 역, 『다중』. 서울: 세종서적, 2008.

OECD. 2016. *Society at a Glance 2016: OECD Social Indicator*. Paris: OECD.

Rheingold, Harriet L. and Dale F. Hay. 1978. "Prosocial Behavior of the Very Young," in G. S. Stent ed. *Morality as a Biological Phenomenon*. Berlin: Dahlem Konferenzen.

Rifkin, Jeremy. 2009. *The Empathic Civilization: The Race to Global Consciousness in a World in Crisis*. New York: Penguin. 이경남 역, 『공감의 시대』. 서울: 민음사, 2010.

Schattschneider, E. E. 1960. *The Semi-Sovereign People: A Realist's View of Democracy in America*. Cengate Learning. 현재호·박수형 역, 『절반의 인민주권』. 서울: 후마니타스, 2008.

Silhouette, Etienne de. 1764[1729]. *Idée générale du gouvernement et de la morale des Chinois; tirée particulièrement des ouvrages de Confucius*. Paris.

Smith, Adam. 1790. *The Theory of Moral Sentiments, or An Essay toward an Analysis of the Principles by which Men naturally judge concerning the Conduct and Character, first of their Neighbours, and afterwards of themselves* (1759, Revision: 1761, Major Revision: 1790). edited by Knud Haakonssen. Cambridge/New York: Cambridge University Press, 2002·2009[5. printing].

Taylor, Matthew. 2010. *Twenty-First Century Enlightenment*. London: Royal Society of the Arts.

Wilson, James Q. 1993a. *The Moral Sense*. New York: Free Press.

───────── . 1993b. "The Moral Sense". Presidential Address, American Political Science Association, 1992. American Political Science Review, Vol. 87 (No. 1 March).

Baggini, Julian. 2014. "Ed Miliband's 'politics of empathy' means nothing without effective policies," *The Guardian* 28 July 2014. https://www.theguardian.com/politics/shortcuts/2014/jul/28/ed-miliband-politics-of-empathy-means-nothing(검색일: 2016. 9. 11.).

Byrnes, Andrew. 2009. "Harnessing the Power of Empathy: Building A Lasting Democratic Majority By Understanding What Keeps People Up At Night." https://empathypolitics.files.wordpress.com/2009/04/harnessing-the-power-of-empathy-building-a-lasting-democratic-majority-by-understanding-what-keeps-people-up-at-night.pdf(검색일: 2016. 9. 11.).

Cameron, David. 2007. "Aristotle Got It Right," *Newsweek* 7 May 2007.

Gordon, Mary. 2013. "Roots of empathy: an interview with Mary Gordon," *Transformation* 5 September 2013. https://www.opendemocracy.net/transformation/lennon-flowers/roots-of-empathy-interview-with-mary-gordon(검색일: 2016. 9. 3.).

Honigsbaum, Mark. 2012. "The Politics of Empathy," *The History of Emotions Blog* 3 December 2012. https://emotionsblog.history.qmul.ac.uk/2012/12/the-politics-of-empathy/(검색일: 2016. 9. 10.).

Iyer, Ravi. 2010. "A Difference Between Democrats and Republicans: The Effects of Empathy on Political Interest," *Data Science & Psychology* 12 February 2010.

http://www.polipsych.com/2010/02/12/a-difference-between-democrats-and-republicans-the-effects-of-empathy-on-political-interest/(검색일: 2016. 9. 3.).

Konrath, Sara. 2013. "A critical analysis of the Interpersonal Reactivity Index," MedEdPORTAL Directory and Repository of Educational Assessment Measures (DREAM). http://www.ipearlab.org/media/publications/Konrath_2013_critical_analysis_IRI.pdf(검색일: 2016. 9. 3.).

Lakoff, George. 2011. "Empathy, Sotomayor, and Democracy: The Conservative Stealth Strategy," *The Huffington Post* 30 May 2009. Updated 25 May 2011. http://www.huffingtonpost.com/george-lakoff/empathy-sotomayor-and-dem_b_209406.html(검색일: 2016. 8. 30.).

Layard, Richard. 2003. "Income and Happiness: Rethinking Economic Policy." 27. February. http://cep.lse.ac.uk/events/lectures/layard/RL040303.pdf(검색일: 2016. 9. 10.).

Mansbridge, Jane et al.. 2006. "Norms of Deliberation: An Inductive Study," *Journal of Public Deliberation* 2(1). http://services.bepress.com/jpd/vol2/issi/art7(검색일: 2016. 9. 10.).

Rotman School of Management, University of Toronto. 2015. "Empathy is key to political persuasion, shows new research," *ScienceDaily* 16 November 2015. www.sciencedaily.com/releases/2015/11/151116112059.htm(검색일: 2016. 9. 10.).

Waytz, Adam et al.. 2014. "Ideological Differences in the Expanse of Empathy." http://www-bcf.usc.edu/~jessegra/papers/WIYG.circle_chapter_draft.pdf(검색일: 2016. 6. 19.).

〈뉴시스〉 2016. 4. 26., 〈문화일보〉 2010. 11. 27., 〈의학신문〉 2015. 9. 15., 〈조선일보〉 2016. 9. 26., 〈중앙일보〉 2016. 9. 28., 〈한겨레〉 2016. 9. 29.; 2016.10.13., *The Huffington Post US*, 2016. 11. 15.

3

역사 이야기

조선 후기 동학東學의 여성해방사상과 근대성

– 신분해방과 동학사상의 연계를 중심으로

이 글은 조선 후기 신분철폐와 인간평등의 흐름 속에서 여성해방의 과정을 추적하여 조선 사회 내부에 근대화의 사상적 힘이 있었는지 확인하는 내용을 담고 있다. 『시민사회와 NGO』, 제16권 제1호(2018)에 처음 실렸다.

1. 들어가며:
조선의 여성과 '근대'는 어떻게 만났을까?

동서양의 근대화 과정에서 인간평등·신분철폐·여성해방은 중대한 사회적 문제로 등장했다. 근대화는 사회적 억압과 차별을 철폐하는 지난한 과정이었고, 모든 인간은 동등하며 따라서 남녀는 평등하다는 인식은 근대의 산물이다. 여성들은 정치적 참정권의 획득부터 법·제도와 일상생활에 이르기까지 각종 억압의 구조를 벗어나는 것이 절박한 요구였다. 이 논문은 조선 후기 신분철폐와 인간평등의 흐름을 살펴보고, 여성해방의 과정을 추적하여 조선 사회 내부에 근대화의 사상적 힘이 내재했는지 확인하려는 것이다. 특히, 1860년 수운水雲 최제우崔濟愚에 의해 창도된 동학東學의 여성해방사상을 통해 신분해방 흐름과 연계된 근대성을 추적하려는 것이다.

동아시아 지역 차원의 근대는 서양에 의해 이식된 것이 아니라, '낮은 근대'(low modernity) 또는 '초기 근대'(early modernity)에서 '높은 근대'(high modernity)로 진보했다. 많은 연구들은 송대宋代 중국에서 진행된 변화를 '보편사적 근대의 시작'으로 규정한다(William H. McNeill 1982, 30; 内藤湖南 2004, 191~201; Josua A. Fogel 1984, 168; Eric I. Jones 1988, 73~84; Jürgen Osterhammel 1989, 50). 그 근거는 탈脫신분적 인간평등, 공무원 임용고시(과거제), 군현제적 중앙집권제, 운하-도로망을 바탕으로 한 통일적 국내 시장과 표준적 시장경제 원리가 세계 역사상 최초로 등장했기 때문이다(황태연 2018, 43~44). 따라서 '보편사적 근대'는 중국에서 시작되었고, 이미 조선 사회에 송대의 근대적 문명이 전파·적용·진행되었다. 이는 조선 사회도 '낮은 근대' 또는 '초기 근대'를 지나 '높은 근대'로 이행했다고 볼 수 있는 근거다.

문명·문화는 서로 패치워크patchwork 방식을 통해 교류하고, 새롭게 갱신된 문명·문화를 만들어 나간다. 더 좋은 문명을 패치워크하여 갱신된 문명을 만들어 나가는 개방성이 문명의 주요한 발전방식이었던 것이다. 또한 "모든 문명은 아무리 많이 패치워크했을지라도 고유한 전통적 이해방식, 편견, 풍토, 기법, 실, 접착제, 바탕이 '내적 공통문법'으로 존재"한다(황태연 2011, 46). 우리의 전통적 이해방식이라는 '내적 공통문법'을 통해 패치워크된 우리의 새로운 문명이 만들어지는 것이다.

신분철폐를 통한 인간평등, 인간평등의 확장으로서 여성해방사상의 탄생도 이런 문명·문화의 패치워크를 통해 진행되었다. 공자 철학의 '인간평등론', 송대부터 시작된 과거제를 통한 신분철폐의 역사적 경험과 교훈이 조선 사회에 스며들어 확산되었고, 동학에 이르러 '급진적' 방식의 인간평등과 여성해방의 사상으로 나타났다. 이런 흐름은 고종의 신분철폐 조치와 연결되었고, 여성문제 해결의 방향으로 진전했다.

본 논문의 목적은 조선 후기 동학의 여성해방사상을 검토하고, 이에 근거해서 조선 사회 근대화의 내재적 힘을 발견하는 것이다. 따라서 본 논문에서 조선 사회가 '낮은 근대'에서 '높은 근대'로 이행하는 과정에서 사회경제적 변화와 사상적 흐름이 결합하여 인간평등과 여성해방의 사상으로 표출되는 과정을 다음과 같이 추적할 것이다.

제2장은 선행연구를 검토한다. 이론적 틀로서 '공감 해석적 접근'과

'일상사적 접근'을 제시하고, 조선 후기 신분해방과 여성해방의 결합 양태를 추적하기 위해 세 가지 측면의 주요한 변화를 설명한다. 제3장은 동학의 인간평등과 신분해방 사상을 살펴본다. 제4장은 동학의 수운 최제우와 해월 최시형의 여성해방사상을 분석하고 현실에서 어떻게 작동했는지 살펴본다. 이를 통해 조선 후기 여성해방의 사상적 흐름을 고찰하고, 동학의 근대성을 확인함으로써 조선 사회 내부에 이미 여성해방의 사상적 힘이 내재했음을 확인할 것이다.

2. 조선 후기 여성해방과 동학에 대한 접근

선행연구 검토

동학의 여성해방에 대한 해석은 엇갈린다. "종속적 지위에 있는 부인을 주인의 위치로 올려 주인의식을 갖게" 한 것을 "성의 혁명이요 유교질서 사회의 대변혁"으로 보는 견해(박용옥朴容玉 1981, 128)와 단지 가사노동과 여성의 가정 내 역할의 중요성을 재평가하고 강조하여 말한 것으로 볼 수 있을 뿐이라는 견해(김경애 2003, 96)로 대별된다. 또한 "해월시기 여성에 대한 인식은 아직까지 유교적인 인식의 틀에서 크게 벗어나지 못하고 있다는 한계점이 존재한다. 그러나 기존에 가정 내에서 종속적인 지위에 놓여 있던 부인에 대해 공식적으로 그 존재를 인정하고 있다는 점과 그 범위가 중하층의 여성들에게까지 해당되었다는 점에서 이 시기는 여성을 주체적 인격체로 인식하는 변화가 일어나고 있는 전환기라고 볼 수 있을 것"이라는 절충적 평가도 있다(김미정 2006, 370). 동학을 여성의 인격존중과 여성해방사상으로 보는 연구들(김용덕 1979; 황묘희 1998; 김정인 2002; 최문형 2005; 조경달 2008; 양삼석 2012; 조극훈 2017), 동학농민전쟁 기간 여성들의 전쟁 참여에 대한 채록, 인터뷰 자료 등을 매개로 하는 간접적 연구(김정인 2002; 채길순 2015; 박상란 2015, 2017a, 2017b), 현재적 의미에서 동학 여성관의 재해석 연구 등 다양한 방면의 연구가 진행되고 있다.

이러한 연구 성과를 기반으로, 이 글에서는 조선 후기 백성의 성장과 이에 호응한 국왕의 '민국정체民國政體' 속에서 신분철폐가 착수되었고, 평등 사회를 지향하는 '개벽사상開闢思想'의 전승과 동학이 결합하여 신분과 남녀의 차별이 없는 인간평등사상으로 정립되었으며, 궁극적으로는 이러한 사상이 동학농민전쟁을 통해 신분해방과 여성해방의 실천적 강령으로 현실에서 작동되었음을 밝히려는 것이다. 이는 동학에 의해 여성해방사상이 주창되었으며, 조선 사회 내부로부터 근대화의 사상적 동력이 준비되었음을 방증傍證하는 것이기도 하다.

근대성이 남성, 이성理性 중심적이라는 비판, 획일적 '평등'으로 인한 '차이'의 부정, 다양성보다는 특정 기준에 입각한 강제적 보편화 등의 한계를 드러낸다는 탈근대적 비판(주디스 버틀러, 2008; 박이은실 2010, 261~262; 조선정 2014, 61~62; 김양선 2007, 62; 이광래 2007, 247) 속에서 동학의 여성해방사상이 어떻게 평가될 것인지는 중요한 논의 과제라 판단된다. 초기 페미니즘의 남성과 가부장적 권력에 대한 비판, '제2의 물결'로서 보부아르(Simone de Beauvoir)에 대한 비판, "인종과 계급, 성 정체성 등을 축으로 하여 다양한 층위로 드러나는 '여성' 내의 차이들"(윤조원 2009, 131)을 무시했다는 비판은 페미니즘도 시대의 한계를 극복하면서 대안을 만들어갔다는 점을 보여준다. 따라서 현재적 관점에서 동학 여성해방사상의 한계는 비판 가능하나, 당대 신분에 의해 억압받았던 백성과 이중적 억압에 처했던 여성들에게 신분철폐와 여성해방의 담론·실천은 시대의 경계를 넘어서는 중대한 사건이었다.

동시에 구한말과 식민지 시절 천도교를 필두로 하는 여성운동과 여권신장 등의 중요한 자양분이 되었다는 점에서 그 의미는 상당하다고 판단된다. 1924년 4월 조직된 천도교 여성단체인 내수단內修團의 주옥경은 "우리는 결코 현하 사조에 의지하여 남들이 여권을 주창하니까 우리도 한다는 것이 아니라 대신사께서 무극대도를 각득하시던 그날부터 남녀의 구별이 없고 장유의 차별이 없이 절대평등을 말씀하셨으며, 또 해월신사께서는 우리 교의 흥망성쇠가 오직 부인 내수도에 있다고 말씀하시고 심지어 여자 한 명이 남자 천 명을 살린다고까지 말씀하시지 않았습니까?"(김응조 2005, 98~99. 조극훈 2017, 12에서 재인용)라고 주장했다. 주옥경의 동학 해석은 인간평등으로부터 신분철폐와 남녀평등을 도출하고, 여성 주체의 젠더gender적 실천까지도 구상하고 있음을 알 수 있다.

'공감 해석적 접근'과 '일상사적 접근'

당대 상황과 맥락을 이해할 수 있는 활자 이외의 것들에 대한 교감과 공감의 부재는 역사적 사실을 텍스트만으로 이해하게 하는 한계를 발생시킨다. 역사에는 텍스트로는 담을 수 없는 활자 이외의 것들과 역사적 사건의 과정에서 전개된 사람들의 파란만장한 희로애락도 녹아있다. 따라서 텍스트화되는 맥락에 대한 '공감적 해석'이 필요하다.

역사에 대한 해석은 "텍스트의 언표에 담긴 감정적 의미연관, 화자의 표정과 대화 상황의 정서적 분위기, 텍스트의 필자와 독자(화자와 청자)를 포괄하는 사회적·전통적·역사적 공감대 등을 무시하고, 말과 문장의 어의語義에 매여 필자나 화자의 수사적 설득 전술과 언변술, 허언과 실언, 과장과 축소, 언어 행위적 오류와 오해, 왜곡과 작화, 어줍지 않은 이해 등을 소홀히 한다"(황태연 2017a, 29).

일본이 명치유신을 통해 새로워졌으니 우리도 일본을 조선에 끌어들여 유신을 하자는 생각으로 일본의 경복궁 침공과 고종의 '사실상의 감금'도 용인하는 것을 우리는 공감할 수 없을 것이다. 그러나 이런 공감대와 무관하게 일본과 같이 근대화하자는 언어적 의미에만 매달린다면, 친일파들은 근대화론자들로 둔갑한다. 그래서 '갑오경장'을 추진한 친일파들의 행각에 문제는 있지만 그들이 최초로 근대화를 추진했다며 면죄부가 발부된다. 그러나 '갑오경장'의 반근대적 사이비 개혁의 내막을 정확하게 파악하고, 당대 백성들이 '갑오경장 내각'에 대해 극도의 반감과 분노를 가졌다는 사실에 공감하게 된다면, 이들에 대한 면죄부는 폐기될 것이다. '아관망명' 직후 고종이 '김홍집 친일내각'에 대한 체포령을 내렸을 때, 서울의 백성들은 김홍집과 정병하를 탈취해 격살해버렸다. 이를 두고 당시 백성들 사이에 '김홍집 친일내각'에 대한 극도의 분노와 공분의 공감대가 형성되어 있었다고 해석할 수 있다. 그러나 만약 '갑오경장'을 조선 사회의 근대화 조치로만 이해하고 당대 백성의 민심과 공감하지 못하면 이 행동에 대해 제대로 해석하지 못할 것이다. 특히, 특정 시점의 역사에 대한 해석에서 당대의 일정한 공감대에 대한 이해는 매우 중요하다.

역사에 대한 '공감적 해석'은 텍스트 이외의 것들에 대한 교감과 공감, 역사적 사건에서 벌어진 국민의 파란만장한 희로애락을 공감적으로 해석하기 때문에, 본질적으로 '비판적'이다. 즉, 백성의 기쁨과 고통, 즐거움과 괴로움, 도덕 감정, 도덕적 비난 등의 제반 감정에 공감하는 관점에서 사료를 해석하고 역사를 서술한다. 당대의 역사적 사건들이 백성의 공감대로서의 민심의 발로라면, 그것은 백성이 느끼는 당대의 감정이다(황태연 2017a, 40). 또한 말의 어감, 언어적 뉘앙스nuance가 달라지면 발화자와 필자가 전달하려는 내용은 청자와 독자의 상황과 관점에 따라 다르게 해석될 수 있다. 해석자가 발화자와 필자가 될 수 없기 때문에, 해석자는 그 진의眞意를 동일하게 이해할 수 없으므로 '공감적 해석'이 필요하다. 일례로 임진왜란 이후 백성들이 국가와 왕, 관리와 사대부들에게 느꼈을 배신감과 박탈감이라는 백성의 공감대는 조선 후기 내내 거대한 '민압民壓'으로 나타났고, 19세기에는 '민란民亂'으로 표출되었다.

본 논문은 '공감적 해석'을 통한 접근을 중심으로 하되 '일상사적 접근'도 병행한다. 역사적 사실은 당대를 살았던 사람들의 일상적 삶의 누적이라 할 수 있다. 일상의 반복은 '사건사事件史'로 연결되어, 시대사로 드러난다. 이러한 일상과 사건의 누적이 역사로 기록된다. 일상생활 세계에 대한 연구는 "시대가 규정하는 구조의 틀 속에서 사람들이 체제의 요구에 어떻게 적응하고 저항하며, 무엇을 수용하고 거부"했는지를 밝히고, "동시에 일상에서 벌어지는 인간의 행위들이 체제와 구조 자체를 변화시키고 구성"하는 과정을 파악하는 것이다(이유재·이상록 2006, 29). 이런 접근은 '아래로부터'의 역사, 즉 익명인 다수의 존재를 드러내는 데 초점이 맞춰져 있다.

신분제의 불평등과 국가적 억압에도 불구하고, 백성들은 "권력이 부과한 기존 질서의 골격을 재채용(re-employment)하고 내부적 변형을 가하며 일상적 투쟁과 저항을 실천"했다. 이 과정은 "지배집단이 부과한 체계를 이용자들이 자신의 이익과 목적에 부합하도록 무한히 변환하고 적응하는 '전유'(appropriation)의 과정"이었다(장세룡 2002, 206~209). 불평등과 억압의 대상인 대중들은 저항적 행위와 연대적 모의를 통해 지배의 의도를 전유하거나 저항하는 방식을 통해 '일상의 정치' 영역을 구축한다. 지배에 대항하는 바로 이들의 견인불발堅忍不拔의 의지가 조선 사회 근대화의 사상적 힘이었고, 근대의 경계를 넘어가는 동력이었다.

그러나 역사적 사건과 운동을 기술하는 것은 일상의 반복적인 것들을 드러내는 것으로 완결될 수 없다. 일상생활의 지속적 누적에 의해 사건사와 시대사를 이루는 부분에 대해서는 역사적 이해와 해석에 반영되어야겠지만, 무미건조한 일상생활, 일시적 유행과 풍조에 따른 일상행동, 해마다 반복되는 자연재해 같은 풍토지리적 사건들까지 기술할 이유는 없을 것이다.

그렇다고 역사적 사건과 운동에 영향을 미친 일상생활의 변화를 무의미한 것으로 모두 용도 폐기할 수는 없다. 모든 역사적 사건과 운동이 시대사적 맥락과 사상사적 맥락의 결합 속에서 전개된다는 점에서, 시대사와 사상사의 결합이 없는 역사는 '영혼 없는 역사'이거나, '역사 없는 사상'일 것이다. 마찬가지로 시대사적 맥락의 사건과 운동을 배태시킨 일상사의 변화 과정에 대한 추적, 동시에 사람들의 사상적 변동과 충격을 발생시켰던 일상사의 변화 과정에 대한 추적도 필요하다.

조선 후기 신분해방과 여성해방의 결합 양태

조선 후기 여성해방의 흐름을 추적하기 위해 세 가지의 측면에서 조선 사회의 변화를 조망할 필요가 있다. 이것은 여성해방이 조선 사회의 사상사적 흐름과 현실 제도적 측면, 백성의 사유 세계의 변화 속에서 진전되었다고 보기 때문이다. 또한 '근대화'는 "신분질서로부터 자유롭고 평등하고 대외적으로 독립적인 개인들의 연대적 공동체"를 기준으로 볼 수 있다(황태연 2016a, 122). 신분해방의 시대가 열리고 나서야 남녀평등과 여성해방은 시야에 들어온다. 그런 차원에서 공자 철학을 시대에 맞게 갱신한 동학은 신분철폐를 넘어 여성해방의 근대적 이행을 알리는 신호라고 볼 수 있다.

우선, 공자 철학의 새로운 갱신을 통해 신분철폐, 인간평등 사상을 전개한 동학의 새로운 관점에 주목할 필요가 있다. 공자는 "천하에 나면서부터 귀한 자는 없다"(天下無生而貴者也)는 인간평등론(『예기禮記』

「교특생郊特牲 제11第十一」)과 "백성은 나라의 근본"이라는 민유방본民惟邦本을 주장했다(『서경書經』 「하서夏書·오자지가五子之歌 제3第三」). 맹자도 "백성은 귀중하고 임금은 가볍다"(民爲貴 君爲輕)는 '민귀군경론'을 주장했다(『맹자孟子』, 「진심하盡心下」). 서양에서 인간평등은 근대에 들어와서야 가능한 논변이었다. 17세기 말 로크는 "어떤 인간도 자유롭게 태어나지 않았다", "우리는 모두 노예로 태어났고 우리는 계속 노예여야 한다"고 했다(John Locke 2009, 142). 그도 신분제를 인정하고 불평등을 용인했다. 서양은 미국의 독립(1776)과 프랑스혁명(1789)에 이르러서야 인간평등이 현실화되기 시작했다.

조선의 성리학적 사대부들은 완고한 신분주의자들이었으며, 실학자들도 예외가 아니었다. 반계 유형원(1622~1673)은 "신분이라 하는 것은 본래 귀천의 등급이 있는 것으로 나왔고 다시 귀천은 본래 현자와 우자의 구분에서 나왔을 따름"(柳馨遠 1994, 181)이라 했고, 정약용(1762~1836)도 "족族에는 귀천이 있으니 마땅히 그 등급을 변별"(정약용 1989, 334)해야 한다고 주장했다. 이와 달리 무명의 일반 유자儒者들에 의해 신분철폐와 인간평등의 사상이 퍼져 나갔다. 이들은 오직 공맹의 기본 경전만 읽어서 성리학적 학풍에 찌들지 않은 자유로운 '동네유생들'이었다(황태연 2018, 272~273, 366~368). 이들은 공맹 철학의 원전에 입각한 사유 세계를 가지고 있었으며, 따라서 신분질서를 옹호하는 성리학자들·실학자들과 달리 신분철폐와 인간평등의 새로운 가능성을 알고 있었다. 이런 흐름의 연장선상에서 동학은 성리학적 신분제를 거부하고 신분철폐, 인간평등을 주장한 것이다.

둘째, 근대화가 사상적 측면에서 인간의 자유와 평등을 주장하는 것, 제도적으로 신분철폐를 실천하는 것이라면, 백성의 압력에 대한 국왕의 수용과 동학을 중심으로 한 백성의 신분철폐 투쟁으로 나타난 것이 인간평등과 신분해방이었다. 18세기 조선 사회의 농업 생산력 증대와 상공업 발달은 신분구조의 전반적인 변화로 나타났다. 이에 따라 노비는 축소되고 양반이 증가하면서 백성의 힘은 강화되었다. 조선 시대 내내 신분차별 없는 해방의 세상에서 살고 싶다는 백성의 염원은 면면히 이어졌다. 현실에서 벌어지는 신분적 차별과 지배의 억압으로부터 벗어난 새로운 세상에 대한 희망은 백성들에게 절실했고, 이 염원은 '개벽사상開闢思想'으로 나타났다. 현실의 모순을 극복하는 방편으로 새로운 세상의 도래를 희망했으며, 그 세상을 가져올 진인眞人의 출현을 갈망했다(노길명 2008, 200). 개벽사상에는 현재적 압제와 모순을 극복하기 위한 백성의 삶과 사상이 응축되어 있었다.

이에 영조와 정조는 민압을 수용하여 새로운 국가 시스템을 구축하려 했고, 그것이 바로 '민국정체民國政體'다(이태진 2005, 194; 한영우 2010, 391~397; 황태연 2018, 571~655). '민국民國'이라는 새로운 정치의식은 18세기에 발전했으며, 국왕은 사대부가 아닌 백성과의 직접 소통을 통해 운영되는 국가 시스템을 구축하려고 했다. 영조는 소민小民을 위한 각종 정책을 추진했고, 백성과의 직접 소통을 위해 격쟁擊錚과 상언上言을 확대했다. 노비를 근대적 임금노동자(雇工)로 전환시키기 위해 노비제도 혁파를 추진했으며, 서얼통청庶孼通淸·서얼허통庶孼許通의 확대를 통해 신분적 차별을 축소했다. 정조는 영조의 뜻을 이어 서얼허통의 확대, 상공업 세력의 육성 등을 통해 시민 세력의 출현을 기대했으며, 국왕과 백성의 결합에 의한 '봉건 세력' 견제와 이를 통한 정치·사회개혁을 시도했다(김용흠 2006, 200~201). 이러한 흐름은 1801년 순조의 내노비內奴婢와 시노비寺奴婢 해방으로 나타났다.[1] 1882년 고종은 서북인西北人, 송도인松都人, 서얼庶孽, 의원醫院, 역관譯官, 서리胥吏, 군오軍伍들도 현직顯職에 통용하도록 함으로써 인재등용의 문을 넓히고 신분의 벽을 부분적으로 허물었고,[2] 뒤이어 인재등용에 귀천의 구별을 두지 말 것을 유시論示했다.[3] 그리고 1886년 고종은 절목節目을 공포하여 노비해방을 단행했으며,[4] 1898년 대한제국 시기에는 인재 등용의 모든 차별을 철폐했다.[5]

셋째, 향촌 지배구조의 변화와 함께 지속적으로 성장한 백성들은 상언과 격쟁, 민소民訴와 민장民狀을 통해 국가에 압력을 가했고, 급기야 임술민란과 동학농민봉기 등을 통해 새로운 세상을 요구했다. 이 흐

---

1 『순조실록純祖實錄』 순조 1(1801)년 1월 28일.
2 『고종실록高宗實錄』 고종 19(1882)년 7월 22일.
3 "지금 통상通商과 교섭交涉을 하고 있는 이때에 관리나 천한 백성의 집을 막론하고 다 크게 재화財貨를 교역하도록 허락함으로써 치부致富를 할 수 있도록 하며, 농農·공工·상고商賈의 자식도 학교에 들어가는 것을 허락하여 다 같이 진학하게 한다. 오직 재학才學이 어떠한가만을 보아야 할 것이요, 출신의 귀천貴賤은 따지지 말아야 할 것이다"[『高宗實錄』 고종 19(1882)년 12월 28일].
4 『高宗實錄』 고종 23(1886)년 3월 11일.
5 "초야에 숨어 사는 빈한한 선비라도 진실로 한 가지의 재주와 한 가지의 능력이라도 시무時務에 적합하다면 의정부議政府에서 모두 등용함으로써 짐이 목마른 듯이 잘 다스리기를 구하는 기대에 부응하도록 하라"[『高宗實錄』 고종 35(1898, 광무 2)년 6월 25일].

름은 동학농민군의 '폐정개혁弊政改革 12개조'에 신분철폐와 여성해방의 구체적 실천 방안으로 등장했다(오지영吳知泳 1940, 126~127). 이처럼 신분철폐는 백성들의 강력한 열망과 실천, 그리고 국왕의 수용에 의해 가능했다. 신분철폐와 청춘과부 재가 허용은 시대적 과제였고, 동학이 주장함으로써 사회의 핵심 의제로 등장했다.

18세기 조선 사회에서 준양반의 지위를 획득한 부류는 각자의 지위에 맞는 사회적 역할을 추구했고, 평민과 천민들은 지역 공동체의 질서에 의해 제약받는 신분의 장벽을 벗어나려고 행동했다. 18세기 후반부터 민중의 결집체로서 '향회'가 중심으로 등장했고, 동시에 '요호饒戶'층이 확대되었다. 향회는 민의 새로운 자치기구로서의 역할을 담당하기 시작했다. "초기에 향회는 단순히 여론의 참작 정도에서 비롯되었지만 점차 지방통치의 대부분을 수령이 향회의 논의나 동의하에 수행해야 할 만큼 그 기능이 다양해지고 역할이 커졌다"(안병욱 1987, 154~156). 향회는 사대부나 양반만의 전유물에서 서얼과 중인, 평민 등이 참여하는 형태로 성격이 변화되어갔다. 이 향회는 19세기 농민항쟁 당시에 주도적인 역할을 했는데, 그 주도 세력은 소민이었으며, 백성들의 여론을 모으는 민회적 성격으로 변화되었다(이영재 2015, 94).

이렇듯 조선 사회에서 신분철폐와 여성해방은 동학에 의한 공자 철학의 새로운 갱신, 국왕의 민압 수용과 신분철폐 조치, 동학을 중심으로 한 인간평등과 여성해방 추진에 의해 실천되었다. 신분적으로 자유롭고 평등한 백성의 등장은 '낮은 근대'에서 '높은 근대'로의 이행을 보여주는 증표다. 이 자유롭고 평등한 백성은 최초에 신분상 자유로운 남성의 등장으로 시작하여 여성으로 점차 확대된다. 일거에 남성과 여성이 자유롭고 평등한 백성으로 등장한 사례는 거의 없다. 따라서 조선 사회에서 여성해방은 신분차별 철폐 이후에 주요한 사회적 문제로 등장한다.

3. 동학의 인간평등과 신분해방 사상

조선 사회에서 인간평등과 여성해방의 문제를 근본적으로 제기한 것은 동학이었다. '서학'의 부분적 영향도 있었지만, 동학은 여성해방에 대한 혁명적 근대성을 담고 있었다. 동학은 역성혁명적 왕조 교체설의 개벽사상에 영향을 받았으며, 민중이 갈구하는 신분해방·인간평등의 세상을 주창했다. 이후 서서히 일군만민체제一君萬民體制의 이념이 담긴 순수한 국왕중심주의인 '신존왕주의新尊王主義'의 영향을 받았다.

'신존왕주의'는 대외적으로 "임진·병자 양란에 대한 기억 속에서, 그리고 영불 연합국에 의한 북경 함락(1860)과 이양선의 출몰로 표현된 서세동점의 문명위기 속에서 중국·일본·서양에 대한 강한 방위의식", 대내적으로 "임금의 눈 귀를 막고 제 이익을 취하는 데 급급한 중앙과 지방의 세도가적 권귀權貴, 즉 수령·이향과 세도가들의 세도정치를 배격"하는 태도, 그리고 "반상·적서·양천, 나아가 중앙사족과 향촌사족, 권문세가와 일반사족의 차별을 낳는 봉건적 신분제도"의 철폐라는 신분해방의 열망이 결합된 것이었다. 따라서 '신존왕주의'를 통한 왕권의 강화는 필연적으로 각종 신분차별의 철폐로 귀결된다(황태연 2017a, 158~159).

동학의 인간평등사상

이러한 신분해방과 인간평등의 흐름은 동학으로 이어졌다. 수운 최제우는 '한울님'은 "자기 안에 모셔져 있는 존재이므로 신분과 남녀노소의 구별과 차별 없이 누구나 동학의 가르침대로 수련하면 한울님과의 일체를 경험할 수 있다"고 했다(최문형 2005, 215). 그는 「교훈가」(1861)에서 "부하고 귀한 사람 이전 시절 빈천이오. 빈하고 천한 사람 오는 시절 부귀로세"라며 신분 차별 없는 인간평등 세상의 도래를 얘기했다(표영삼 2004, 151~156).

동학교도들 간에는 신분차별도 남녀차별도 없었다. 「도남서원통문道南書院通文」(1863. 12. 1.)에는 "하나같이 귀천의 차등을 두지 않고 백정과 술장사들이 어울리며 엷은 휘장을 치고 남녀가 뒤섞여서 홀어미와 홀아비가 가까이하며 재물이 있든 없든 서로 돕기를 좋아하니 가난한 이들이 기뻐한다"(一貴賤而等威無別 則屠沽者往焉 混男女而帷薄爲設 則怨曠者就焉 好貨財以有無相資 則貧窮者悅焉)고 적혀 있다(최승희崔承熙 1986, 440). 동학교도들은 귀천·빈부의 차등을 두지 않고 서로 어울리고 존중했으며, 남녀도 상호 존중했다.

수운의 뒤를 이은 해월 최시형은 인간평등의 차원에서 신분철폐와 적서차별 철폐를 강조했다. 수운 선생의 탄신기념일(1865. 10. 28.)에 해월은 "인人이 내천乃天이라. 고로 인은 평등하여 차별이 없나니 인이 인위로써 귀천을 분分함은 한울님 뜻에 어긋나는 것이니라. 우리 도인들은 일체 귀천의 차별을 철폐토록 하여 스승님의 본뜻에 따르도록 하자"고 촉구했다(『천도교서天道教書』 1962a, 220). 또한 수운 선생이 돌아가신 제2주기(1866. 3. 10.)에 해월은 "양반과 상놈을 차별하는 것은 나라를 망치게 하는 일이요, 적자와 서자를 구별하는 것은 집안을 망치는 일이니 우리 도인들은 앞으로 적서의 차별을 철폐해야 한다"고 강조했다(『天道教書』 1962a, 220).

동학을 창도한 수운부터 해월까지, 인간평등, 신분철폐, 여성해방은 동학의 기본적인 세계관이었다. 1891년 3월, 김낙삼金洛三이 호남 좌우도 16포包 도인 100여 명을 인솔하고 해월에게 호남좌우도 평의장을 노비 출신인 남계천南啓天으로 정한 것에 대해서 인정할 수 없다고 하자, 해월은 다음과 같이 말했다.

오도吾道는 5만 년五萬年 개벽開闢의 운運을 승乘하야 무극대도無極大道를 창명刱明한지라. 문지저앙門地低昂과 노소등분老小等分은 국견局見의 미습迷習이니 어찌 논論하리오. 비록 문지가 비징卑徵한 자者라도 두령頭領의 자격資格이 유有하면 그 지휘指揮를 일준一遵하여서 도리道理를 창명彰明함이 가可하리라(『天道教書』 1962b, 302).

문벌을 따지거나 노소를 나누는 것은 짧은 생각의 나쁜 악습이니 논할 이유가 없고, 능력과 자격이 있으면 그런 사람이 두령의 역할을 하면 된다는 것이다. 수운의 뜻에 따라, 수운의 순도殉道 이후 해월은 인간평등·신분철폐·여성해방을 공표했으며, 1891년에 다시금 반상차별과 적서차별 등 신분차별 철폐와 인간평등 및 여성해방을 천명했다.

동학의 근대적인 해방의 관점은 유럽과 비교해도 절대 뒤처지지 않는 것이며, 오히려 빠른 시점에 근대의 해방 정신을 담고 있었다. 조선의 역사에서도 고종의 조치보다 20여 년 앞선 것이며, '근대화의 시작'이라고 역사학자들이 주장하는 1894년 '갑오경장'(갑오사이비개혁)보다도 30여년 이상 앞선 것이다. 신분차별의 문제와 관련해서는 정조의 유언을 실천한 1801년 순조의 공노비 해방 조치 이후 60여 년 만에 동학에서 신분해방의 기치를 집단적으로 들어올린 것이다. 서재필徐載弼(1864~1951)의 자서전에도 동학의 신분해방의 모습이 아래와 같이 기록되어 있다.

> 그[최제우 - 인용자]의 앞에는 양반도 없고, 상놈도 중인도 백정도 종도 없었다. 그리하여 그를 믿는 제자들 간에는 귀천의 계급이란 조금도 인정되지 않았다. 서로 평등이요, 서로 형제였다. 계급제가 엄격하던 그때에 상놈이 양반과 만나 서로 절을 하고 서로 형제라 부르며 서로 '하우'를 하니 될 말이냐고 비난 공격이 많았지마는, 오랫동안 양반계급에 눌리어 살던 그들에게 그러한 공격쯤은 당초부터 문제가 아니었던 것이다(김도태 1972, 208).

동학농민전쟁과 신분해방

동학의 인간평등, 신분철폐, 여성해방은 동학농민전쟁으로 이어졌다. 1894년 음력 4월 9일 고창현에서는 동학교도 수천 명이 감옥을 부수어 죄수를 석방하고 무기를 빼앗았는데, 특히 호적 서류를 약탈했다(황현 1994, 83). 호적을 약탈했다는 것은 신분 기록을 없앴다는 것으로 당시 농민봉기의 중요한 이유 중에 하나가 신분철폐였음을 알 수 있다.

동학에 대한 백성들의 지지는 상당했던 것으로 보인다. 백성들은 동학이 봉기하여 모든 해독을 없애준다는 이야기, 동학농민군에 의해 성과 고을이 함락된 것에 대해 기뻐했다. 여기에 더해 동학이 패했다는 소식이 전해져도 백성들이 믿지 않았다고 하니(황현 1994, 97), 당시 동학에 대한 백성들의 기대와 신뢰를 알 수 있다. 동학농민군은 '폐정개혁안'을 통해 새로운 해방의 세상을 요구했다. 특히, 신분철폐를 통한 평등 세상에 대한 희구는 대단했다.

"노비와 주인이 함께 입도한 경우에는 또한 서로를 접장이라 불러 마치 벗들이 교제하는 것 같았다. 이런 까닭에 사노비와 역참에서 일하는 사람, 무당의 서방, 백정 등과 같이 천한 사람들이 가장 좋아라 추종하였다." 또 "부자들을 위협하고 양반을 모욕하고 관리를 꾸짖고 욕하며 구실아치와 군교들을 결박"하는 등 '쌓인 원한과 굴욕'을 마음껏 풀어냈다. 그래서 "오직 양반들만이 죽는 한이 있어도 들어가지 않았고, 동학을 피하여 사방으로 흩어졌다"(황현 1994, 129~130).

따라서 폐정개혁의 요구를 당시 '김홍집 친일내각'에서 대폭 수용할 수밖에 없었다. "군국기무처는 처음에 동학농민군의 폐정개혁 요구를 충족시켜 주는 개혁의안을 채택함으로써 민심을 수습코자 했다. (…) 군기처의 의안 중 20여 건은 바로 재기再起한 동학농민군의 회유 및 진압책과 관련된 것이다. 군기처는 갑오경장 초두에 일련의 평등주의적인 사회개혁을 선언함으로써 민심을 수습코자 했다"(유영익柳永益 1997, 147).

김홍집 친일내각의 군국기무처에서는 당시 상황 수습을 위해 동학농민군의 폐정개혁 요구를 수용할 수밖에 없었고, 이 수습책을 통해 사태를 무마하려고 했다. 김홍집 친일내각이 동학농민군의 요구를 수용했다는 것은 "신분해방·과녀寡女 재가 자유허용 조항을 동학농민군의 폐정개혁 요구, 즉 오지영의 『동학사』에 실린 '폐정개혁 12개조'의 반상·천민신분·노비 해방 및 청춘과부 개가 허용 조항들을 가져와 갑오경장의 개혁의안에 반영했다는 말이다"(황태연 2017a, 299~300). 따라서 동학과 동학농민군이 조선의 근대화를 추동한 근본적 힘이었음은 김홍집 친일내각에 의해서도 증명된다. 신분철폐와 여성해방을 통한 인간평등의 세상을 요구하는 백성의 요구는 '시대정신'이었으며, 근대화의 사상적 힘이었던 것이다.

동학농민전쟁 기간 동안, 노비들은 주인을 '협박'하여 노비문서를 불태우고 면천을 강요했고, 양반들은 화를 피하기 위해 노비문서를 불태웠다. 노비문서를 불태우는 등의 행동은 단지 분풀이 방식만은 아니었던 것으로 보인다. "백정이나 재인들 또한 평민이나 양반과 더불어 평등한 예를 행"했다는 것에서 동학의 이상을 실현하기 위한 방편으로 활용된 측면도 있었다. 이들은 "서로 대하는 예가 매우 공손하였으며 신분의 귀천이나 나이에 상관없이 평등한 예"로 대했다(황현 1994, 231~232).

그러나 동학과 백성에 의해 만들어진 근대화는 김홍집 친일내각에 의해 반동화되었다. 즉, 1894년 8월 10일(양력 9월 10일)에 발표한 '관문關文'(하달 공문)을 통해 개혁조치라고 스스로가 주장했던 공사노비제의 혁파와 인신매매 금지 조항은 유명무실화되었다. 관문을 내건 이유는 김홍집 친일내각의 입장에서 노비들의 신분철폐 투쟁이 지나치게 발생할 것을 억제하기 위함이었다. 그 내용은 다음과 같다.

> "공사 노비제를 일절 혁파하고 인신매매를 금할 것"이라는 1조는 곧 체휼지의體恤之意였다. 이는 양민을 눌러 천민으로 만들어 세세토록 노비역을 지게 하는 것을 금지한 것이고, 일찍이 팔린 자들(曾所販賣者)을 논하는 것이 아니다. 근일 세간에서 무뢰배들이 그 본의를 깨닫지 못하고 이것을 빙자하여 폐단을 일으켜 반상이 서로 어긋나 사류士流가 그 체모를 보존할 수 없고 서민이 감히 상민의 분수를 범한다. (…) 노비가 주인을 능멸하는 것이 허다하다는 것과 패륜 행동의 소문이 계속 들려오고 있다. 참으로 통탄스럽고 놀라운 일이다(「관초존안關草存案」 1992[갑오甲午 팔월 십일八月十日], 218~219).

개혁조치라고 주장했던 신분철폐는 '관문'을 통해 스스로 허구였음을 자인하고 있다. 반상에 어긋나는 행동을 하는 자들은 '무뢰배'로, 주인을 능멸하는 노비는 '패륜'으로 규정했다. 노비제 혁파를 반쪽짜리로 만들어버린 것이다. 따라서 소위 '갑오경장'의 신분철폐 등을 통한 개혁조치는 조선 사회의 근대화가 아니라, 김홍집 친일내각에 의한 반개혁적 조치였다.

이러한 왜곡 조치를 바로잡고 신분철폐를 확실하게 실천한 것은 대한제국 시기 고종에 의해서였다. 따라서 신분철폐는 고종이 1880년대부터 추진해온 노비해방과 동학농민군의 신분해방 운동으로 이어져, 대한제국 시기에 완성되었다. 특히, "광무 연간의 실질적 신분해방 조치와 탈신분적 공직등용 정책 덕택에 대한제국기에는 서자나 중인, 병졸과 하급 장교, 변방의 양민·천민 출신들이 명문가문 후예들을 밀쳐내고 근왕직勤王職에 참여하는"일이 보편화되었다(황태연 2017b, 591).

4. 동학의 여성해방사상

수운의 여성해방사상

수운은 득도 이후 최초의 포교 대상을 자신의 부인으로 삼았다. 또한 수운은 자신의 여종 두 명을 며느리와 수양딸로 삼아 인간 평등을 몸소 실천했다. 이런 실천을 행할 수 있었던 것은 동학이 남녀 모두를 평등하게 한울님으로 보는 것에 근거했다. 그래서 무엇보다도 여성 포교와 여성해방 문제를 중시했다. 수운의 '가화론家和論'은 "인간 도리의 근본은 부부를 둘러싼 가족에서 출발되는 것이며 부부는 어디까지나

서로 협조하는 수평적 관계여야 한다는 것이다." 또한 "유교적 속박 속에서 억눌려왔던 여성들에게 새로운 삶의 의미를 찾게 했다. 여자에 대한 포학과 압제의 상징이었던 시부모와 남편으로부터 한울님 모시는 똑같은 인간이라는 대우를 받을 수 있다는 놀라운 사실을 알게 되었다. 또한 부녀들도 일도一道하여 수련하기만 하면 도성덕립道成德立의 군자가 될 수 있다는 평등관을 갖게 했다. 이것은 인간 존엄성에 대한 위대한 각성이며, 또한 여성해방의 높은 기치이기도 하다"(박용옥 2001, 147~150).

수운은 여성에 대한 동학의 포덕을 강조했다. 「안심가安心歌」에서 "거룩한 내 집 부녀 이 글 보고 안심하소 (…) 거룩한 내 집 부녀 자세 보고 안심하소"(표영삼 2004, 143~147)라며, 여성을 '거룩한' 존재로 격상시켜 여성에 대한 포덕을 중시했다. 또한 여성들이 글 읽기를 게을리하지 말 것을 강조했다. 수운은 그의 양딸이 된 주씨朱氏에게 "늘 글을 배워라"라고 얘기했다(김기전金起田 1928, 16. 김경애 1984, 176에서 재인용).

이와 함께 수운은 1861년의 「도수사道修詞」에서 "수신제가 아니하고 도성입덕 무엇이며 삼강오륜 다 버리고 현인군자 무엇이며 가도화순家道和順하는 법은 부인에게 관계하니 가장이 엄숙하면 이런 빛이 왜 있으며 부인 경계 다 버리고 저도 역시 괴이하니 절통코 애달하다"라며, 남성들의 여성에 대한 새로운 자세와 태도를 주문하고 있다(김용휘 2012, 215). 가도의 화순에는 부인의 역할이 크고, 도를 얻기 위해서는 가화家和가 필수적이며, 따라서 남편들이 성의를 다하여 부인을 공경할 것을 강조하고 있다(황묘희 1998, 107). 즉, 수운의 여성관은 "사회의 제반 구조에서 소외당했던 여성들의 고통을 남성들이 자각케 하여 여성도 평등한 인간으로서 가족의 중심 구성원이며, 무엇보다 여성의 평온은 곧 가화의 근본이 됨을 인식하는 것"이다(김미정 2006, 366).

이처럼 수운은 부녀와 그 외 농민 대중이 쉽게 읽을 수 있도록 가사체의 「안심가」, 「교훈가」, 「도수사」 등을 순 국문으로 지어서 널리 읽히게 했다(박용옥 1981, 120). 이런 노력으로 동학을 포교한 지 3년 만에 "경주慶州 부근읍附近邑에서는 비록 점사店舍의 부녀婦女나 산곡山谷의 아동兒童까지라도 시천주侍天主를 염통念通치 않는 자者가 없다"(오지영 1940, 20)고 할 정도로 교세가 확장되었다. 평범한 여성들도 동학의 사상을 접하고 여성도 한울님이라는 생각의 변화가 발생했음을 알 수 있다.

해월의 여성해방사상

여성해방의 문제를 더욱 적극적으로 제기하고 실천한 것은 해월이었다. 1867년 "나는 비록 부인婦人 소아小兒의 말이라도 또한 배울 것은 배우며 쫓을 것은 쫓나니 이는 모든 선善은 다 천어天語로 아미니라"라며, 인간평등뿐만 아니라 여성해방과 어린이 존중까지 제기했다(오지영 1940, 45). 『해월신사법설海月神師法說』의 「부화부순夫和婦順」에서는 "부화부순은 우리 도의 첫째가는 종지"이며, "남자는 한울이요 여자는 땅이니, 남녀가 화합치 못하면 천지가 막히고, 남녀가 화합하면 천지가 크게 화하리니, '부부가 곧 천지'란 이를 말한 것이니라"고 밝히고 있다.[6] 부부와 남녀의 화목이 동학의 근본이며, 부부의 화목이 바로 천지이고 도의 근본임을 밝힘으로써, 인간해방·여성해방이 동학의 핵심임을 천명한 것이다.

『해월신사법설』의 「대인접물待人接物」에는 다음 구절이 나온다. "내가 청주읍을 지나다가 서택순의 집에서 그 며느리의 베 짜는 소리를 듣고 서 군에게 묻기를, '저 누가 베를 짜는 소린가' 하니, 서 군이 대답하기를 '제 며느리가 베를 짭니다' 하는지라, 내가 또 묻기를 '그대의 며느리가 베 짜는 것이 참으로 그대의 며느리가 베 짜는 것인가' 하니, 서 군이 나의 말을 분간치 못하더라. 어찌 서 군뿐이랴. 도인의 집에 사람이 오거든 사람이 왔다 이르지 말고 한울님이 강림하셨다 말하라고 했다."[7] 여기에는 두 가지의 뜻이 있는데, 하나는 며느리도 한울님처럼 대하라는 것이며, 또 하나는 노동을 천시하는 잘못된 태도를 고치기 위함이다(표영삼 2005, 130). 해월은 천시받고 있는 여성인 며느리와 노동을 대하는 태도에 대해 말한 것이며, 이것이 바로 '천주직포설天主織布說'이다.

해월은 「부인수도婦人修道」에서 부인수도를 장려하는 이유에 대해 "부인은 한 집안의 주인이니라. 음식을 만들고, 의복을 짓고, 아이를 기르고, 손님을 대접하고, 제사를 받드는 일을 부인이 감당하니, 주부가 만일 정성 없이 음식을 갖추면 한울이 반드시 감응치 아니하는 것이

---

6 夫和婦順吾道之第一宗旨也. (⋯) 男乾女坤 男女不和則天地不塞 男女和合則天地泰和矣 夫婦卽天地者 此之謂也(천도교중앙총부 1986, 149~150).
7 余過淸州徐垈淳家 聞其子婦織布之聲 問徐君曰「彼誰之織布之聲耶」徐君對曰「生之子婦織布也」又問曰「君之子婦織布 眞是君之子婦織布耶」徐君不卜吾言矣 何獨徐君耶 道家人來 勿人來言 天主降臨言(천도교중앙총부 1986, 75).

요, 정성 없이 아이를 기르면 아이가 반드시 충실치 못하나니, 부인 수도는 우리 도의 근본이니라. 이제로부터 부인 도통이 많이 나리라"며, 부인을 한 집안의 주인으로 규정하고 앞으로 동학의 도를 깨달은 여성들이 많이 나올 것이라고 예언하고 있다. 여성에 대한 적극적인 포교 의지와 함께 여성해방에 대한 해월의 생각을 읽을 수 있다. "이것은 '일남구녀一男九女'를 비比한 운이니, 지난 때에는 부인을 압박하였으나 지금 이 운을 당하여서는 부인 도통으로 사람 살리는 이가 많으리니, 이것은 사람이 다 어머니의 포태 속에서 나서 자라는 것과 같으니라."[8] 해월은 이전까지는 여성이 억압받았던 시대였으나 앞으로는 동학에 도통한 여성들에 의한 '후천개벽後天開闢'의 세상이 열릴 것이라고 예언하고 있다. 그 이치는 사람이 모두 어머니의 포태 속에서 태어나고 어머니의 사랑으로 자라나는 이치와 같다고 했다. 이는 동학이 '모정주의'(maternalism) 사회를 지향한다는 점을 보여주는 것이다. 또한 "해월은 머지않은 미래 사회에는 남녀동권이 이루어지고 여성 능력이 사회발전에 크게 기여할 것"이라고 예언하고 있다. "부인도통으로 활인活人한다는 것은 여성의 사회 활동을 뜻한 것이다. 해월은 서구의 남녀평등 사상의 영향과 전혀 무관하게 여성개화사상을 제창한 진정한 여성운동의 선험자先驗者라 하지 않을 수 없다"(박용옥 2001, 128).

---

8 婦人家之主也 爲飮食 製衣服 育嬰兒 待賓 奉祀之役 婦人堪當矣 主婦若無誠而俱食則 天必不感應 無誠而育兒則兒必不充實 婦人修道吾道之大本也 自此以後婦人道通者多出矣 此一男九女而比之運也 過去之時婦人壓迫 當今此運 婦人道通 活人者亦多矣 此人皆是母之胞胎中生長者如也(천도교중앙총부 1986, 152).

수운 최제우에 의해 창도된 동학은 인간평등·신분철폐·여성해방의 가치 실현을 통해 '대동 평등' 세상을 실현하려고 했으며, 궁극적으로 어머니의 사랑이 실천되는 세상인 '모정사회'를 지향했다. 동학은 세계 사적으로 상당히 이른 시점에 근대성을 내장하고 있었으며, 미래 사회의 모형인 '모정사회'를 지향했다는 점에서 선진적이었다. 특히, 여성해방을 남성인 수운과 해월이 주장했다는 것은 혁명적이라 할 수 있다.

18세기 서양은 남녀평등의 불모지였다. 18세기 루소는 "남성이 불공평한 차별을 하고 있다고 여성이 불평을 한다면 여성의 잘못이다. 이 차별은 인간이 만든 것이 아니"라고 논변했다(J. J. 루소 2011, 521). 칸트도 여성이 "남성에 비해 열등한 존재이며 타인 의존적"이어서 "남성이 자신들의 보호자가 될 것을 요구"한다고 주장했다(Schroeder 1997, 287, 임화연 2004, 328에서 재인용). 이 와중에 영국의 울스턴크래프트(Mary Wollstonecraft, 1759~1797)는 여성으로서 여성의 교육적·사회적 평등을 주장했다. 18세기 조선 사회에서도 임윤지당任允摯堂(1721~1793)과 강정일당姜靜一堂(1772~1832) 같은 여성들이 저술을 통해 남녀평등을 주장했다. 임윤지당은 "나는 비록 부인이지만, 하늘에서 받은 성품은 애당초 남녀의 차이가 없다"(이영춘 2006, 149)고 주장했고, 강정일당은 "비록 부인들이라도 큰 실천과 업적이 있으면 성인의 경지"(박현숙 2004, 63)에 이를 수 있다고 생각했다.

서양에서 남성에 의한 여성해방이 주장된 것은 1869년 존 스튜어트 밀John Stuart Mill의 『여성의 종속』(*The Subjection of Women*) 출간을 통해서였다. 이 책은 부인이었던 해리엇 테일러(Harriet Taylor Mill,

1807~1858)의 직접적인 영향 속에서 저술된 것으로 알려지는데, 1840
년 이후 밀의 출판물은 해리엇과의 '합동작품'이었기 때문이다(앨리스 S.
로시 1986, 214). 서양 사회에서 이 책은 상당히 중요한 의미를 갖고 있
으며, 20세기 후반에 이르러 여성해방과 남녀평등이 상식적 문제로 사
회의 시야에 들어오기 전까지 남성에 의해 쓰인 독보적인 저작이었다.[9]

동학의 여성해방 실천

동학을 창도한 수운은 여성해방을 삶 속에서 실천했다. 수운은 득도
이후 자신의 여종을 며느리와 수양딸로 삼았고, 동학교도들은 "엷은
휘장을 치고 남녀가 뒤섞여서 홀어미와 홀아비가 가까이하며 재물이
있든 없든 서로 돕기를 좋아"했다. 조선에서는 학문적·이론적 영역보
다는 삶의 현장에서 남녀평등과 여성해방 문제가 서서히 실천되었다.

동학농민전쟁은 주로 남성의 목소리와 행동만 남아 있다. 그러나 동
학의 신도이며 지주-소작 관계에서 억압받았던 여성들도 전쟁의 주체
였다. 직접적인 전쟁 주체로 참여한 기록들이 적지만 남아 있다.[10] 또한

9 "『여성의 예속』이 출판된 지 100년이 지났으나, 아직까지도 여성의 지위에 관
  한 지적知的 분석과 성적性的 평등을 보장하기 위한 정치적 행동을 끌어내려
  는 호소로서는 거의 유일한 것으로 남아 있다. 그런 종류의 책은 1869년 이전
  에는 출판되지 않았고, (…) 그리고 『여성의 예속』은 그 가운데 첫 번째 작품으
  로서, 남성에 의해 쓰여진 유일한 작품으로서 특히 흥미롭다고 할 수 있다"(앨
  리스 S. 로시 1986, 172).
10 『주한일본공사관기록駐韓日本公使館記錄』 6권, 각지동학당各地東學黨 정토
   征討에 관한 제보고諸報告 이二, 동학당정토약기東學黨征討略記(1895년 5
   월). 국사편찬위원회 한국사 데이터베이스.

동학 접주의 부인은 연좌제 대상자였으며, 반역죄인 취급을 받으며 문초와 고문을 당했다(박상란 2017b, 55; 박상란 2015, 11~12). 동학군의 후방부대, 연락부대로서의 역할, 전쟁 패배 이후 수습의 역할까지 담당했다(박상란 2015, 36~37). 즉, 전쟁 과정에서 여성들은 반일반봉건反日反封建 과제를 수행한 주체였다.

이와 함께 당대 여성을 억누르는 근본적 모순의 철폐에도 나섰다. 그것은 동학농민군이 '폐정개혁안'에 제시한 '청춘과부 재가再嫁 허용'이었다. 이 당시 여성들의 가장 큰 문제는 청춘과부 재가 문제였다. "과부의 재가 자유는 사회적 원한의 소리가 높았기 때문에 허용된 것이기도 했지만, 농민군에 참가했던 여성들이 싸워 얻어낸 측면도 있다"(조경달 2008, 236). 이런 시대적 상황을 반영하여 동학농민군은 "청춘과부는 개가改嫁를 허許할 사事"를 제시했다(오지영 1940, 127). 동학농민군은 동학교도와 백성들에게 가장 큰 폐단이 무엇인지 광범위하게 의견을 청취했고, 여성들의 바람이 무엇인지 정확히 알았던 것이다.

이런 요구는 김홍집 친일내각의 '갑오경장'에 담겨졌지만, 이내 후퇴해버렸다. 과부가 개가를 하고 말고는 개인의 자유이니, 누구도 개가를 해라 말라 강요하지 말고 자유의사에 맡기라는 '관문'을 내린 것이다(「關草存案」 1992[甲午 八月十日], 218~219). 조선 시대 400여 년간 성리학적 규범에 의해 과부의 재혼이 금지된 상황에서 재혼을 허가했으니, 과부들은 재혼의 가부를 자신의 의지에 따라 결정하라는 것이다. 그래서 당시 개가 허가 조치와 함께 개가를 하지 않은 자들에 대한 처벌법도 동시에 시행해야 한다는 의견이 나왔던 것이다. 개가를 허용하는 사회적 분위기의 형성과 함께 과부들에게 적극적으로 개가를 강권하지 않는다면 어느 누구도 쉽게 개가하기 어려웠을 것이다. 하물며 10~20대까지의 청춘과부들에게 개가가 더욱 어려웠다는 것은 당연하다. 뒤이어 박영효는 1895년 3월 10일 내무아문 훈시를 통해 "과부를 위협하여 개가시키는 짓을 금할 것"을 명했다.[11] 청춘과부들이 개가를 통해 새로운 삶을 살아가야함에도 정부가 나서 오히려 내무훈시로 재혼을 완전히 봉쇄해버린 것이다.

과부의 개가를 '자유'의사에 맡긴 지 6년여가 흘러도 상황은 전혀 호전된 것으로 보이지 않는다. 청춘과부의 개가는 허용되었으나 현실에서 작동하지 않았다. 이를 타개하기 위해 민치헌은 고종에게 상소를 올렸고, 고종이 재가를 하면서 실질적인 조치가 취해졌다. 그 내용은 10~20대 과부들은 일반 혼례와 똑같이 하고, 20~40대는 재혼·삼혼 예식으로 진행하자는 것이었다. 10~20대 과부들은 첫 결혼과 같은 방식으로 진행을 하니 주변의 눈치를 볼 필요가 없을 것이다. 이런 고을 단위의 사회적 노력을 통해서 온 나라에 퍼지게 하면, 남편이 없어 슬퍼하는 여자도 없고, 아이가 없어 슬픈 여자도 없을 것이라고 상소한 것이다.[12] "이 상소문은 분명 군기처나 박영효의 재가 강요·협박 금지 요구와 달리 '끝내 고집하면서 다른 사람에게 시집가지 않으면 꼭 뜻을 빼앗지 말고' 또 '강요협박을 엄금하되', 실질적으로 '부모는 권하고 이

---

11 『高宗實錄』, 고종 32(1895)년 3월 10일.
12 『高宗實錄』, 고종 37(1900)년 11월 30일.

웃은 깨우쳐주어야 한다'고 말하고 있다. 박영효의 본의는 과부의 재가 '자유'를 말하면서 '자유의 이름'으로 '부모와 이웃의 권고와 계몽'의 도덕적 의무까지 분쇄해버리는 데 있었던 것이다"(황태연 2017a, 392).

최종적으로 고종이 민치헌이 "청한 대로 의정부와 중추원에서 품처하라고 명"함으로써 과부 재가 문제는 진전될 수 있었다. 이렇듯 청춘 과부의 재가 문제를 해결하는 것이 쉽지 않았다. 그것은 일제 강점기까지 청춘과부 재가 문제가 여전히 지속되었다는 것에서 알 수 있다.[13]

5. 나가며: 동학과 여성해방

조선 시대 인간평등에 기초한 남녀평등 주장은 동학의 창시자 수운 최제우로부터 본격적으로 시작되었다. 수운은 신분해방과 남녀평등의 차원에서 자신의 여종을 며느리와 수양딸로 삼았고, 수운의 뒤를 이은 제2대 교주 해월 최시형은 동학에 도통한 여성들에 의한 '후천개벽' 세상이 올 것이라고 예언했다. 동학의 인간존중과 남녀평등의 사상은 김홍집 친일내각이 신분철폐와 과녀 재가 허용 등의 근대화 정책을 추진하도록 만든 원동력이었다. 남녀평등과 여성해방은 지난한 여정이었고

---

13 1930년 『신여성新女性』 3월 호에 "조선의 여성해방 문제는 과부 문제부터 해결하는 것이 좋을 것 같다"라는 기사가 나올 정도였다(김정인 2002, 202).

수많은 희생을 요구했다. 또한 인간은 평등하다는 것에 대한 사회적 설득에도 상당히 시간이 필요했다.

해월은 부인수도를 장려하면서, "부인은 한 집안의 주인"이며, "부인수도는 우리 도의 근본"이라고 밝혔다. 즉, 동학 수도의 근본은 부인의 수도이며, 앞으로 동학의 도를 깨달은 여성들이 많이 나올 것이라고 내다보았다. 그리고 조선 사회에서 "지난 때에는 부인을 압박하였으나 지금 이 운을 당하여서는 부인 도통으로 사람 살리는 이"가 많을 것이며, 그 이유는 "사람이 다 어머니의 포태 속에서 나서 자라는 것"과 같다고 밝히고 있다. 여성에 의해 앞으로의 세상은 '후천개벽'이 될 것이며, 억압받던 여성의 시대에서 '모정주의' 세상으로 변할 것이라고 예언한 것이다. 그 핵심은 어머니가 열 달 동안 포태에서 자식을 애지중지 키우는 사랑을 뜻하는 것이다.

이처럼 조선 후기 여성해방의 흐름은 사회경제적 변화와 결합된 백성의 성장, 백성의 성장을 수용하여 소민을 보호하고 언로를 확대한 계몽군주, 공자 철학을 갱신한 동네 유자들의 확산이라는 흐름 속에서 마침내 동학에 이르러 인간평등·신분철폐·여성해방의 사상으로 나타났다. 동학은 실천 속에서 여성해방의 구체성을 확보했다. 모든 인간이 평등하다는 철학의 일상적 실천, 인간 불평등의 상징인 신분제를 철폐하려는 거대한 민란, 여성도 한울님이며 앞으로는 여성의 세상이 도래할 것이라는 가르침을 통해 여성해방의 사상이 백성들에게 전파되도록했다. 그래서 묵암默菴 이종일李鍾一(1858~1925)은 "우리나라 여성의 개화를 처음 터득케 한 것은 동학사상"이며, 그 이유를 "동학사상은 곧 여성과 소아를 한울님같이 여기기 때문"이라고 회상한 것이다(이현희 2003, 87).

이러한 긍정적 평가에도 불구하고, 19세기 시대의 한계를 적극적으로 뛰어넘지 못한 동학의 한계는 지적될 수밖에 없다. 신분철폐의 과도적 상황과 가부장적 현실 질서 속에서 구체적인 여성해방의 조치들을 적극적으로 실천·구현하지 못했던 것은 사실이기 때문이다. 그것은 사상과 현실의 간극이며, 현실을 극복하지 못한 동학의 시대적 한계라 하겠다. 그러나 동학이 뿌린 시대의 자양분은 천도교를 비롯한 여성운동으로 나타났으며, 조국의 독립과 계몽을 위한 힘으로 등장했다. 1919년 3·1운동의 중심은 천도교였으며, 남녀노소를 불문하고 거리로 나와 나라의 독립을 외쳤다. 당시 교도 수가 300만 명에 달했다는 점에서 동학의 뒤를 이은 천도교가 당대 백성들의 민심과 시대정신에 얼마나 공감했는지 확인할 수 있다. 그러나 모정주의에 의한 어머니의 사랑 같은 새로운 세상을 꿈꾸었던 동학의 이상은 일제의 병탄에 의해 수포로 돌아가고 말았다. 이제 동학의 여성해방사상을 21세기에 새롭게 갱신하는 과제가 우리 앞에 제기되고 있으며, 이것이 바로 역사적 사실을 현재의 삶의 자양분으로 삼는 방법일 것이다.

참고문헌

「關草存案」. 1992(甲午 八月十日). 關文草.『各司謄錄(63)』. 서울: 國史編纂委員會.
『高宗實錄』.
『孟子』.
『純祖實錄』.
『書經』.
『承政院日記』.
『禮記』.
『駐韓日本公使館記錄』6권. 국사편찬위 한국사 데이터베이스.

김경애. 2003.「동학의 여성관에 대한 재고찰」.『한국사상사학』20권.
────. 1984.「東學, 天道敎의 男女平等思想에 關한 硏究: 經典·歷史書·機關誌를 중심으로」.『여성학논집』창간호.
김기전金起田. 1928.「大神師 養女인 80老人과의 問答」.『新人間』9월호.
김도태. 1972(1948).『徐載弼博士自敍傳』. 서울: 을유문화사.
김미정. 2006.「동학·천도교의 여성관의 변화」.『한국사학보』제25호.
김양선. 2007.「탈근대·탈민족 담론과 페미니즘(문학) 연구: 경합과 교섭에 대한 비판적 읽기」.『민족문학사연구』33권.
김용덕. 1979.「여성운동 및 어린이운동의 창시자로서의 해월선생」.『신인간』370호.
김용휘. 2012.『최제우의 철학』. 서울: 이화여자대학교출판부.
김용흠. 2006.「19세기 전반 世道政治의 형성과 政治運營」.『한국사연구』132.
김응조. 2005.『수의당 주옥경』. 서울: 글나무.
김정인. 2002.「동학·동학농민전쟁과 여성」.『동학연구』제11집.
노길명. 2008.「개벽사상의 전개와 성격」.『한국학연구』28.
박상란. 2015.「동학의 소설적 형상화와 문화적 의미: 동학군 아내의 문학적 재현 양상과 의의」.『동학학보』36권.
────. 2017a.「동학농민혁명담의 전승과 젠더」.『동학학보』42권.
────. 2017b.「금기된 과거사에 대한 여성의 기억과 의미: 여계(女系)전승 동학농민혁명담을 중심으로」.『동학학보』44권.
박용옥. 2001.「동학의 남녀평등사상」.『한국 여성 근대화의 역사적 맥락』. 서울: 지식산업사.
박용옥朴容玉. 1981.「東學의 男女平等思想」.『歷史學報』第91輯.
박이은실. 2010.「포스트페미니즘(들)」.『여성이론』22권.
박현숙. 2004.「강정일당 - 성리학적 남녀평등론자」.『여성문학연구』11호.
아세아문제연구소 편. 1962a.「天道敎書: 第一編 水雲大神師」.『아세아연구』5권 1호.

——————————. 1962b. 「天道教書: 第二編 海月神師」. 『아세아연구』 5권 2호.

안병욱. 1987. 「19세기 민중의식의 성장과 민중운동: '향회'와 '민란'을 중심으로」. 『역사비평』 통권 1호.

앨리스 S. 로시. 1986. 「감성과 지성: 존 스튜어트 밀과 해리엇 테일러 밀의 이야기」. 존 스튜어트 밀 저·김예숙 역, 『여성의 예속』. 서울: 이화여자대학교출판부.

양삼석. 2012. 「수운 최제우의 남녀평등관」. 『민족사상』 제6권 제4호.

오지영吳知泳. 1940. 『歷史小說 東學史』. 京城: 永昌書館.

유영익柳永益. 1997. 『甲午更張研究』. 서울: 일조각.

유형원柳馨遠. 1994(1770). 「卷10 敎選之制 下-貢擧事目」. 『반계수록』. 서울: 명문당(1982·1994).

윤조원. 2009. 「페미니즘과 퀴어이론, 차이와 공존: 테레사 드 로레티스, 이브 세지윅, 주디스 버틀러를 중심으로」. 『영미문학페미니즘』 제17권 1호.

이광래. 2007. 『해체주의와 그 이후』. 파주: 열린책들.

이영재. 2015. 『민(民)의 나라, 조선』. 파주: 태학사.

이영춘. 2014. 「영·정조대의 문예부흥과 임윤지당」. 『역사와 현실』 91.

이유재·이상록. 2006. 「프롤로그, 국경 넘는 일상사: 한국과 일본 일상사의 만남」. 『일상사로 보는 한국 근현대사』. 서울: 책과함께.

이태진. 2005. 「민국이념은 역사의 새로운 원동력」. 교수신문 기획, 『고종황제 역사청문회』. 서울: 푸른역사.

이현희 해제. 2003. 『묵암비망록(黙庵備忘錄)』 권1(1898). 서울: 이우신서.

임화연. 2004. 「여성주의적 관점에서 본 칸트 윤리학」. 『철학논총』 35.

장세룡. 2002. 「미셸 드 세르토의 일상과 민중문화」. 『서양사론』 제82호.

정약용. 1989. 「第七卷(續) 禮典·辨等」. 『牧民心書(Ⅳ)』. 서울: 창작과비평사.

J. J. 루소 지음, 정병희 옮김. 2011. 『에밀』. 서울: 동서문화사.

조경달. 박맹수 옮김. 2008. 『이단의 민중반란』. 서울: 역사비평사.

조국훈. 2017. 「생명철학의 관점에서 본 동학의 여성관」. 『동학학보』 제44권.

조선정. 2014. 「포스트페미니즘과 그 불만: 영미권 페미니즘 담론에 나타난 세대론과 역사쓰기」. 『한국 여성학』 제30권 4호.

주디스 버틀러. 조현준 옮김. 2008. 『젠더 트러블』. 파주: 문학동네.

채길순. 2014. 「구비 전승담으로 본 홍천 동학농민혁명 전개 양상」. 『동학학보』 제37호.

천도교중앙총부. 1986. 『神師聖師法說』. 서울: 천도교중앙총부 출판부.

최문형. 2005. 「동학의 모성론(母性論)과 미래지향의 여성상」. 『동학연구』 19.

최승희崔承熙 編. 1986. 『韓國思想史資料選集: 朝鮮後期篇』. 서울: 亞細亞文化社.

표영삼. 2004. 『동학 1: 수운의 삶과 생각』. 서울: 통나무.

——————. 2005. 『동학 2: 해월의 고난 역정』. 서울: 통나무.

황묘희. 1998. 「水雲 崔濟愚의 女性觀」. 『동학연구』 3.

황태연. 2011. 『공자와 세계: 서양의 지식철학(하)』. 파주: 청계.

──── . 2016a. 「조선시대 국가공공성의 구조변동과 근대화: '조선민국'과 '대한제국'에서 '대한민국'으로」. 황태연 외, 『조선시대 공공성의 구조변동』. 성남: 한국학중앙연구원출판부.

──── . 2017a. 『갑오왜란과 아관망명』. 파주: 청계.

──── . 2017b. 『백성의 나라 대한제국』. 파주: 청계.

──── . 2018. 『한국 근대화의 정치사상』. 파주: 청계.

황현 지음, 김종익 옮김. 1994. 『오하기문』. 서울: 역사비평사.

Fogel, Josua A.. 1984. *Politics and Sinology: The Case of Naito Konan [1866-1934].* Cambridge, Mass.: Harvard University Asia Center.

Jones, Eric I.. 1988. *Growth Recruiting: Economic Change in World History.* Oxford: Blackwell.

Locke, John. 2009. *The First Treatise of Government* [1689]. Locke, John. *Two Treatises of Government.* Cambridge: Cambridge University Press.

McNeill, William H.. 1982. *The Pursuit of Power: Technology, Armed Force, and Society since A.D. 1000.* Chicago: University of Chicago Press.

Osterhammel, Jürgen. 1989. *China und die Weltgesellschaft: Vom 18. Jahrhundert bis in unsere Zeit.* München: C. H. Bech'sche Verlagbuchhandlung.

Schroeder, Hannelore, 1997. "Kant's Patriarchal Order," in Robin May Schott. ed., *Feminist Interpretations of Immanuel Kant.* University Park: Penn State University Press.

內藤湖南. 2004. "包括的唐宋代觀(1922)". 礪波 護 편집. 『東洋文化史』. 東京: 中央公論社.

국가와 시민사회의
항일연합항전

– '패치워크 역사 접근방법'을 통한
3·1운동의 재해석을 중심으로

———————

이 글은 2019년 3·1운동 100주년을 맞이하여 3·1운동이 일어난 원인을 분석하고, 이 운동이 시민사회(백성)와 국가(고종)의 항일연합항전의 역사 속에서 가능했다는 점을 밝히려는 것이었다. 『시민사회와 NGO』, 제17권 제1호(2019)에 실렸다.

1. 들어가며:
3·1운동과 고종

올해는 '3·1 대한독립만세운동'(이하 3·1운동)[1] 100년이 되는 해이며, 동시에 대한민국임시정부 수립 100주년이다. 상해 임시정부가 탄생한 역사적 배경은 3·1운동이었으므로, 임시정부는 백성들의 3·1운동에 의해 건립된 것이다. 이 글은 3·1운동이 일어난 원인을 찾음으로써, 3·1운동이 시민사회(백성)와 국가(고종)의 항일연합항전의 역사 속에서 가능했다는 점을 밝히려는 것이다.

3·1운동이 촉발한 직접적 계기는 일제에 의한 고종 황제의 독시毒弒와 미국 윌슨(Woodrow Wilson) 대통령의 민족자결주의 선언의 영향이

---

1 '3·1 대한독립만세운동'이라는 명칭을 택한 이유는 첫째, 백성들이 염원한 독립의 나라는 '대한'이었다는 점이다. 1910년 일제는 한국을 병탄하면서 최초로 국호 '대한'에 대한 말살에 나섰으며, 대한을 조선으로 변경했다. 따라서 백성들이 회복해야 할 조국은 '대한'이었다. 둘째, 임병찬에 의해 새로운 독립운동 전략으로서 〈관견官見〉에 제시된 비폭력 방식은 1910년대 광범위하게 퍼져 있었고 3·1운동의 비폭력 만세운동으로 계승되었다는 점이다. 셋째, 폐위된 고종 태황제에 대해 여전히 남아 있었던 백성의 '신존왕주의新尊王主義'와 300만 명이 넘는 천도교 네트워크의 결합을 통해 3·1운동은 거족적인 전국 차원의 대일 항쟁으로 전개될 수 있었다는 점이다. 이것은 1894년 '보국안민保國安民'의 기치를 들고 일제와 피어린 전쟁을 전개했던 동학교도와 백성들이 다시금 전국적 차원에서 대일 항쟁의 중심으로 투쟁을 전개했다는 것을 뜻한다. 이와 같이 3·1운동은 대한의 독립을 비폭력 평화투쟁의 방식으로 전국 차원의 거족적인 백성 네트워크를 통해 전개한, 그야말로 세계사적으로 유례를 찾아보기 힘든 항쟁이었다.

었다. 일제가 고종 황제를 독시했던 이유는 미국 월슨 대통령의 민족자결주의 선언에 따른 국제 사회의 변화를 포착한 고종 황제의 파리강화회의 밀사 파견 실행과, 또 다른 차원에서 준비된 북경 망명 계획을 저지하려는 것이었다.[2] 따라서 3·1운동은 고종의 대일 항전 독립투쟁을 막으려는 일제의 독시에 맞서 백성이 비폭력투쟁을 전개한 것이다. 3·1운동을 통해 상해 임시정부가 탄생했고, 상해 임시정부는 불굴의 용기와 수많은 목숨을 바쳐 카이로선언에 대한민국 독립 보장을 확인하도록 했으며, 1945년 마침내 대한민국의 광복으로 귀결되었다는 점에서 이 운동의 성격을 해석하는 것은 중요한 의미를 갖는다.

이 글은 '패치워크 역사 접근방법'을 통해 3·1운동을 추적한다. 이 접근방법은 왜곡된 역사해석을 극복하는 방법으로 국민(백성)의 눈과 귀를 통해 공감 해석적으로 이해하려는 것이며, 비대칭적 사료 불균형을 해소함으로써 올바른 역사 해석을 시도하려는 것이다.

그리고 3·1운동 발생의 원인을 네 가지 차원에서 검토한다. 첫째, 고종 태황제와 순종의 극비 황칙에 의해 진행된 '대한독립의군부' 창설과

---

2 '비폭력 투쟁' 방식은 임병찬의 〈관견〉에 적시된 정치 전략이다. 그 내용은 한 축으로는 "한국 내에서 비폭력 정치투쟁을 계속해 일제의 한국통치 비용을 폭증시켜 한국 문제를 둘러싼 일본 조야의 내분을 극화시키고 일제를 한국 지배에 지치도록 괴롭혀 어쩔 수 없이 한반도에서 물러날 수밖에 없도록 만드는 것"이며, 이런 전략 기조 속에서 또 다른 한 축으로 "해외 기지에서 최대한 무력을 길러 기회가 닿는 대로 국내 진공 투쟁을 벌여 싸워 열강의 우호적 관심을 일으키다가 열강이 일제와 개전하게 되는 결정적 시기가 오면 그때 열강 중 적절한 국가들과 동맹해 독립을 약속받고 독립전쟁을 더욱 가열차게 벌여 광복을 쟁취하는 것"이다(황태연 2017b, 447).

새로운 정치 전략으로서 비폭력 저항운동이 담긴 〈관견〉에 대해 검토한다. 이것은 한국이 병탄된 상황 변화에 따른 정치 전략의 변경을 의미한다. 주 내용은 비폭력 저항운동 방식으로 한국 통치 비용을 증가시켜 일제 내부의 분열을 노리는 것이다. 이와 함께 고종은 국외의 독립투쟁을 위한 망명 전략기지를 구축하여 우호국가와의 연대를 통해 독립을 쟁취하려고 구상·실행했다.

둘째, 동학의 후신 천도교의 성장과 백성의 항일 정서 강화는 대일투쟁의 중요한 자원이 되었으며, 전국 차원의 실제적인 만세운동을 가능케 한 원동력이었다는 점을 검토한다. 동학의 3대 교주이며 천도교로 개칭한 손병희는 전국의 조직을 이용해 고종 황제 독살설을 확산시켰으며, 백성들의 분노를 천도교 조직과 연계하여 전국적 차원의 비폭력 항거가 가능토록 했다. 따라서 3·1운동은 고종을 중심으로 한국을 독립시키겠다는 '신존왕주의'[3]에 공감하는 백성, '우금치'의 죽음을 딛고 민족 종교로 발전한 동학과 그 동학을 믿고 독립을 염원했던 300만 명의 천도교도가 고종의 독시를 계기로 대한의 독립을 지키려 했던 '백성과 죽은 고종'의 연합항전이었다.

셋째, 외교적 측면에서 윌슨 대통령의 민족자결주의 선언에 고무된

---

3 '신존왕주의'는 "임진·병자 양란에 대한 기억 속에서, 그리고 이양선의 출몰과 영불 연합군에 의한 북경함락(1860)으로 표현된 서세동점의 문명 위기 속에서 청국·일본·서양에 대한 강한 방어의식"과 더불어, 백성과 임금의 직접교감을 가로막는 일체의 권귀權貴들에 대한 배격, 왕권의 강화를 통한 국왕 친정체제의 확립과 국정혁신, 그리고 신분타파 등의 혁명적 요구를 담고 있는 시대적 사상을 의미한다(황태연 2017a, 293).

고종 태황제에 의한 파리강화회의 밀사 파견과 대일 항전의 중심을 만드는 해외 망명정부 수립 계획을 막으려 했던 일제에 의해 고종이 독시되었다는 점을 검토한다. 고종은 파리강화회의에 밀사를 파견하여 1882년 한미조약의 거중조정 조항을 상기시키고 한국에 대한 미국 정부의 관심과 지원을 약속받으려는 계획이었다. 동시에 이회영의 제안을 받아들여 북경으로 망명을 감행할 준비를 진행했다.

일제에 의한 고종 독시의 직접적 이유는 파리강화회의 밀사 파견 시도와 북경 망명정부 수립 계획이었다. 1907년 헤이그 밀사 사건이 발생했을 때 일제는 고종을 폐위했다. 이와 유사한 이유로 파리강화회의에 밀사를 파견하려는 것은 일제에게 치명적인 움직임이었다. 동시에 망명정부 수립은 국내외에서 새로운 항일투쟁의 돌파구이며, 인적·물적 지원을 통해 일제의 한국 지배를 끝낼 수 있는 기폭제가 될 수도 있었다. 따라서 고종의 망명은 일제가 모든 것을 걸고 막아야 할 제1의 원칙이었다(김명섭 2008, 96). 이런 상황에서 이회영은 고종을 북경에 망명시킨 뒤 개전開戰 조칙을 발표하여 과거 고종의 밀지의 효과와 거의 비슷하게 국내 유생들과 양반 지배층 전체를 항일투쟁으로 이끌려는 계획이었으며, 동시에 이는 세계적 차원에서 일제의 부당한 한국 지배를 더욱 널리 알릴 수 있는 계기이자 해외 차원의 항일 네트워크 구축의 시발점이 될 수도 있었을 것이다. 즉, "일제에 의해 '뇌졸중'으로 인한 병사로 위장된 고종의 죽음은 의친왕의 파리 밀사 사건과 고종의 북경 망명이라는 이 두 방향의 움직임과 불가분적 관계"에 있었던 것이다(황태연 2017b, 497-499).

넷째, '신존왕주의'의 공감대 속에서 발생한 고종의 죽음이 일제의 독살이었다는 백성의 '의심어린 확신'이 직접적인 3·1운동의 계기였다는 점을 검토한다. 고종이 일제에 의해 독살되었다는 것을 당시 백성들은 사실로 믿고 있었으며, 그 공분은 하늘을 찌를 듯했다.

1919년 3·1운동은 일제에 병탄된 대한의 독립을 준비하려는 고종과 순종의 중장기적 기획으로서 대한독립의군부의 창설 준비로 시작되어 나라 잃은 백성들의 공분과 독립의 열망이 결합되었으며, 동학농민전쟁의 주역이었던 동학의 3백만 네트워크를 근간으로 진행되었다. 고종은 대한의 독립을 위해 파리강화회의 밀사 파견과 해외 망명정부 수립을 준비하다가 일제에 의해 독시되었고, 이에 공분한 백성은 일제에 맞서 대한 독립을 부르짖으며 고종의 죽음을 슬퍼했다. 그렇게 진행된 비폭력 평화 독립만세운동은 고종과 순종이 지시하여 임병찬이 작성한 전략·전술서인 〈관견〉의 방략이 현실에서 적용된 것이기도 하다.

2. '패치워크 역사 접근방법'과
   3·1운동

3·1운동이 전개된 원인과 그 과정에 대한 연구는 '패치워크 역사 접근방법'[4]을 통해 해석할 것이다. 이 방법은 특정 시점의 중대한 역사 과정을 이해하는 데 사료적 비대칭성을 극복하는 '공감적 해석' 방법을 패치워크patchwork하며, '민족사관', '계급사관', '실증사관', '민중사관' 등 기존 역사접근법의 한계를 극복하려는 목적으로 제시된 '국민사

관'[5]도 동시에 패치워크하는 이중적 과정이라 할 수 있다.

> 백성의 신음소리와 비명소리, 동학농민·의병·해산국군의 아우
> 성·분노·함성, 이들의 전투와 투쟁 등은 언어화되지 않았고, 민
> 중적 혁명철학(개벽사상·일군만민신화·신존왕주의)은 또렷하게 언
> 명되거나 이론화되지 않았으며, 고종과 400~500명에 달한 별입
> 시들 간의 수많은 비밀보고와 비밀지령은 기록조차 되지 않았고,
> 고종이 무수히 발령한 밀명과 밀지, 그리고 소수의 의병전투 등
> 은 문자로 기록되었으나 식민시기를 통과하면서 민가의 곳간바닥
> 과 일제의 창고 속에서 적잖이 훼손되거나 망실되어버렸다. 또 친

4 시간의 흐름과 행위의 누적 속에서 역사가 기술된다면, 그것은 당대의 문화·문명의 어느 조각을 해석하는 작업이라 할 수 있다. 문화·문명이 생산, 행동, 사유, 풍류, 예술, 생사生死의 양식(styles)·방법(methods)·기술(technics)·방식(fashions)을 표현하는 것이라면, 역사에 대한 해석은 문화·문명의 어느 측면에 대한 것이다. 문명이 다양한 문화·문명 부분들의 패치워크를 통해 재창조되는 과정을 추적하는 것도 역시 패치워크의 방식으로 해석될 수 있을 것이다(황태연 2016, 33~74).

5 '국민사관'은 국민과 정부(국왕)의 관계를 중심에 놓고, 양자의 협력과 갈등을 역사 기술의 핵심으로 삼으며, 국민의 독자적 성장과 정부의 능동적·수동적 동태, 그리고 양자의 상관적 변화 발전에 관심의 초점을 맞추는 것이다. 그것은 '민심'으로서의 '공감대', '백성의 눈'으로서의 공감장을 핵심적으로 중시하며, 따라서 공감적 해석을 통해 기존 사관의 한계를 최소화하려는 접근이자 당대를 더욱 있는 그대로 이해하려는 접근이다. 국민사관이 완벽한 것은 아니나, 다른 사관에 비해 오류가 더 적을 것이기 때문이다. 그 이유는 국민이 후진적이어서 오류를 범하더라도 국민은, 그리고 국민만이 이 오류에 대해 역사적 책임을 질 수 있는 '자격'을 가진 유일한 책임 주체이기 때문이다(황태연 2017a, 78~82).

일괴뢰와 일제앞잡이들의 불궤음도不軌陰圖와 흉계, 극비음모와 밀정행각 등은 기록은커녕 아예 흔적도 남기지 않은 경우가 많고 공개·발설된 적도 없으며, 비밀리에 기록된 적이 있더라도 식민지 시대를 통과하면서 거의 다 일제에 의해 위조되거나 인멸되었다. 이런 식으로 사료 더미는 지극히 비대칭적으로 삐뚤어져 있다(황태연 2017a, 71~72).

사료의 비대칭성과 역사 서술의 왜곡으로 발생한 잘못된 이해의 한계를 극복하지 않고 당대 역사를 사실에 부합하게 해석하기는 어렵다. 항일전쟁에 목숨을 바친 의로운 백성들은 자신의 역사를 서술할 시간도 없었다. 목숨의 경각을 다투면서 남긴 사료들은 유실·훼손·망실되어버린 경우가 대부분이다. 반면 일제에 부역한 자들은 자신의 기록을 미화하고 잘못은 삭제하는 방식으로 역사를 기술하기 일쑤였다. 이 비대칭적 사료 더미 속에서 당대의 역사를 사료 실증주의로 해석할 수 없다는 것은 자명하다.

가치중립적 실증사관·민족사관·계급사관·민중사관 등은 우리 역사를 담아내는 데 일정한 한계를 드러냈다. 따라서 "백성 또는 국민의 기쁨과 고통, 즐거움과 괴로움, 도덕 감정, 도덕 감각(시비지심), 도덕적 비난 등의 제반 감정에 공감하는 관점에서 사료와 역사적 행동을 해독"(황태연 2017a, 77)하는 공감적 해석학과 국가의 자치와 참정의 중심이며 역사의 주체인 국민을 중심으로 하는 국민사관을 통해 사료 실증주의나 국가 영역의 전체가 아닌 부분을 대변하는 민족·계급·민중사관의 한계를 극복하려는 것이다. 역사적 오류를 책임질 수 있는 것도 자치와 참정의 주체인 국민이라는 측면에서 국민사관이 완벽할 수 없을지언정 좀 더 포괄적이며 오류로 발생한 문제를 책임질 수 있다. 공감적 해석은 당대의 국민적 공감대와 유사한 사료를 중시하며, 역으로 이와 상치相馳되는 사료는 비판적 관점으로 접근한다.

그 이유는 언어 중심적인 텍스트 분석만으로는 당대의 상황을 정확히 해석하기 어렵기 때문이다. "텍스트의 언표에 담긴 감정적 의미연관, 화자의 표정과 대화 상황의 감정적 분위기와 정서, 텍스트의 필자와 독자(화자와 청자)를 포괄하는 사회적·전통적·역사적 공감대, 그 시대의 공감 감정과 의도를 무시하고, 말과 문장의 어의에 매여 변화무쌍한 역사적 어의 변질, 필자나 화자의 수사적 설득 전술과 언변술, 허언과 실언, 과장과 축소, 화행적 오류와 오해, 왜곡과 작화, 화자와 청자의 어줍지 않은 이해 등"(황태연 2017a, 65~66)이 발생할 가능성이 높다. 따라서 공감적 해석을 통해 텍스트 중심 해석의 한계를 극복해야 한다.

예를 들면, 왜곡된 역사에 의해 나라를 망하게 한 왕으로 고종을 규정했으나, 고종의 지속적인 밀지, 망명 계획, 항일외교 정책 등을 면밀히 검토하면 다른 역사적 판단을 할 수밖에 없다. 1919년 3·1운동의 외침이 '대한독립 만세'였다는 것은 찾아야 할 나라가 대한이었음을 의미한다. 3·1운동이 고종의 독시에 따른 장례일 직전에 벌어졌다는 점에서 일제에 대한 백성의 공분으로 이해할 수 있다. 이처럼 당대 백성의 공감대, 민심을 공감적으로 이해하는 것을 중심으로 사료 해석이 전개되어야 한다. 이것은 공감적 해석학과 국민사관의 패치워크를 통해 가능한 것이며, 동시에 역사 과정에서 패치워크를 끊임없이 시도하는 행위자들과 공감하는 과정이 될 것이다. 따라서 이 글은 고종과 3·1운동의 연관성을 밝히면서 동시에 '패치워크 역사 접근방법'의 가능성도 실험하려는 것이다.

3. 3·1운동 발생의 원인: 백성과 고종의 연합항전

병탄 이후에도 독립을 위한 고종 태황제의 항일운동은 계속되었다. 이 당시 독립투쟁은 두 갈래 길밖에 없었던 것으로 보인다. 하나는 한국 내에서 비폭력적 정치투쟁을 계속해 일제의 한국 통치 비용을 폭증시켜 한국 문제를 둘러싼 일본 내의 내분을 극대화하고 한국 지배에 지치도록 괴롭혀 어쩔 수 없이 한반도에서 물러날 수밖에 없도록 만드는 것이고, 또 다른 길은 해외 기지에서 최대한 무력을 길러 기회가 닿는 대로 국내 진공 투쟁을 벌여 싸우다가 열강이 일제와 개전하게 되는 결정적 시기가 오면 그때 열강 중 적절한 국가들과 손잡고 독립을 약속받고 싸워 독립을 쟁취하는 것이다(황태연 2017b, 447).

고종·순종의 밀지와 임병찬의 〈관견管見〉

고종과 순종은 '대한독립의군부'(이하 독립의군부)를 재건하는 항일운동체 조직 건설에 착수했다. 1912년 9월 서울에서 곽한일郭漢一·김재순金在珣·윤돈구·이명상李明翔·이승욱李承旭·이인순李寅淳·이정노李鼎魯·이칙李伐·전용규田鎔圭 등이 조직했고, 1912년 9월 28일(양력 11월 6일)과 12월(양력 1913년 2월) 극비 황칙이 임병찬林炳贊(1851~1916)에게 전달된 것으로 보인다. 곽한일과 이칙은 최익현의 문인이자 민종식閔宗植의 홍주 의병에 참여한 재야 유생이었고, 이정노·이인순·전용규·이명상·김재순·윤돈구·이승욱 등은 대한제국의 전직 관료 출신들이다(이성우 2014, 168~170). 즉, 독립의군부는 고종과 순종의 황칙에 의해 재야 유생과 대한제국 전직 관료들의 연합을 통해 만들어진 조직이다.

임병찬은 1913년 11월 〈관견管見〉[6]을 작성하여 고종 태황제에게 상주했고, 이를 재가받았다. 뒤이어 1914년 고종은 칙지를 내려 임병찬을 독립의군부 육군부장 전라남북도 순무총장 겸 사령총장으로 삼았다. 임병찬의 〈관견〉에 의한 정치노선은 1919년 3·1운동으로 이어졌다. 이 정치노선은 '비폭력적 민족총궐기 정치투쟁론'이라 할 수 있는데, 이런 비폭력 노선은 세계사적으로 유례가 없는 투쟁 전략이었다. 1919년 3월 1일 전국에서 대한독립 만세를 외치며 비폭력 독립운동을 전개한 그 투쟁방식이 바로 「관견」에 들어 있던 것이다. 더욱 주목되는 것은 독립의군부 조직 핵심들은 이미 백성들에게 독립사상을 고취하여

---

6 〈관견〉은 ① 논論천하대세 ② 논論시국형편 ③ 지기知己 ④ 지피知彼 ⑤ 천시天時 ⑥ 제승制勝 ⑦ 정산定筭 ⑧ 요인料人 ⑨ 요사料事 ⑩ 비어備禦 ⑪ 부하별록附下別錄(운영규칙) 등 11편으로 구성되었다(임병찬 1986, 111~124).
7 이 내용은 곽한일·전용규·이정노·김재순 판결문(1913년 8월 13일[양력] 경성지방법원)에 나와 있다(이성우 2018, 171).

독립을 선언한다는 구상을 가지고 있었다는 것으로,[7] 이런 구상은 3·1 운동으로 현실화되었다.

임병찬은 인·지덕의 힘으로 무력을 이기는 '이문승무以文勝武', '이문 제무以文制武'의 비폭력 정치투쟁을 '제승지술制勝之術'로 제안했다. 그는 일제의 막강한 군사력에 대항하여 우리가 똑같이 무력으로 대항하면 백전백패이니, 우리는 지혜로써 일제를 물리쳐야 한다고 생각했다(임병찬 1986, 117~118).[8] 즉, 1919년 3월 1일 전국적 차원에서 지속적으로 대한독립 만세를 외쳤던 비폭력 독립운동의 사실상의 기초가 〈관견〉이었으며, 작성 완료된 1913년 11월부터 서서히 전국으로 투쟁 전략·전술이 퍼져갔다.

> 경성에 독립의군부 중앙 순무총장巡撫總長을 두고, 각 도에는 도 순무총장, 각 군에는 군수, 면에는 향장鄕長을 배치하여 내각 총리대신과 총독 이하 조선 내 대소 관헌에게 상시에 국권 반환을 요구하는 서면을 보내어, 이로써 일본 관헌에게 조선 통치의 어려움을 알게 한다. 그리고 외국에 대해서는 조선인이 일본에 열복悅服(기쁜 마음으로 복종함)하지 않는다는 것을 보여주며 또 조

---

8 독립의군부의 전략은 비폭력 평화노선이지만 거병擧兵 방식도 부차적이기는 할지언정 준비했던 것으로 보인다. 이인순, 이칙 등이 1913년 봄 '독립의군'을 일으키려 했다는 점, 임병찬의 명령에 의해 김재구가 청년 및 해산 병정 등을 중심으로 부원을 모집했다는 점, 임병찬이 '양병養兵'도 중요하게 생각했다는 점 등에서 알 수 있다(이성우 2018, 181~183).

선인에게 국권 회복의 여론을 일으키기 위해 관견管見(좁은 식견이라는 뜻)이라는 서면을 휴대하고 1914년 4월부터 5월까지 동지를 모집하던 중인 그들을 발견하여 검거한 것이다(안동독립운동기념관 기획 2010, 335).[9]

위 인용문처럼 일제 경찰의 자료에 의해서도 〈관견〉은 비폭력 투쟁을 통한 국권 회복의 의지를, 그리고 주변 열국列國에게 신념을 보여주는 방법이었다. 또한 1914년부터 독립의군부 구성을 위해 이 자료를 서면으로 휴대하고 만나는 사람들에게 전달하거나 내용을 전했다는 것을 알 수 있다. 특히 임병찬 스스로 〈관견〉에 대중이 보기 편하도록 국문을 첨가해서 국한문혼용으로 작성했다고 밝히고 있다(임병찬 1986, 122). 임병찬은 이명상, 이인순 등과 협의하여 각도 대표를 설정하였는데, 그 규모는 총 대표 27명과 각 도 및 각 군 대표 302명, 합쳐서 329명에 이르렀으며, 1914년 5월 3일 함경남도 관찰사 겸 순무총장에도 임명되어 독립의군부의 조직을 북한 지방까지 확대하려고 노력했다. 그러나 1914년 5월 김창식이 일경日警에게 체포되어 고문 끝에 독립의군부의 조직을 자백함으로써 국권회복운동은 중단되었다. 그럼에도 불구하고, 〈관견〉은 "일제의 무단통치에 맞선 비폭력 저항으로서 1919년 3·1운동의 선구적인 형태"로 해석되는 것이다(김종수 2014, 151~152).

9 1934년 조선총독부 경상북도경찰부에서 발행한 『고등경찰요사高等警察要史』를 역주한 것이다.

독립의군부를 조직한 이들은 "① (인재를 모아) 단체 조직 → ② (일본 정부에) 서면 상신·(鮮人에게 연설 등으로) 독립사상 고취 → ③ (시기를 보아) 독립선언 → ④ (열국列國과 협조해) 독립 달성"(이성우 2014, 171)이라는 전략을 추진했다. 이것은 순종이 1912년 내린 칙령의 "안으로 의용지사義勇志士들을 규합하고 밖으로 문명열강들을 붙잡아서 창생을 구제하고 독립을 만회"(임병찬 1986, 285)하라는 방침과, 임병찬이 작성하고 고종이 승인한 〈관견〉에 의한 '비폭력 평화투쟁'을 결합하고, 독립선언과 백성들의 독립 염원을 바탕으로 열국과 협조해서 독립을 달성하는 식민지 시대의 새로운 독립 전략이 만들어졌던 것이다.

이런 중대한 의미에도 불구하고 〈관견〉을 폄훼하는 해석이 나오는데, 이 해석은 투쟁방식이 "지극히 관념적이고 단순한 복벽운동"(강길원 2005, 59)이라거나, "장서 투서는 양반 유생층의 특권의식, 계급의식, 신분의식의 산물로서 (…) 장서 투쟁의 궁극적인 목표는 왕조체제의 부활이었고 더 구체적으로는 고종의 복위 운동이었다. 뿐만 아니라 장서 투서는 한날한시에 이루어지면 꽤 시끌벅적할 것 같아도 효과를 거두려면 신채호가 지적하고 있듯이 적측인 일제의 배려가 절대적이었다. 따라서 장서 투서는 민족해방의 주체 세력인 민중과 연합할 수 없는 상태에서 제기된 지배층만의 반일운동"(이상찬李相燦 1990, 824)이라고 폄훼한다.

그러나 이러한 해석은 "운동 여력으로 마침내 대한민국 상해 임시정부를 탄생시키는 3·1만세운동과 같은 국내 비폭력적·거국적 총궐기투쟁의 중요성을 전혀 이해하지 못한 것일 뿐만 아니라 '대한독립의군부' 창건 자체의 역사적 의의를 전혀 이해하지 못한"(황태연 2017b, 465~467) 것이다. 또한 남아 있었던 독립의군부 인사들이 1915년 독립 의군부 사건, 1916년 의병봉기 추진, 1918년 민단조합 참여를 통한 활동을 거쳐 3·1운동 이후에도 지속적으로 독립운동을 이어갔다는 사실(이성우 2018, 188~189)을 몰랐기에 하는 비판이었을 것이다.

천도교의 성장과 백성의 항일 정서

일제하 한국 백성들의 삶은 수탈과 압박의 연속이었다. 일제의 총독부는 병탄 이후 5년 동안 일체의 식산흥업·개발투자 없이 경제적 민족 차별 정책을 통해 한국 경제의 약탈과 예속화의 기반을 만들었을 뿐이었다. 1909년 일본 내각에서 의결된 '대한시설대강'의 5개 실천 방침은 한국에 대한 개발투자 규정은 없고 한국 철도의 강탈, 왜인의 한국 이민 촉진, 한국 경제의 대일 예속화 강화만을 규정하면서 투자 없는 한국 수탈만 강화했다(황태연 2018, 928~929). 그러던 중 1917년부터 쌀 가격이 급격하게 올랐고, 이 상황은 지속되었다. 1917년 5월 "쌀값이 너무 올라서 못 살겠소"(《매일신보》 1917. 5. 29.)라는 백성들의 원성이 자자했고, 삶은 도탄塗炭 그 자체였다. 1918년에는 쌀 가격 급등으로 구제 자금을 지출해야 할 지경이었다(《매일신보》 1918. 8. 15.). 동시에 물가도 앙등했다. 당시 상황은 "일용생활에 안이 쓸 수 업는 알들이 살들이 모죠리 깡그리 야속ᄒ게도 올라서 정말 무서운 세상이 되얏다"라고 표현하고 있다(《매일신보》 1917. 7. 19.). 이런 상황에 맞서 농민과 노동자들은 조선총독부에 다양한 방식으로 저항을 지속했다(이정은 1990,

18~24). 여기에 1918년부터 전 세계를 휩쓴 유행성 독감이 한국에도 들이닥쳤다. 한국에서는 7,422,113명의 환자가 발생하여 139,128명이 사망했다는 기사도 있다(〈매일신보〉 1919. 1. 30.). 이처럼 식민지 백성의 삶은 더욱 비참해져가고 있었다.

3·1운동 전개 과정에서 종교계는 중요한 역할을 했는데, 그중에서도 의암 손병희(1861~1922)를 중심으로 하는 천도교가 주동이 되어 기독교, 불교계 등과의 개별적 연합제휴를 추진했다. 이종일의 『묵암비망록』에 의하면 1910년부터 거국적 민중운동을 계획했으며, 1912년을 전후로 국권회복운동을 위해 범국민적 신생활과 민족문화 수호운동이라는 양대 국민운동 전개를 계획했고, 1914년 제1차 세계대전이 발발하자 민족구국투쟁 전개를 준비했으며, 1916년에는 천도교 서울교구장인 장효근과 민중운동을 협의하였다(이현희 2009. 292~293). 그러나 이런 흐름은 현실로 실행되지는 못했다.

『묵암비망록』(1912. 2. 24.)에 의하면 손병희는 "나의 민족운동 방법은 동학군의 무장행동이 일본에 의해 참패당했기 때문에 비폭력적인 항쟁이 이 같은 식민통치하에서는 한 가지 방법"이라 했다(정혜정 2018, 245). 이는 임병찬의 〈관견〉에 나온, 국제정세와 우리의 능력, 일본의 상황 등을 고려한 비폭력 노선과 유사하다. 손병희 또한 식민통치라는 상황에서 무장행동보다는 비폭력 저항 전술을 택한 것이다.

손병희는 1918년 5월 5일 천도교의 중진들을 자신의 집으로 초치하여 독립운동의 방향으로 대중화, 일원화, 비폭력의 원칙에 입각해야 한다는 문제를 논의·결정했다. 여기서 대중화는 각계각층의 민중을 동원하는 것이고, 일원화는 여러 계층을 하나로 대동 통합하는 것이며, 비폭력은 갑오농민전쟁의 경험에 따라 희생을 줄이기 위한 것이라 한다(정혜정 2018, 245~246). 이런 흐름 속에서 3·1운동 주도 세력들은 윌슨의 민족자결주의 제기를 한국 독립의 좋은 환경으로 파악하고 실제 행동에 착수한 것으로 보인다. 일제에 투옥된 민족대표들의 신문조서에 그 내용이 언급된 것에서 알 수 있는데, 손병희는 신문조서(1919. 4. 11.)에서 "파리강화회의에서 제창된 미국 대통령의 민족자결 문제에 의하여 민심이 움직이고 있는 것을 간취"했다고 말했고, 최린도 신문조서(1919. 4. 7.)에서 손병희의 민족자결 의사 발표 필요성에 찬동했다고 말했으며, 권동진도 신문조서(1919. 4. 8.)에서 윌슨의 민족자결 조항에 한국도 포함된다고 생각했다고 말했다.[10] 이러던 차에 고종의 서거라는 상황에 직면하여 "천도교인들의 민족운동은 고종 독살의 진상규명 범국민대회 소집을 알리는 의암 명의의 격고檄告 국민의 글이 제시가 되어 전국의 문상객 집결을 계기로 3·1혁명이란 거국적인 큰 물결의 중심을 형성"했다(이현희 1979).

3·1운동 당일 인쇄된 〈조선독립신문〉의 발행을 주도한 인물은 보성사 사장과 천도교회월보과 과장을 맡고 있던 이종일이었고, 대체로 천도교계 인사들이 중심이었다.

---

10 국사편찬위원회 편,『한민족독립운동사자료집韓民族獨立運動史資料集』11권, 三一運動 Ⅰ, 三一 獨立宣言 關聯者 訊問調書(京城地方法院)(國漢文), 국사편찬위원회 한국사 데이터베이스.

이종일은 2월 20일부터 보성사에서 독립선언문을 인쇄하기 시작했다. 보성사 총무인 장효근張孝根과 김홍규金弘奎, 신영구 등과 함께 (…) 25일까지 1차로 2만 5천 장을 인쇄 완료하고 인쇄된 것을 천도교 본부로 운반했고 이어서 27일 밤까지는 1만 장을 더 인쇄해야 했다. (…) 곡절 끝에 인쇄된 독립선언서는 각계의 동지 7, 8명에게 2천 장 또는 3천 장씩 돌렸다(임형진 2009, 177~178).

또한 천도교의 주도성을 확인할 수 있는 것은 손병희의 위상이었다. 독립될 나라의 임시정부는 대한민간정부, 조선민국임시정부, 대한국민의회(노령정부), 신한민국정부, 한성임시정부 등이었는데, 이 중 대한민간정부, 대한국민의회, 조선민국임시정부 등 3개 안은 손병희를 수반으로 하고 있다(정혜정 2018, 247). 이런 상황이 가능했던 이유는 당시 교도수가 300만 명(교단 내부의 주장에 의하면 600만 명)에 달했던 천도교(동학)가 민족대표의 수적 비중[11]에서도 주도적이었고, 조직망과 자금 등 전국적 운동 확산에서 주도성을 가졌기 때문이었다.[12]

---

11 「기미독립선언서」를 발표한 33인의 3·1운동 민족대표들 중에서 동학교도는 16인, 기독교도는 15인, 불교도는 2인이었다. 이들 민족대표는 3인의 변절자(최린, 정춘수, 박희도)를 제외하고 일제의 고문 속에 죽음을 맞았거나 광복의 날까지 지조를 지켜 민족혼을 사수했다(황태연 2017b, 535).
12 천도교는 당시 37개의 대교구 아래 북간도를 포함하여 지방에 194개의 교구를 거느리고 있었고, 1919년 3·1운동 직전에 신도들이 낸 성미를 통해 조성한 자금이 100만 원의 거금이었으며, 이 자금은 기독교 쪽에도 거사자금으로 제공되었다(박맹수 2012, 509, 734).

파리강화회의와 북경 망명계획

고종은 외교적인 노력과 함께 망명정부 구상을 계획·실천했다. 미국 월슨 대통령은 1918년 1월 8일 미국 의회에 연두교서를 제출했는데, 이는 '14항'이라는 문건으로 불리며 세계적 차원의 민족자결주의 열풍을 일으켰다. 따라서 이 내용이 보도되자 아시아 지역 모든 식민지 민족들은 이 민족자결 원칙을 독립의 기조로 삼았으며, 이것은 역으로 일본 등 식민 당국에게 초유의 위기 상황을 의미했다. 이런 흐름의 대응책으로 마련된 것이 영친왕과 마사코의 정식 혼인이었다. 이는 일제와 한국의 두 왕가가 혼인을 맺는 좋은 관계를 유지하고 있는 만큼 민족자결주의가 필요 없다는 것을 상징적으로 보여주려 했던 것이다.

이런 상황을 맞이하여 고종은 독립을 위한 은밀한 방책을 시도한다. 첫째는 파리강화회의에 참석 예정이었던 월슨 미국 대통령에게 밀사로 하란사河蘭史 이화학당 교수와 의친왕(이강)을 보내려는 계획이었다. 고종은 밀사 파견을 통해 "1882년 한미조약의 거중조정 조항을 상기시키고 1905년 을사늑약과 1910년 한국병탄 시 방관한 미국의 위법적 대한 정책을 엄중 규탄하고 향후 한국에 대한 미국 정부의 관심과 지원을 약속받으려는 계획이었다"(황태연 2017b, 490). 둘째는 이회영이 제안한 북경 망명을 수용하여 결행을 준비하는 것이었다.

고종의 판단은 1918년 말 양국 대표에 의해 서명된 한미수호조약 원문을 찾아 의친왕에게 휴대케 해서 파리로 파견하여 월슨에게 이 조약의 거중조정 조항을 제시하고 미국의 책임을 지적하며 미국에게 한국의 독립에 힘써줄 것을 요청하려는 것이었다. 상해한인거류민단 애국부

인회장이었던 이화숙이 하란사의 죽음에 대한 추도회에서 보고한 바에 따르면 의친왕은 하란사에게 먼저 북경으로 나가 자신을 기다리며 대기하라고 은밀히 부탁했고, 따라서 의친왕은 고종의 친서 신임장을 소지했을 것으로 추정된다(황태연 2017b, 492).

문제는 이런 계획을 조선총독부가 간파했다는 것이다. 여기에 더해 고종의 북경 망명 계획은 일제를 더욱 당혹스럽게 만들었다. 이 계획은 이회영이 고종에게 제안했고 고종이 윤허했다. 이회영이 망명을 계획한 것은 고종을 "망명의 구심으로 삼고, 대외적으로 정부로서 인정받아 거국적으로 독립운동을 전개하려는 복안"이었다(김삼웅 2014, 124). 동시에 고종이 중국으로 망명해 항일투쟁에 나선다면 일제의 한국 지배는 커다란 위기를 맞을 것이 자명했다(임기선 2015, 32). 즉, 이회영은 "고종 폐하께서 중국으로 어출御出하시어 파리강화회의에 한국 독립의 성명을 내고 광복운동에 친히 임하시는 방책을 깊이 생각하고"(이관직 1985, 169) 고종을 북경에 망명시킨 뒤 개전 조칙을 발표하도록 해 국내 유생들과 양반 지배층 전체를 항일투쟁으로 이끌려고 계획했던 것이다.

그러나 슬픈 역사는 지속되었다. 하란사는 유행성 감기로 45세에 사망하면서 계획이 무산되었다. 이회영은 고종 황제가 주필駐蹕할 행궁行宮을 빌려 수리하고 망명을 차근차근 준비했으나 이 또한 일제에 의한 고종의 독시毒弑로 무산되었다. 파리강화회의 특사 파견과 북경 망명계획은 일제가 고종을 독살하게 된 가장 중요한 원인이었다. "고종의 망명으로 북경 망명정부가 출범할 경우 일어날 국내외적 대大파장을 생각할 때 이것은 파리 밀사 사건보다 더 큰 파장을 몰고 오면서 총독부의 존립 기반을 없애버릴 메가톤급" 사건이 될 것이었다(황태연 2017b, 498~499). 따라서 고종을 독살함으로써 그 근원을 없애버리는 결정을 한 것으로 판단된다.

1907년 고종은 헤이그에 밀사를 파견하면서 특사였던 이위종과 이상설에게 "내가 살해당해도 나를 위해서 아무런 신경을 쓰지 마라. 너희들은 특명을 다하라. 대한제국의 독립주권을 찾아라"라고 주문했다. 이것은 헤이그 특사단이 로이터통신과 인터뷰를 하면서 기사화되었다 (*Algemeine Zeitung* 25. Juli 1907. 〈연합뉴스〉 2019. 3. 14.). 헤이그 밀사를 파견하면서 자신이 죽을 수 있다고 판단했던 고종이 파리강화회의에 밀사를 보내면서 죽음을 각오했을 것이라는 것은 쉽게 짐작할 수 있다.

4.   고종의 독시와 백성의 공분, 그리고 3·1운동

고종 서거의 원인에 대한 분석 논문은 많지 않은데, 그래도 독살설이 사실이라는 주장(이태진 2009; 황태연 2017b)과 그렇지 않다는 주장(이승엽李昇燁 2009; 윤소영 2011)으로 대별된다. 최근 윤소영(2019)은 다시 한 번 독살설이 근거가 없다고 주장하는 논문을 발표했으나,[13] 당시 상황과

---

13 윤소영 논문의 핵심은 일본 관헌자료와 신문, 총독부 기관지를 근거로, 고종은 1919년 1월 21일 오전 6시 30분 뇌일혈에 의해 서거했다는 것이다. 그러나 윤소영은 2011년 자신의 논문 발표 이후 학계에서 제기된 반론 내용에 대

다양한 과정을 종합하면 고종은 일제에 의해 독시당한 것이 분명하다.[14]

> 오호 통제라, 우리 2천만 동포여. 우리 대행 태상황제 폐하 붕
> 어의 원인을 아는가 모르는가. (…) 윤덕영尹德榮·한상학韓相鶴
> 등 2적으로 시선侍膳을 시키고 다시 두 궁녀로 하여금 밤에 식혜
> 에 독약을 타게 하다. 옥체는 (…) 즉석에서 운명을 하시다. (…) 그
> 리고 두 궁녀까지 남은 약을 마시게 해서 참살, 입을 봉했다. (…)
> 또 미국 대통령 월슨 씨는 13개 조의 성명을 발한 이래 민족자결

해 이번 논문에 전혀 반영하지 않았다. 따라서 의문은 여전히 해소되지 못한
것이다. 우선, 고종 서거 시점이 지체된 이유와 관련된다. 그는 이은 왕세자의
결혼식을 앞두고 있어서 혼례 연기 문제에 대해 명확한 방침이 세워지지 않아
발표시기가 늦어졌다는 일본의 〈大阪每日新聞〉 보도를 근거로 제시했다. 그런
데 혼례 연기만 언급할 뿐 당시 고종이 준비했던 파리 밀사 파견 계획과 북경
망명정부 수립 계획은 언급되지 않고 있다. 만약 일본이 이 사실을 알았다면
고종을 독살할 충분한 사유가 될 것이다. 동시에 황태연(2017b)이 제기한, 사
망시간 조작을 통해 독살을 뇌일혈로 둔갑시키려 했다는 다양한 사료적 근거
와 해석에 대해 전혀 반론하지 않았다. 둘째, 고종의 사인과 시신 변형에 대한
논란이다. 윤소영은 2011년 논지를 그대로 유지하고 있는데, 이 역시 황태연에
의해 제기된 각종 의혹에 대한 반론이 없다. 그것은 ① 고종 서거 당시 정황에
대한 일본의 의도적 왜곡과 증거 인멸, ② 고종 시신에 대한 윤소영의 설명이
법의학적으로 전혀 수용할 수 없다는 반론, ③ 일본 관헌자료, 신문, 총독부
기관지의 자료와 보도는 사실로 수용하면서 친일파 윤치호, 민영달, 한진창韓
鎭昌의 독살설 내용은 전혀 수용하지 않고 있다는 반론 등이다. 적어도 이런
반론에 대한 윤소영의 반론을 통해 고종의 독살설에 대한 학계의 논쟁이 시급
히 전개되어야 할 것이다.

14 일제에 의한 고종의 독시에 대한 구체적인 논증은 황태연 2017b, 500~529,
독살설을 확증한 것은 아니지만 높은 개연성을 언급한 논문은 서동일 2018
참조.

의 소리는 일세를 진동시켜 폴란드·아일란드·체코 등 13국은 독립을 했다. 우리 한민족은 어찌 이 기회를 잃을 것인가. 이로써 재외 동포는 이를 기회 삼아서 국권 회복을 질성疾聲 읍소하고 있다. (…) 거국일치 굳게 결속해서 일어서면 이미 잃은 국권은 회복할 수 있고 이미 망한 민족은 구할 수 있고 선제선후先帝先後 양 폐하의 대수극원大讎極怨도 다 씻을 수 있고 설욕할 수 있다. 궐기하라. 우리 2천만 동포여.[15]

작성 주체 미상의 이 격문은 3·1운동이 고종 서거와 민족자결주의 흐름이 결합되어 시작되었다는 것을 알려준다. 고종 서거의 원인이 독살이며, 민족자결의 세계적 흐름을 놓치지 말고, 나라의 독립과 고종의 원수를 갚기 위해 궐기하자는 것이었다. 이런 내용이 담긴 신문과 격문은 3·1운동 당시에 일반적이었던 것으로 추정된다. 연도 미상의 경고문의 내용은 "저 일본은 우리의 국모와 국부 곧 황후와 황제를 모두 암살한 자가 아니냐?"라는 것이고, 이와 유사한 내용의 충고문, 경고문이 살포되었다. 〈조선독립신문〉 제2호(1919. 3. 20.)는 "우리 태황제를 시해한 역적. 이번 세계강화회의에 보낼 '조선이 스스로 원하여 합방하였다'는 내용의 문서에 이완용, 윤덕영, 조중응 등 일곱 명의 역적들이 도장을 찍고 나서 태황제께도 조인할 것을 강박하였지만 태황제께서 크게

---

15 이 인용문은 1919년 3월 1일 아침에 경성 시내 한국인이 살고 있는 거주지에 살포되었다는 격문이다(조선헌병대·조선총독부 경무총감부 1973, 860).

화를 내시며 윤허하지 않으시므로 그날 밤에 독살하였다고 한다"고 썼고, 〈국민회보〉(1919. 3. 2.)는 "우리 태상황제 폐하께서 돌아가신 원인"을 말하면서 "가장 큰 역적인 이완용은 윤덕영과 한상학을 시켜 시중을 들던 궁녀 두 사람을 핍박하여 한밤중에 식혜에 독약을 탄 후 드리게 하였다"고 적었다. 또한 이승만을 집정관 총재로 하는 국민대회 선포문(1919년 4월)의 마지막 부분은 "돌아가신 황제와 돌아가신 황후 두 폐하의 원수를 갚기 위해 일어나자!"였다.[16]

곤도 이왕직사무관도 '덕수궁 전하'(고종)께서는 매우 건강하셨다가 갑자기 서거했다면서 믿어지지 않는다고 했다(곤도 시로스케 2007, 253). 아래 인용문은 고종의 독살을 간접적으로 증언해주는 내용들이다.

> 고종께서 야중에 밤참을 드시는 기회를 이용해 궁인을 매수, 극비리에 식혜에다 극한 독약을 타서 잡수시게 했으니 고종이 전신이 파열되시고 절명하시었다. 그리고 그 독약을 타게 한 궁인이 행방불명이 되고 말았으니 아마도 왜놈이 궁인도 암살한 것으로 예측된다. 이 사실은 나의 형수가 고종 황제 붕어 5일 후 운현궁에 갔다 돌아와서 부친(이회영)께 이 비밀을 말씀드려서 알게 되었다.[17]

---

16 이상의 내용은 국사편찬위원회 삼일운동 데이터베이스 격문·선언서에서 확인할 수 있다. http://db.history.go.kr/samil/home/manifesto/select_manifesto_detail.do(검색일: 2019. 3. 1.).
17 이회영의 둘째 아들 이규창이 형수(조계진)로부터 들은 내용이다(이규창 2004, 30).

이태왕께서는 뇌일혈로 세상을 떠나신 것으로 되어 있지만, 그 진상은 독살이었다는 것이다. 이태왕께서는 그날 밤 대단히 상쾌하신 모습으로 측근자들과 옛이야기를 즐기고 계시었는데 밤이 이슥해서 다들 물러간 후 차를 한 잔 드시고 침실로 돌아가시자 곧 절명하셨다는 것이다. (…) 이태왕님은 (…) 파리로 밀사를 보내실 계획을 세우시다가 일본 측에 감지된 것이다. 거듭되는 반항적 계획에 분노한 조선총독부에서는 시의侍醫인 안상호에게 독살할 것을 명령했다는 것이다(이방자 1960, 40~45. 황태연 2017b, 517에서 재인용).

『낙선재주변』[18]에는 (…) "순종이 덕수궁 부왕의 침전에 들어섰을 때 고종은 벌써 세상을 떠난 뒤로 흰 포목을 쓰고 고요히 누워 계셨다고 한다. 너무도 갑작스럽고 애처로운 일이었다. 돌아가시던 그날 밤에도 좋아하시던 식혜를 들고 잠자리에 드셨다는데, 시종들도 모두 물러나와 잠자리에 들 즈음이었다. 갑자기 갈증이 나셨던지 차를 가져오라고 해 드시고는 다시 자리에 드셨다고 한다. 잠시 후에 갑자기 복통이 나셨는데 순간적인 일이었다. 아무도 어쩔 수 없는 일로 비운의 고종께서는 유언도 없이 곧 숨을 거두셨다. 일본 궁내성에서는 하루가 지난 23일에야 '뇌일혈로 승하

---

18 대한제국기의 마지막 황후였던 윤비의 지밀상궁 김명길이 조선과 대한제국기의 황실 마지막 모습에 대하여 쓴 수기를 동아일보사에서 출판한 책이다.

하셨다'는 발표를 했다. 그런데 덕수궁의 시종들 사이에서 '고종이 돌아가신 것은 독살된 것'이라는 소문이 돌기 시작하더니 이 이상한 소문이 온 나라에 퍼졌다. 더욱이 입관하려고 염을 할 때에 시체에서 살이 묻어나 이 의문은 한층 더 굳어졌다. 독약을 탄 사람으로 한상학, 안상호 등의 이름이 오르내렸으나 확인할 길이 없었다"(곤도 시로스케 2007, 293).

황태연은 고종 독시를 아래와 같이 압축적으로 정리했다. 당연히 이를 지시한 것은 조선총독부였을 것이다.

> 현장 총지휘자: 당일 별입직 자작 이기용·이완용李完鎔(백작 李完用과 혼동 불가)
> 현장 행동대장: 남작 한창수, 당일 숙직사무관 한상학
> 독약 처방자: 전의촉탁 안상호
> 현장 하수자: 성명 미상의 지밀나인
> 사용된 독약: 청산가리(시안화칼륨)
> 시해 목적: 고종의 파리 밀사 파견·북경 망명 기도 및 유사사건 재발 방지(황태연 2017b, 528)

백성은 일제에 의한 고종의 독시를 간파했던 것으로 보인다. 고종의 죽음을 애도하면서도 일본을 향한 격노가 표출되었다는 러시아 자료는 1919년 3·1운동의 기폭제가 고종이었음을 확인해준다.

고종이 강제로 죽음에 이르게 되었다는 소문이 사람들 사이에 퍼졌고, 많은 사람들이 그렇게 믿고 있습니다. 장례식은 서울에서 거행되었는데 많은 조선 사람들이 지방에서도 올라와 참여했기에, 그 숫자가 어마어마했습니다(참가한 사람의 수가 30만 명에 이른다고 합니다). 그래서 철도 관리국은 수도로 향하는 순례객 무리들을 더 이상 받아들이지 말라고 명령까지 받았습니다. (…) 전 황제의 죽음은 백성의 마음이 표출되는 계기가 되었고, 일본을 향한 진실된 격노가 표출되는 통로가 되었습니다.[19]

윤치호의 기록도 이러한 사실을 확인해준다. "(3·1만세운동) 선동자들이 윤덕영과 한상학이 식산食酸(식혜食醯의 오기)에 뭔가를 타서 태황제를 독살했다, 그리고 윤덕영·이완용·조중응·한상룡·신흥우가 한국민들이 행복하고 일본의 통치에 만족하고 있다는 것을 증언하는 문서에 서명했다는 성명서들을 돌리고 있다"(《尹致昊日記(七)》 1919년 3월 4일. 황태연 2017b, 514에서 재인용). 박은식도 고종의 장례식을 다음과 같이 묘사하고 있다. "서울에 있는 남녀노소들이 모두 삼베옷을 입고 돗자리를 깔고서 하늘을 향해 울부짖으며 눈물을 흘렸다. 곡을 하는 사람이 산과 바다를 이루었으며, 7일 동안 끊이지 않았다. 각 지방의 인민들도 일제히 망곡하였으며, 많은 사람들은 서울로 올라와 분통해하며 곡을

---

19 1919년 3월 31일, 서울 주재 러시아 총영사 류트샤가 도쿄 주재 러시아 대사 크루펜스키에게 보낸 보고서(와닌 유리 바실리예비치 외 2016, 358).

하였고 혹은 순국하는 자도 있었다"(박은식 2004, 162). 청년 유생 김황도 "대한문 앞에는 엎드려 통곡하는 사람들로 첩첩산중을 이루고 있었다"고 적고 있다(〈기미일기己未日記〉 1919년 음력 2월 1일, 33. 서동일 2018, 56에서 재인용).

당시 "이것은 반드시 일인의 소위이다. 해아海牙(헤이그)의 전례가 발생하면 저희들이 행한 10년간의 학정이 폭로될까 두려워하여 어선御膳(임금의 음식)에 독을 넣은 것이다"라는 여론이 퍼져 나갔다. 또한 당시 상황에 대해 33인의 민족대표였던 김병조金秉祚는 "흉음凶音이 사방으로 전하여 나가자 흉흉한 여론의 감정이 파도와 같아서 수십만 군중이 대궐 문 앞에 함성을 지르며 몰려들어 삼베로 옷을 입고 짚으로 자리를 깔고 엎드려 밤낮으로 호곡하며, 경향 각처의 상고商賈도 가게를 닫고 서로 조상하였다. 관·공·사립학교 모든 학생들도 남녀가 한가지로 스스로 학과를 파하고 머리 풀어 통곡하며, 거리를 전전하며 어머니와 아버지를 잃은 것과 똑같이 하기를 여러 달 계속하였다"고 전한다(김병조 1973, 35). 3월 1일 만세 군중들은 "덕수궁에 이르러 세 차례 국궁례鞠躬禮를 행하고 만세를 숭호嵩呼하여 소리와 눈물을 함께 떨어뜨리니 전 성城이 파도 같이 흉용洶湧"(김병조 1973, 47)하였다 하니, 고종의 서거에 대한 슬픔은 곧 대한독립의 외침이었던 것이다.

이방자 여사는 "당시 서울에는 인산을 구경하려고 방방곡곡에서 유림들이 모여들어 백립을 쓴 사람들이 가득했고 남녀 학생들이 울부짖는 '대한독립 만세' 소리와 고종 황제의 승하를 조상弔喪하는 울음소리가 어우러져 장안이 떠나가는 듯했다"[20]고 전하며, 이범석은 "경향 각지의 선비와 남녀 백성들이 궐문 밖에서 능소까지 4~50리에 길게 이어졌고, 길가에서 엎드려 통곡하는 사람이 수백만 명이었다"고 적었다 (李範錫 1919).

일본인의 눈에도 이는 마찬가지였다. "고쿠부 차관이 몇 번 경험한 정변을 돌이켜 생각해보고 나서 말하였다. 나는 몇 번 조선의 정변을 경험하였는데, 언제나 일본을 지지하는 자들이 있어서 배일排日의 공기가 아무리 짙다고 하더라도 반드시 친일을 표방하면서 나서는 인물이 있었다. 그런데 이번에는 단 한 사람도 독립론에 정면으로 반대하고 나서는 사람이 없다"(곤도 시로스케 2007, 282-283).

> 임시정부 창건은 3·1만세운동의 소산이었고, 3·1만세운동의 기폭제는 고종 황제의 파리강화회의 밀사 파견 기도와 북경 망명 계획을 저지하려는 일제에 의한 고종의 암살이었다. 따라서 카이로선언의 궁극적 연원은 고종의 부단한 독립투쟁과 그의 독시로 소급된다(황태연 2017b, 486).

고종의 치열한 항일 인생은 3·1만세운동과 대한민국임시정부 수립으로 이어졌고, 대한민국임시정부를 중심으로 하는 독립군·광복군은 적의 중심을 목숨으로 공격하여 한국 국민과 중국 국민을 격동시켰고,

---

20 "이방자 여사 회고록 - 세월이여 왕조여(7)" '고종 승하', 〈경향신문〉 연재 (1984년 5월 15일). 황태연, 2017b, 530에서 재인용.

중국과의 연대를 가능하게 만들어 임시정부의 물적 토대를 공고히 하고 광복군을 결성할 수 있는 힘을 만들었으며, 궁극적으로 카이로선언에 대한민국의 독립이 적시되게 하였다. 그래서 1940년 광복군총사령부는 선언문을 통해 "육탄이 아니면 독립을 이룰 수 없고, 붉은 피가 아니면 민족을 구할 수 없다"(非肉彈無以致獨立, 非赤血無以救民族)[21]고 천명한 것이다.

5. 마치며:
고종과 3·1운동, 그리고 상해 임시정부

1904년 한일의정서 강제 조인, 1905년 을사늑약, 1907년 고종 강제 퇴위와 한국군 해산이라는 국권 망실의 과정을 막으려고 고종은 각고의 노력을 다했다. 1907년부터 3년 여간 해산 국군과 의병이 연합한 국민군은 일제와 치열하게 전쟁을 전개했다. 그러나 나라의 독립을 지키지 못하고 1910년 병탄되었다. 병탄 이후에도 고종 태황제의 독립을 위한 항일운동은 계속되었다. 대한독립의군부의 재건을 통해 항일 조직을 재구축하고, 변화된 상황에 맞게 전략을 수정하여 비폭력 투쟁노선으로 전환했다.

21 한국광복군총사령부성립전례위원회韓國光復軍總司令部成立典禮委員會, 「경고중화민국장사서敬告中華民國將士書」(대한민국 22[1940]년 9월 17일). 『일제침략하 한국 36년사』(12권), 국사편찬위원회 한국사 데이터베이스.

식민지 백성의 삶은 일제의 강탈과 억압으로 도탄에 빠져 들어갔다. 이런 상황에서 미국 윌슨 대통령의 민족자결주의라는 환경을 활용하여 파리강화회의에 밀사를 파견해서 국제 사회에 일제의 폭압과 대한의 독립 필요성을 알리는 한편, 북경에 망명정부를 구성할 계획에 착수했다. 이런 정황을 알아챈 일제는 고종을 독시하여 문제의 근원을 해결하는 방법을 택했다. 백성은 고종의 죽음이 일제에 의한 독살임을 간파하고 죽음에 대한 슬픔을 독립만세운동으로 승화시켰다. 따라서 우리 헌법 전문이 밝히고 있듯, 대한민국은 "3·1운동으로 건립된 대한민국임시정부의 법통"을 근간으로 하며, 3·1운동은 일제의 가혹한 식민통치에 대한 국민의 분노와 일제에 의한 고종의 독시에 대한 공분이 결합되어 일어난 것이므로, 대한민국 법통의 뿌리에는 백성과 고종의 부단한 독립투쟁이 있었다는 것을 알 수 있다. 이는 일제가 고종을 독시한 이유가 파리강화회의 밀사 파견과 북경 망명정부 계획을 저지하려는 것이었다는 점에서 확인할 수 있다. 동시에 거족적인 비폭력 저항운동 방식도 고종과 순종의 비밀 황칙을 받든 임병찬의 정치전략서 〈관견〉에 의한 것이었다는 점에서 그 의미는 더욱 지대하다.

고종 황제의 국권회복운동에 적극적으로 협력했던 헐버트(Homer Hulbert)는 1942년 워싱턴에서 열린 한인자유대회에서 다음과 같은 연설을 했다.

> 역사에 기록될 가장 중요한 일을 증언하겠다. 고종 황제는 일본에 항복한 일이 결코 없다. 굴종하여 신성한 국체를 더럽힌 일

도 없다. 휜 적은 있으나 끝내 굴복하지 않았다. 생명의 위협을 무릅쓰고 미국의 협조를 구하였으나 성과가 없었다. 생명의 위협을 무릅쓰고 만국평화회의에 호소했으나 성과가 없었다. 생명의 위협을 무릅쓰고 유럽 열강에 호소문을 보냈으나 강제 퇴위당하여 전달되지 못했다. 그는 고립무원의 군주였다. 한민족 모두에게 고한다. 황제가 보이신 불멸의 충의를 간직하라(김동진 2010, 330~331).

우리는 3·1운동을 어떻게 이해하고 해석해야 할 것인가? 동시에 고종을 어떤 위치와 위상에 놓아야 할까? 3·1운동, 임시정부 100주년이 되는 이 시점에서, 후대에게 부여된 역사적 과제이다. 앞으로 시작될 100년의 미래를 어떻게 살아갈 것인지는 지난 100년을 만들었던 3·1운동과 임시정부에 대한 의미 해석에서부터 출발할 것이다. 여전히 고종을 망국의 무능한 왕으로 볼 것인가? 아니면 파란 눈의 헐버트가 연설한 대로, 일본에 항복한 일이 결코 없었고 생명을 걸고 일제와 싸웠던 불멸의 충의를 가진 왕으로 볼 것인가? 비폭력 저항운동을 통해 대한의 독립을 온몸으로 외쳤던 당대 백성들에게 국가는 어떤 의미였고, 그 국가를 살아갔던 시민사회의 국민들이 지키려고 했던 가치는 무엇이었나? 그것이 대한민국을 이해할 수 있는 중요한 화두일 것이다.

참고문헌

강길원. 2005. 「돈헌 임병찬의 생애와 반일투쟁」. 『전북사학』 제28집. 27~62.

곤도 시로스케. 이언숙 옮김. 2007. 『대한제국 황실비사』. 서울: 이마고.

국사편찬위원회 편. 『韓民族獨立運動史資料集』 11권. 국사편찬위원회 한국사 데이터베이스.

김동진. 2010. 『파란 눈의 한국혼 헐버트』. 서울: 참좋은친구.

김명섭. 2008. 『자유를 위해 투쟁한 아나키스트』. 서울: 역사공간.

김병조. 1973. 「한국독립운동사략」. 독립운동편찬위원회 엮음, 『독립운동사자료집(제6집): 3·1운동사 자료집』. 서울: 독립운동사편찬위원회.

김삼웅. 2014. 『이회영 평전』. 서울: 책보세.

김종수. 2014. 「돈헌 임병찬의 생애와 복벽운동」. 『전북사학』 제44호. 129~160.

박맹수. 2012. 『개벽의 꿈: 동학농민혁명과 제국 일본』. 서울: 모시는사람들.

박은식(1920). 김도형 옮김. 2004. 『한국독립운동지혈사』. 서울: 소명.

서동일. 2018. 「김황의 일기에 나타난 유럽의 3·1운동 경험과 독립운동 이해」. 『한국독립운동사연구』 제64집. 41~77.

안동독립운동기념관 기획, 류시중·박병원·김희곤 역주. 2010. 『국역 고등경찰요사』. 서울: 선인.

와닌 유리 바실리예비치 외 엮음, 이영준 옮김. 2016. 『러시아 시선에 비친 근대 한국』. 성남: 한국학중앙연구원 출판부.

윤소영. 2011. 「한일언론자료를 통한 고종독살설 검토」. 『한국민족운동사연구』 66. 179~224.

───. 2019. 「고종 독살설과 3·1운동」. 『내일을 여는 역사』 통권 74호. 46~61.

이관직. 1985. 『우당 이회영 실기』. 서울: 을유문화사.

이규창. 2004. 『운명의 여진』. 서울: 클레버.

이방자. 방기환 역. 1960. 『재일 영친왕비의 수기』. 서울: 신태양사출판국.

李範錫. 1919. 「經亂錄」. 『동학농민혁명자료총서』. 국사편찬위원회 한국사 데이터베이스.

李相燦. 1990. 「大韓獨立義軍府에 대하여」. 『李載龒博士還曆紀念 韓國史學論叢』. 서울.

이성우. 2014. 「1910년대 독립의군부의 조직화 활동」. 『역사학보』 제224집. 163~195.

李昇燁. 2009. 「李太王(高宗)毒殺說の檢討」. 『二十世紀研究』 10.

이정은. 1990. 「《매일신보》에 나타난 3·1운동 직전의 사회상황」. 『한국독립운동사연구』 제4집. 193~220.

이태진. 2009. 「고종황제의 독살과 일본정부 수뇌부」. 『역사학보』 제204집. 431~457.

이현희. 1979. 「묵암비망록을 통해 본 3·1운동의 내막」. 『월간중앙』 3월호.

───. 2009. 「의암 손병희와 3·1운동」. 『동학학보』 제17호. 289~324.

임기선. 2015. 『숨어 있는 한국 현대사(1)』. 서울: 인문서원.

임병찬. 1986. 『의병항쟁일기』. 마산·서울: 한국인문과학원.

임형진. 2009. 「묵암 이종일과 3·1운동」. 『민족학연구』 8권. 173~191.

정혜정. 2018. 「3·1운동과 국가문명의 교(敎): 천도교(동학)를 중심으로」. 『한국교육사학』 40권 4호. 239~264.

조선헌병대 사령부·조선총독부 경무총감부. 1973. 「조선 3·1 독립 소요 사건: 개황·사상 및 운동」. 독립운동편찬위원회 엮음, 『독립운동사자료집(제6집): 3·1운동사 자료집』. 서울: 독립운동사편찬위원회.

韓國光復軍總司令部成立典禮委員會. 1940. 「敬告中華民國將士書」(대한민국 22[1940]년 9월 17일). 『일제침략하 한국36년사』(12권). 국사편찬위원회 한국사 데이터베이스.

황태연. 2016. 『패치워크 문명의 이론』. 파주: 청계.

──. 2017a. 『백성의 나라 대한제국』. 파주: 청계.

──. 2017b. 『갑진왜란과 국민전쟁』. 파주: 청계.

──. 2018. 『한국 근대화의 정치사상』. 파주: 청계.

〈매일신보〉 1917년 5월 29일. 1917년 7월 19일. 1918년 8월 15일. 1919년 1월 30일.

Algemeine Zeitung. 25. Juli 1907.

〈연합뉴스〉 2019년 3월 14일.

국사편찬위원회 삼일운동 데이터베이스. http://db.history.go.kr/samil/home/manifesto/select_manifesto_detail.do(검색일: 2019. 3. 1.).

4

한반도 이야기

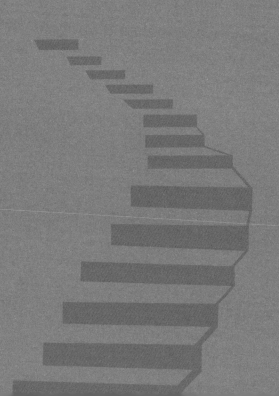

북한 주민과 관료의 '메티스'와 체제전환의 동학: 앙리 르페브르의 '대안공간'을 중심으로

이 글은 북한 주민과 관료의 '기억–공간–일상'의 변화와 체제전환을 연계하는 동학을 발견하려는 목적으로 씌었다. 발표 지면은 『통일정책연구』 제27권 제1호(2018)다.

1. 들어가며:
핵 정치의 '웅장함'과 주민의 '속삭임'

트럼프 미국 행정부는 국무장관 폼페이오의 방북(2018. 3. 31.~4. 1.)을 계기로 북한의 '잠재적 비핵화를 위한 협상 의사'를 확인했다고 발표했다. 뒤이어 북한의 김정은 국무위원장은 노동당 중앙위원회 제7기 제3차 전원회의(2018. 4. 20.)에서 핵실험과 대륙간탄도미사일(ICBM) 시험발사 중지, 길주군 풍계리 핵실험장 폐기, '핵무력과 경제발전 병진노선'에서 '경제건설 집중노선'으로의 변경 등을 담은 중요한 결정을 내렸다. 동시에 올 4월 27일 개최된 남북정상회담은 한반도 비핵화와 평화체제, 남북관계 발전을 담은 선언문 채택을 통해 국제 사회가 놀랄 정도의 합의에 도달했다. 그야말로 폭풍 같은 변화의 도정에 한반도가 위치하고 있다는 것을 실감케 한다. 이런 파격적인 변화의 원인은 북한 사회의 변화와 국제 사회의 압력이라는 거대한 흐름의 충돌과 조정 과정에서 발생했다고 볼 수 있다.

최근 북한의 변화된 전략에 대해 핵 고도화의 완성에 따른 협상력 제고 방략이라는 의견과 국제 사회의 압력으로 인한 체제 유지 차원의 선택이라는 대립적 의견이 제시되고 있다. 그 명확한 답을 얻을 수 없는 것이 현실이다. 단, 북한 사회의 변화와 관련해 분명한 점은 북한의 핵 능력이 상당한 수준까지 향상되었으며,[1] 북한 사회의 '시장화'는 돌이킬 수 없는 수준으로 확산되었고, 북한의 일부 기업은 자본주의 조직처럼 움직이고 있다는 것이다.[2] 동시에 국제 사회는 과거와는 비교가

안 될 만큼 강력한 수준의 제재와 압박을 진행하고 있다.

북한 사회는 중대한 기로에 서 있으며 새로운 변화의 길로 가야 한
다. 이와 같은 변화의 원인은 국내외의 다양한 조건들에 의한 것이겠
으나, 본 연구의 목적은 북한 사회 내부의 변화가 어떻게 진행되고 있
으며, 이 변화가 북한의 체제에 어떤 영향을 미칠 것인지 추적하는 것
이다.

1990년대 북한은 사회주의권 붕괴와 상징 권력인 '수령'의 사망, 증
여 시스템의 붕괴, 심각한 자연재해에 의해 위기국면에 진입했으며, 이
과정에서 주민과 관료들은 새로운 '기억-공간-일상'을 체험했고, 지배
의 전략에 순응하면서 동시에 새로운 생존과 저항의 방식을 구성했는
데, 그것이 바로 생존의 윤리로서 새로운 일상을 만들어 나가는 '실용
적 기술과 지혜'인 '메티스mētis'이며, 이를 통해 사회관계가 새롭게 구
성되었다. 즉, 북한의 주민과 관료들이 겪어온 삶의 기억과 체험이 누적
되어 새로운 행위의 원천이 되고, 갱신된 '메티스'에 의해 일상과 공간
이 변형되는 과정이 반복되는데, 이 '메티스'가 체제에 어떤 영향을 미

---

1 전문가들은 ICBM 기술과는 별개로 북한이 6차에 걸친 핵실험을 통해 핵무기
  를 완성했을 가능성이 높은 것으로 보고 있다. 지난해 9월 북한의 6차 핵실험
  당시 위력은 군 당국 기준 50kt(킬로톤·1kt은 TNT 1000t의 위력)이었다. 미국
  에선 300kt에 달한다는 분석도 나왔다. 50kt이라면 1945년 히로시마에 투하된
  원자폭탄 위력(15kt)의 3.3배. 비공식 핵보유국 파키스탄이 1998년 감행한 마
  지막 핵실험 위력은 40~50kt 규모로 알려져 있다(《동아일보》 2018. 4. 23.).
2 "Creeping capitalism: How North Korea is changing," *BBC News*,
  October 9, 2015.

치며 변화를 가하는지 살펴보려는 것이다.

북한의 공간에 대한 연구는 다양한 주제와 범주에서 진행되었다.[3] 특히 도시의 형성과 발전, 변화를 통해 체제의 동학을 발견하려는 연구가 2000년대 초반부터 꾸준히 성과를 내고 있다.[4] 동시에 이러한 공간 연구의 한계를 지적하며 입체적이며 구체적인 새로운 연구를 모색할 필요성을 제기한 연구들이 계속 등장했다.[5] 이러한 흐름은 북한 연구에서 공간과 도시의 문제가 새로운 연구의 대상으로 발견·해석되어왔다는 것을 의미하며, 공간을 둘러싼 지배와 저항의 길항拮抗 관계 속에서 새로운 공간적 변형과 점유가 발생하고, 변모된 공간을 통해 체험된 기억은 새로운 행동으로 전이되어 북한 주민과 관료의 심성과 정체성을 변화시키는 중층적 과정이 전개되고 있기 때문이다. 따라서 이 논문은 기억-공간-일상을 전유하는 북한 주민과 관료들의 '메티스'를 통해 '대

---

3 북한 공간에 대한 연구의 범주와 연구 내용에 대해 자세하게 제시한 글은 홍민, 「북한 연구에서 '공간' 이해와 도시사의 가능성: 함흥과 평성의 사례를 중심으로」, 『북한학연구』 제8권 2호(2012), 14~18쪽 참조.

4 최완규 엮음, 『북한 도시의 형성과 발전』(서울: 한울아카데미, 2004); 최완규 엮음, 『북한 도시의 위기와 변화』(서울: 한울아카데미, 2006); 이우영 엮음, 『북한 도시주민의 사적 영역 연구』(서울: 한울아카데미, 2007); 임형백, 「사회주의 북한 공간구조의 자본주의 공간구조로의 변화 전망: 북한 내부요인과 동북아 공간구조의 변화를 중심으로」, 『한국정책연구』 제10권 1호(2010) 등.

5 김종욱, 「북한 관료의 일상과 체제변화: '지배공간'의 변형과 기억의 실천」, 『현대북한연구』 제12권 3호(2009); 조정아, 「구술자료를 활용한 북한 도시연구: 이론적 자원과 방법」, 『북한학연구』 제8권 2호(2012); 오인혜, 「북한의 헤테로토피아적 장소성과 점화 효과: 재미교포를 중심으로」, 『대한지리학회지』 제50권 4호(2015) 등.

안공간'의 확산과 형태를 추적함으로써 체제변화의 입체적 모습을 포착하려는 것이다.

이러한 새로운 사회관계의 구성은 체제에 영향을 미칠 것이며, 체제전환의 동학으로 작용할 것이다. 따라서 체제전환의 동학은 주민과 관료들이 시간의 흐름에 따라 살아가는 그 과정에 대한 기억, 기억의 축적에 의한 행동의 변화, 그 행동의 실천에 의한 공간의 변형, 이 모든 것이 전개되는 일상의 변화 과정에 대한 추적을 통해 확인할 수 있을 것이다. 본 연구는 이러한 목적을 달성하기 위해 제2장에서 메티스와 체제전환 간의 동학에 대해 설명한다. 제3장에서는 국가 전략과 충돌하는 일상, 일상의 변화에 의한 공간의 변형이 어떻게 발생하며 '지배공간'을 '대안공간'으로 전환하는 주민과 관료들의 메티스는 어떠한지 살펴본다. 제4장은 북한 사회의 공간 변형은 어느 정도의 수준이며 이 변화에 따라 일상이 어떻게 변모되는지 살펴보면서 체제전환의 양상을 분석한다. 그리고 제5장 결론을 통해 마무리할 것이다.

2.   '메티스'와 체제전환의 동학

주어진 체계가 얼마나 공포를 부추기든 간에, 어떠한 저항도 사전에 막아버리는 고문과 처형을 제외한다면, 언제나 저항과 불복종, 대항 세력화의 가능성이 존재한다는 사실을──이는 일반적으로 간과되는데──고려해야만 합니다.[6]

"자신의 의지를 타인의 행동으로 강제할 수 있는" 지배에 복종하는 것,[7] 그 역으로 지배에 의한 억압에 맞서 전개되는 저항과 불복종, 이 지배와 저항의 충돌은 새로운 대항 세력화의 가능성을 의미한다. 이 저항과 복종은 체제에 영향을 미치는데, 여기서 의미하는 체제전환은 사회주의 계획경제에서 자본주의 시장경제로의 변화, 전체주의에서 민주주의 제도로의 변화를 의미하는 '체제이행'이나 정치체제와 경제체제의 제도적 변화만이 아니라 사회의 공식적·비공식적 연결망 구조나 문화, 지배적 가치와 신념체계의 변화를 뜻한다.[8] 따라서 체제전환은 사회주의 국가에서 벌어지는 의사결정의 분권화, 소유제도의 다양화, 정부의 계획과 시장의 조화와 개혁적 조치 등의[9] 제도적 측면에서부터 주민과 관료의 기억과 행동에 의한 공간과 일상의 변화 양상까지 체제에 변화를 가하는 것들에 대해 추적하는 것이다.

6 미셸 푸코, 「공간, 지식, 권력: 폴 래비나우와의 인터뷰」, 미셸 푸코 지음, 이상길 옮김, 『헤테로토피아』(서울: 문학과지성사, 2016), 72쪽.
7 Max Weber, *Economy and Society* (New York: Bedminster Press, 1968), 942쪽.
8 Frank Bonker, Klaus Miller and Andreas Pickel, "Cross-Disciplinary Approaches to Postcommunist Transformation: Context and Agenda," Frank Bonker et al.(eds.), *Postcommunist Transformation and the Social Science: Cross-Disciplinary Approaches* (Lanham, MD: Rowman & Littlefield, 2002). 최완규·이무철, 「북한의 체제전환 전략과 국제협력: 평가와 과제」, 『현대북한연구』 제12권 1호(2009), 10쪽에서 재인용.
9 Marie Lavigne, *The Economics of Transition from Socialist Economy to Market Economy* (New York: St. Martin's Press Inc., 1995), 29~43쪽.

'기억-공간-일상'과 '체제전환'

역사는 기본적으로 시간 가운데서 공간을 형성하고 배열하며 규정한 방식에 따라 영위되는 일상으로 구성된다.[10]

체제전환이 국가의 역사적 특수성을 반영하는 '경로 의존적' 규정력 (개별 국가들의 역사적 특수성을 적극적으로 고려)과 국가 내부의 집합적 행위주체의 전략적 선택(경로 형성 전략: path shaping strategy)의 결합에 따른 복합적 산물이라면,[11] 집합적 행위를 만들어내는 주체들의 '기억-공간-일상'의 변화에 대한 추적은 집합적 행위주체들(주민과 관료)의 전략적 선택의 근거를 밝혀줄 것이다. 또한 집합적 행위주체의 전략적 선택은 사회공간의 변형 속에서 체제전환을 담당할 이행주체의 형성과도 밀접하게 연동된다. 체제의 변화는 이행주체가 어떻게 형성되고 행동했는지 추적하는 것이 중요하다. 특히, 북한의 주민과 관료는 기존 체제가 장악한 공간에서 다양한 방식으로 기억을 축적하고 공간을 변형시킨다. 이 축적과 변형의 경로와 빈도·강도 등이 기존의 '경로 의존적' 규정력을 파괴하는 동인으로 작용한다. 즉, '경로 의존적' 방향을 파괴하는 집합적 행위주체의 전략적 선택이 북한 체제의 새로운 경로를 형

---

10 장세룡, 「헤테로토피아: (탈)근대 공간 이해를 위한 시론」, 『대구사학大丘史學』 제95집(2009), 285쪽.
11 Petr Pavlinek, "Alternative Theoretical Approaches to Post-Communist Transformations in Central and Eastern Europe," *Acta Slavica Iaponica* No. 20 (2003), 88쪽.

성할 것이라는 뜻이다.

기존의 경로를 유지하려는 움직임과 이 경로를 이탈하려는 집합적 행위주체들의 전략적 선택의 움직임은 서로 연계·착종되어 있다. 즉, 이행을 저지하려는 움직임과 이행주체를 형성하여 실천하려는 움직임이 서로 연계 또는 착종되어 진행된다는 것이다. 이런 움직임이 벌어지는 곳은 북한이라는 공간이며, 공간의 변화를 가능케 하는 것은 기억의 축적에 의한 실천이다. 이 기억의 실천에 의한 공간의 변형은 일상생활세계에서 벌어진다.

기억의 실천은 사회적 행위라 할 수 있다. "'행위'는 행위자가 주관적 의미를 이 행위와 결부시키는 경우에 그리고 결부시키는 한에서의 인간의 행위다. '사회적' 행위는 행위자가 뜻한 의미에 따라 타인들의 행태와 관련되고 그 경과 속에서 타인의 행태를 지향하는 그런 행위다."[12] 즉, '사회적 행위'는 '타인과 관련된 의미 있는 인간 행위'이다. 어떤 개인이 누적된 기억에 의해 상황에 따라 대응하는 실천은 '사회적 행위'이며, 타인에게 영향을 미치고 관계의 변화를 가져온다.

이런 기억과 실천의 누적은 낯선 감각에서 점차 일상적 감각으로 전환되고 상식화의 단계를 거친다. 대체적으로 전통은 감정 전염이나 의식적 공감에 의해 전승되고,[13] 부차적으로 의식적 언어 행위를 통해 전

---

12 Max Weber, *Economy and Society*, 4쪽.
13 황태연, 『감정과 공감의 해석학 2: 공자 윤리학과 정치철학의 심층이해를 위한 학제적 기반이론』(파주: 청계, 2015), 2114쪽.

승된다. 무의식적 행위에 의해 나타나는 전통은 바로 일상생활세계에서 벌어지는 인간들의 다양한 행위에 의해 만들어지는 것이다. 부차적인 언어를 통해서만 만들어지는 것이 아니라 태도, 몸짓, 느낌, 교감 등 인간 전체로 느끼면서 전승된다. '기억-공간-일상'의 교차 연계를 통해 북한 체제전환을 이해하는 것은 일종의 새롭게 생성되는 집합적 행위 주체들의 기억을 추적하는 것이며, 공간의 변형을 분석하는 것이고, 이렇게 구성된 일상을 해석하는 것이다.

일상생활세계와 '메티스'

일상이란 의식주처럼 가장 기본적인 물질적 삶의 형태로서 매일매일 반복되고 지루하게 계속되며 별다른 성찰 없이도 일어나는 행위들이다.[14] 일상은 아무런 변동도 없는 지극히 평범한 시공간으로 보이지만, 그러나 그 일상 속에서 새로운 변화가 잉태된다. 일상의 어떤 사건을 계기로 생활세계는 심각한 변동을 일으키고, 과거와는 다른 현실 또는 미래로 인도한다. '전통에 폭력적으로 끼어들어서 과거로부터 이어져온 선과 움직임을 정지'시키는 상황을 연출한다.[15] 역으로 르페브르(Henri Lefebvre)는 "권력은 일상생활의 분명한 따분함 속에, 일상생활의 사소함 아래 깊은 곳에, 일상생활의 바로 그 일상성(ordinariness) 안에서 비일상적인 어떤 것으로 숨겨져 있다"고 주장했다.[16] 따라서 일상생활

---

14 안병직 외,『오늘의 사회학』(서울: 한겨레신문사, 1998), 29~30쪽.
15 해리 하르투니언 지음, 윤영실·서정은 옮김,『역사의 요동: 근대성, 문화 그리고 일상생활』(서울: 휴머니스트, 2008), 77쪽.

세계 안에서 "매일매일, 그리고 삶의 과정에서 계속 전유되고, 판독되고, 문화적으로 구성되고, 그럼으로써 '현실적'으로 되는 실천"에 대한 추적이 필요하다.[17]

즉, '아래로부터의 정치'를 수행한 '주체'들의 이야기를 기존 역사에 개입시켜야 한다. 국가의 억압에도 불구하고 삶의 공간을 벗어날 수 없는 대중은 "권력이 부과한 기존 질서의 골격을 재채용(re-emploiement)하고 내부적 변형을 가하며 일상적 투쟁과 저항을 실천"했다. 이 과정은 "지배집단이 부과한 체계를 이용자들이 자신의 이익과 목적에 부합하도록 무한히 변환하고 적응하는 '전유'(appropriation)의 과정"이었다.[18] 이렇듯 대중은 지배자에 의해 강요된 지배전략을 '재채용', '은유화', '암시'(insinuation)의 형식으로 횡단하는 '밀렵'(braconnage)[19]의 전략으로 대응했다.[20]

권력 없는 대중은 일상 속에서 언제나 규정, 규칙, 경향을 따르고 그

---

16 Sam Halvorsen, "Taking Space: Moments of Rupture and Everyday Life in Occupy London," *Antipode Vol.* 47 No. 2 (2015), 406쪽.

17 알프 뤼트게, 「'붉은 열정'이 어디 있었던가?」, 나종석 외 옮김, 『일상사란 무엇인가』(서울: 청년사, 2002), 331쪽.

18 장세룡, 「미셸 드 세르토의 일상과 민중문화」, 『서양사론』 제82호(2002), 206~209쪽.

19 '밀렵'은 "일정 장소를 자기 공간으로 삼아 잠시 전유하고 의미를 생산하는 공작 활동"이다. 이 생산은 기억을 발명하는 과정이며, 밀렵은 권력이 지배하는 전략적 장소에서 벗어나는 것이다. 장세룡, 『미셸 드 세르토, 일상생활의 창조』(서울: 커뮤니케이션북스, 2016), 38~39쪽.

20 장세룡, 위의 논문, 213쪽.

것에 동참하면서도 때로는 이탈하고 거리를 두며 고집스럽게 거부하기도 하면서 자신의 영역을 확보하기 위해 실천했다.[21] 즉, 불평등과 억압의 대상인 대중은 저항적 통방通房 행위와 연대적 모의를 통해 지배의 의도를 '전유'하거나 저항하는 방식을 통해 '일상의 정치' 영역을 구축한다. 이처럼, 일상생활세계에서 북한 주민들이 벌이는 다양한 삶의 영위는 기억의 실천, 공간의 변형, 일상 삶의 재구성으로 나타난다.

북한 사회는 주민과 관료들이 다양한 방식으로 자신의 일상을 꾸려나가는 '메티스'로 가득 찬 공간이다. '메티스'는 항상 변화하는 자연과 인간 환경에 적응해온 '실용적 기술'과 '획득한 지혜'의 포괄적 영역을 의미하며, 암묵적이고 경험적인 속성을 갖는다. 따라서 그것을 실천하는 사람들에게는 거의 제2의 천성이 될 만큼 기민하고 실용적인 적응을 가능케 하는 것이다. 또한 '메티스'는 어떠한 공식도 적용할 수 없는 천재성이라는 영역과 기계적인 반복으로 습득할 수 있는 성문화된 지식 영역 사이의 넓은 공간에 있는 인간의 포괄적 행위를 의미한다. 즉, '메티스'의 본질은 구체적인 상황 속에서 경험의 법칙을 어떻게 그리고 언제 적용하는지 아는 것이다. 따라서 국가의 제도도 다양한 인간들의 '메티스'를 통해 변경되고 다시 갱신되는 반복적 관정을 거치게 된다.[22]

민중이 기존 제도와 담론을 수용해 이용하면서 편집, 수정, 파괴 및 전복하는 전유 활동을 술수(la ruse)로 규정한 세르토(Michel de

---

21 알프 뤼트케, 「일상사 중간보고」, 『일상사란 무엇인가』(서울: 청년사, 2002), 47쪽.
22 제임스 C. 스콧 지음, 전상인 옮김, 『국가처럼 보기: 왜 국가는 계획에 실패했는가』(서울: 에코리브르, 2010), 472~477쪽.

Certeau)는 이 술수라는 용어를 약자가 권력의 체계에서 빈틈과 맹점을 이용해 강자를 극복하는 지혜로운 사고를 뜻하는 그리스어 '메티스'에서 끌어냈다.[23] 술수가 억압받는 자들이 자신의 생존과 자유를 위해 권력의 빈틈과 맹점을 이용해 강자를 극복하려는 '메티스'에서 착안된 것이라면, '메티스'는 오랜 일상적 경험 속에서 터득된 일종의 축적된 '노하우knowhow'다.

따라서 이를 북한에 적용한다면, '메티스'는 주민과 관료들이 구체적인 상황에서 자신의 생존·욕망·이익을 위해 경험 속에서 터득한 행위이다. 경험은 행위의 실행을 통해 전개되었던 상황의 기억이고, 그 실행이 적합했는지 그렇지 않았는지에 대한 누적적 기억이며, 그 기억에 대한 판단을 통해 새롭게 재구성되는 실용적인 적용이다. 따라서 '메티스'는 "계속해서 변화하는 상황에 성공적으로 적응하는 능력"으로서 '실용적 기술'과 "자신의 적을 이해하고 능가할 수 있는 역량"으로서 '획득한 지혜'다.[24] 북한의 주민과 관료들은 자신의 생존·욕망·이익을 위해 어떤 상황에 적합한 '실용적 기술'을 개발하고, 이것은 누적적 시간과 기억 속에서 적용 가능성을 더욱 높여서 '획득한 지혜'가 된다. 특히 '메티스'는 "융통성 없는 획일적인 그 무엇이 아니라 유연하고 지역적이며 또한 다양하다."[25] 지배가 통제하기 어렵고, 항상 지배의 손아귀에서 벗어나는 무엇이라는 뜻이다.

23 장세룡, 『미셸 드 세르토, 일상생활의 창조』, 47쪽.
24 제임스 C. 스콧, 위의 책, 472쪽.
25 위의 책, 502쪽.

3. 국가전략과 충동하는 일상, 그리고 공간의 변형

북한은 '고난의 행군' 기간을 거쳐 새로운 사회로 이행하고 있는 과도기로 판단된다. 이런 새로운 사회로의 이행을 가능케 한 것은 주민과 관료들의 다양한 '메티스'였다. 북한 사회는 일상적 삶의 공간인 작업장, 시장, 가정에서 변화가 진행 중이며, 이 변화는 '실용적 기술'과 '획득한 지혜'로 진화하고 있다. 즉, 북한 사회 변화의 미시적 요인으로서 '메티스'의 기술과 지혜를 유형화하고 그 동학을 분석하는 것은 거시적 변화의 전조를 알 수 있는 바로미터가 될 수 있다.

국가전략과 충돌하는 '집단기억'

국가의 전략과 개인의 일상 삶은 다양한 층위에서 충돌한다. 그 충돌의 시간 동안 개인들의 공동의 기억은 새로운 실천을 만들어낸다. 일상 삶에서의 '기억'의 누적과 국가의 전략을 전유하려는 '상상'이 결합되어 새로운 '실천'을 잉태한다는 것이다.

'기억'은 감각이 영혼 속에 남아 보존되는 것이라서 이성보다는 감성에 가깝다. 반복적 과정에 의해 오랫동안 축적된 기억은 사람들에게 현명함을 제공하게 된다.[26] 이 현명은 사람들의 실천을 위한 길잡이가 된

---

26 황태연, 『공자와 세계: 패치워크문명 시대의 공맹 정치철학 제1권(상)』(파주: 청계, 2011), 311쪽.

다. 이는 '메티스'의 정의와도 의미상 연결된다.

즉, 어떤 일의 발생과 기억의 축적은 경험을 이루고 이 경험은 현명함을 제공하여 사람이 어떤 상황에 대처할 수 있는 실천의 방법이 된다. 또한 기억의 문제를 간과할 수 없는 것은, 벤야민(Walter Benjamin)의 주장에 따르면, 기억이 "이따금씩 위기의 상황에서 새로운 가능성을 드러내기 위해 통제할 수 없는 방식으로 '발화하는' 잠재성"을 가지고 있기 때문이다.[27]

우선, 알박스(Maurice Halbwachs)의 '집단기억' 이론을 통해 국가의 기존 정체성과 새롭게 형성된 정체성 간의 충돌 메커니즘을 분석할 필요가 있다. '집단기억'은 특정한 집단을 이루는 구성원들 간의 의사소통과 상호작용을 기억의 '사회적 틀'(cadre sociaux)로 보고, 기억이란 이런 틀을 통해서만 매개되며 그 내부에서만 유효하다는 근거 속에서 '집단기억'이 집단 구성원들에게 자신들을 여타의 집단과 구별 짓는 특수한 정체성을 제공한다는 이론이다.[28] 집단 구성원들은 기억에 의해 집단 외부에 대해 배타적이지만 집단 내부에서는 지속성, 연속성, 동질성의 의식을 갖게 된다.

알박스에 의하면 '집단기억'은 개념과 이미지가 결합된 양태를 보여

---

27 데이비드 하비 지음, 임동근·박훈태·박준 옮김, 『신자유주의 세계화의 공간』 (서울: 문화과학사, 2010), 221쪽.

28 Maurice Halbwachs, translated by Lewis A. Coser, *On Collective Memory* (Chicago: Univ. of Chicago Press, 1992). 전진성, 『역사가 기억을 말하다: 이론과 실천을 위한 기억의 문화사』(서울: 휴머니스트, 2005), 48~49쪽에서 재인용.

북한 주민과 관료의 '메티스'와 체제전환의 동학 203

주고 특정한 공간을 통해서 실체화되며, 공간을 창조함으로써 공고해진다.[29] 공간을 매개로 형성되는 집단기억은 정체성 또는 전통을 산출한다. 즉 집단기억은 "공간의식에 매개된 '생생한 기억'으로서 그 집단 구성원들에게 '구체적' 정체성을 제공하는 역할"을 한다.[30] 그러나 집단기억이 "하나의 정체성으로 고착되지 않고 항상 유동적이라면 오히려 그것은 통합보다는 갈등의 장 또는 그 잠정적 결과로 보는 편이 옳을 것"이며, 이 유동성의 틈새를 통해 대항기억이 생성된다. 즉, 집단 구성원들의 정체성을 제공하는 집단기억이 "기성 질서를 변호하는 이데올로기로 전락"할 때 이에 대항하는 새로운 기억의 생성을 뜻한다.[31]

'대항기억'은 '집단기억'의 전복적 대안으로 작동할 수 있다. 기존 국가 정체성과 '고난의 행군' 이후 새롭게 구성된 주민과 관료의 기억이 충돌하고 있다면, 새로운 대항기억이 생성될 수 있다는 것이다. 그 이유는 새롭게 구성되는 대항기억은 새로운 행위 실천의 동인이며, 이것이 실천된다면 체제를 둘러싸고 일상생활 공간에서 균열이 만들어지고 있음을 암시하기 때문이다.

'지배공간'과 '대안공간'의 동학

"'공간은 무엇인가?'라는 질문은 따라서 '어떻게 상이한 인간 실천이

---

29 전진성, 위의 책, 49쪽.
30 위의 책, 50쪽.
31 위의 책, 93쪽.

공간의 상이한 개념화를 창출하고 또 그것을 사용하는가?'라는 질문으로 대체된다."[32] 공간은 "생산물이자 생산자이고, 경제적 관계, 사회적 관계의 토대"이며, "'사회'와 더불어 변화하는 것"이다.[33] 즉, "(사회적) 공간은 (사회적) 생산물"이다.[34] 공간의 변화는 인간의 실천과 결부된다. 인간의 실천이 전개되면서 공간은 새롭게 창출되거나 개념이 부여된다. 따라서 인간이 공간에서 어떤 실천을 전개하는가에 따라 그 공간의 의미가 설명되는 것이다.

공간은 주로 국가적 구획에 의해 통제되는 영역이기 때문에 지배권력이 적극적으로 개입하여 생산하고 통제하는 '지배공간'으로 규정할 수 있다. 따라서 '지배공간'에서 실행은 지배의 규범과 제도를 따라야 하며, 위반할 경우 법률적 제재 또는 신체적 구속을 받을 수 있다. 이 공간을 변형하기 위해서는 지배의 규범과 제도를 위반하는 인간의 실천이 개입되어야 한다. 그 실천의 개입은 공간의 개념과 성격을 다르게 변모시킨다. 이는 '지배공간'에서 자신의 공간을 확보하기 위한 실천이 전개되는 '저항공간'의 창출을 의미한다.

앙리 르페브르는 '지각공간'(perceived space), '인지공간'(conceived space), '체험공간'(lived space) 개념을 통해 공간에 대한 설명을 시도했

32 David Harvey, *Social Justice and the City* (Baltimore: The Johns Hopkins University Press, 1973), 13~14쪽.
33 앙리 르페브르 지음, 양영란 옮김, 『공간의 생산』(서울: 에코리브르, 2014), 27~29쪽.
34 위의 책, 71쪽.

다.[35] '지각공간'은 대중이 일상적 행위나 전망을 상식적 감각으로 반복하는 공간으로, 물리적 생산과 집단적 연대의 성취 가능성과 인간의 개별 원자화 현상의 유발 가능성이라는 이중성이 공존하는 곳이며, '인지공간'은 '지식' 또는 '개념공간'으로서 공간의 표상에 관한 모든 이론적 담론의 공간이고, '체험공간'은 공간과 대상을 유동적이며 상황적인 상징과 심상으로 체험하는 곳이다.[36] 따라서 공간의 변형은 일상 삶을 살아가면서 인간들이 느끼는 감각, 상상, 감정, 의미들이 전개되는 '체험공간'에서 벌어진다. '체험공간'은 '권력과 폭력의 상징 등을 수동적으로 체험'해온 곳이며, 동시에 '규범적 실천을 벗어나 자발적으로 저항'을 전개해온 곳이다.[37]

'지배공간'이 변형을 통한 '저항공간'은 일종의 '대안공간'을 뜻한다. '대안공간'은 "제도적 권력의 공간 담론을 변혁하는 은밀한 지하운동적

---

35 Kanishka Goonewardena, Stefan Kipfer, Richard Milgrom, Christian Schmid, *Space, Difference, Everyday Life: Reading Henri Lefebvre* (New York & London: Routledge, 2008), 29쪽. 자세한 설명은 앙리 르페브르, 위의 책, 80~97쪽.

36 장세룡, 「앙리 르페브르와 공간의 생산: 역사 이론적 '전유'의 모색」, 『역사와경계』 제58권(2006), 307쪽. 데이비드 하비는 르페브르의 세 가지 공간을 다음과 같이 해석한다. 물질적 공간(물리적 접촉과 감각에 기반한 지각과 경험의 공간), 공간의 재현(머릿속으로 이해되고 재현되는 공간), 재현의 공간(우리가 일상생활을 사는 방식을 구성하는 감각, 상상, 감정, 의미들의 생활공간)이라는 자기 고유의 삼각분할을 고안한 것이라 본다. 데이비드 하비, 『신자유주의 세계화의 공간』, 209쪽.

37 장세룡, 「앙리 르페브르와 공간의 생산: 역사 이론적 '전유'의 모색」, 『역사와경계』 제58권(2006), 307쪽.

실천을 수행하고, 지배와 강제된 사회적 공간의 규범 밖에서 새로운 공간적 존재와 실천 양식을 확보하려는 시도"로서 드러난다.[38] 공간은 국가에 의해 통제되고, 위계적으로 구성되고, 행정적으로 구획되지만, 동시에 민중적 점유의 가능성이 상존하는 가능성의 공간이다.[39] 즉, 저항을 통해 지배를 전복할 수 있는 '대안공간'이라는 것이다. "공간에 대한 공적 권리는 공적 공간을 정치적 항의의 장소이자 항의자들을 위한 장소"로 만든다.[40] 따라서 이행기에는 새로운 공간의 생산이 관찰되며, 이 공간은 다른 양상으로 변화된다.[41]

시장의 상설화·합법화는 주민들의 시장 활동의 결과로 실현된 것이며, 따라서 시장은 시장 관계자들의 권리를 주장할 수 있는 공간으로 전환된다. 이처럼 공간에 대한 공적 권리의 확산은 '지배공간'을 서서히 '대안공간'으로 전환시키는 양상을 띤다. 이러한 기억의 축적은 공적 공간 확보를 위한 다양한 실천과 결합되며, 이 실천을 통해 "공간에의 접근과 조종 및 통제를 모색하는 공간투쟁은 공적 인정을 획득하는 강력한 전략"이 된다.[42] 즉, 북한에서 벌어지는 시장 확산과 국가 통제의 충돌 과정을 추적하고, 국가 통제 영역 밖에서 개인들의 행위(점)가 어떻

---

38 위의 글, 308쪽.
39 김종욱, 「북한 관료의 일상과 체제변화: '지배공간'의 변형과 기억의 실천」, 『북한의 권력과 일상생활』(파주: 한울, 2013), 285쪽.
40 장세룡, 「도시공간점거와 직접행동 민주주의: 2011년 9월 뉴욕 월가 '점령하라' 운동에 관한 성찰」, 『역사와경계』 제99권(2016), 263쪽.
41 앙리 르페브르, 양영란 옮김, 『공간의 생산』(서울: 에코리브르, 2014), 98쪽.
42 장세룡, 「도시공간점거와 직접행동 민주주의: 2011년 9월 뉴욕 월가 '점령하라' 운동에 관한 성찰」, 『역사와경계』 제99권(2016), 264쪽.

게 전개되고 어떠한 관계망(선)이 형성되어 새로운 공간(면)을 형성하는지 파악할 필요가 있다.

사회주의 국가들, 특히 북한은 감시와 통제를 극단까지 밀어붙인 체제다. 따라서 북한의 사회 공간은 철저하게 국가에 의해 규정되는 '지배공간'이다. 즉, 푸코가 분석한 '파놉티콘panopticon'의 효과가 작동하는 감시공간이다. "밀집된 다수, 다종다양한 교환의 장소, 서로 의존하고 공동하는 여러 개인, 집단적인 효과인 군중이 해소되고, 그 대신 구분된 개개인의 집합이라고 하는 새로운 시설의 효과가 생기는 것"으로, "간수의 관점에 선다면 그러한 군중을 대신하여 계산 조사가 가능하고 규제하기 쉬운 다양성이 나타나며, 유폐된 자의 관점에 선다면 격리되고 관찰되는 고립성이 나타"나는 원리이다. 즉, "권력의 자동적인 작용을 확보하는 가시성에 관한 영속적인 자각 상태를 유폐되는 자에게 유도하는 것이다."[43]

이 파놉티콘의 효과가 균열된다면 통제와 감시 그리고 처벌도 약화될 것이다. 감시는 인간의 다양성에 관한 질서화를 확보하기 위한 기술인데, 감시는 엄청난 비용이 발생하기 때문에 더욱 효율화되어야 한다. 만약 이런 효율성과 강력함이 이완된다면 감시의 효과는 축소되고 '밀집된 다수, 다종다양한 교환의 장소, 서로 의존하고 공동하는 여러 개인'들의 자유로운 활동을 통제할 수 없다. 바로 이 약화된 상황에 적응하는 것이 '메티스'다.

43 미셸 푸코, 박홍규 옮김, 『감시와 처벌』(춘천: 강원대학교출판부, 1994), 261쪽.

<표 1> 북한의 '기억-공간-일상'의 변화와 체제전환의 동학

북한의 '기억-공간-일상'의 변화와 체제전환의 동학은 그 선후차성과는 별개로, 국가 지배전략의 관철 과정에서 발생한 인민의 '집단기억'에 의해 '지배공간'에서 이에 반발하거나 전유하는 행위들이 발생하면서 '대안공간'이 창출되고, '지배공간'과 '대안공간'의 충돌에 의해 공간의 변형이 발생하며 동시에 '집단기억'이 갱신되는 반복적 과정을 거친다. 이것을 가능케 하는 것은 일상생활세계에서 주민과 관료들의 행위 실천으로서의 '메티스'다. 즉, 국가의 이데올로기와 인민의 '집단기억'이 충돌하는 것이다. 이데올로기의 확산은 '읽어야' 하는 어떤 것이 아니라 모든 주체의 현상학적·경험적 생활세계에서 구체화되는 어떤 것이며, 이데올로기 전파의 핵심 모드의 하나는 기억과 공간 간의 연결이

다.[44] 따라서 주민과 관료들의 메티스에 의해 국가 이데올로기가 단절되는 사태가 벌어진다. 바로 그곳에 '대안공간'이 자리 잡게 되는 것이다. 다음 장에서는 북한 사회의 공간 변형과 일상의 변화에 의해 '대안공간'이 어떻게 확산되고 있는지 살펴본다.

4. 북한 사회 공간의 변형과 일상의 변화

'대안공간'은 "제도적 권력의 공간담론을 변혁하는 은밀한 지하운동적 실천을 수행하고, 지배와 강제된 사회적 공간의 규범 밖에서 새로운 공간적 존재와 실천 양식을 확보하려는 시도"로서 드러난다. '규범적 실천에서 벗어나 자발적으로 수행된 저항'을 통해 구성되는 공간인 것이다. 따라서 '지배공간' 내부의 규범과 강제를 벗어난 해방의 영역이 점차 확산되는 것이며, 동시에 '지배공간'이 축소되는 것이다.

대안공간의 확산 정도

우선, '대안공간'의 확산은 단적으로 시장의 확산에서 확인할 수 있다. 2010년 위성사진 분석을 통해 확인된 공식 시장이 200여 개였는

44 Eli Rubin, *Amesiopolis: Modernity, Space, and Memory in East Germany* (Oxford: Oxford University Press, 2016), 6쪽.

데, 2015년 동일한 분석에 의하면 북한의 합법적 공식 시장은 406개로 5년 사이에 두 배 증가했다.[45] 북한 당국이 5년 사이에 두 배 이상 시장을 공식적으로 인정했다는 것이며, 비공식 시장까지 합치면 그 수는 훨씬 많아진다. 도별 시장 수는 평균 41개, 전체 시장 면적은 83만 9,580m²(55만 6,470평)이며, 총 판매대는 109만 2,990개, 종합시장 한 곳당 이용 인구는 평균 5만 6,690명, 전체 종사자는 109만 9,050명으로 북한 인구의 4.5%에 해당하는 것으로 추산된다.[46] 이렇듯 북한 사회에서 시장은 새로운 공간에서 '익숙한 공간'으로, 당의 복지 시스템을 대체하는 교환과 경쟁의 새로운 삶과 시스템을 제공하는 공간으로 변모했다.

시장의 확산이 중요한 이유는 과거 소련의 경우 시장개혁 이후 사회적 관계가 변화되었고, 사회적 관계의 변화는 분열의 과정을 동반했으며, 분열은 정치적 또는 사회적 분파의 성장 환경이 되는 가운데 각 분파들의 독립성이 강화되었던 역사적 과정 때문이다.[47] 북한에서 시장의 확산은 사회적 분열과 분파의 성장, 이 분파들이 독립성을 강화시

---

45 "북, 합법적 공식 시장 406개," *Radio Free Asia*, 2015년 10월 24일.
46 권태진, 「북한의 농업부문 시장화 실태와 전망」, 『시선집중 GS&J』 제249호 (2018), 3쪽.
47 Hillel Tiktin, *Origins of the Crisis in the USSR: on the Political Economy of a Disintegrating System* (London: M.E. Sharpe, 1992), 170쪽. 윤철기, 「북한체제 위기관리의 동학: 김정일 시대, 체제 위기의 양상과 수준에 관한 평가」, 『한국정치외교사논총韓國政治外交史論叢』 제36집 2호(2014), 99~100쪽에서 재인용.

켜 사회적 다양성과 충돌로 나타날 개연성이 높아지고 있음을 뜻한다.

시장 활동의 확산은 국영기업의 운영방식에도 영향을 미치면서 시장 경제적 요소를 도입하도록 유인하고 있다.[48] 이것은 시장 공간이 북한 사회에서 '은밀한 정당화'를 확보하고 있는 것이다. 시장 활동의 경험을 통해 자신의 이익을 우선시하고 이 이익을 확보할 수 있는 시장 교환의 매개로서 화폐라는 새로운 수단을 일상적으로 사용하면서, 정체성의 변화가 동반된다. 이 과정에서 시장 세력은 시장의 활동을 점차 정당화하며, 이 '은밀한 정당화'를 억제하려는 북한 당국과 도처에서 저항을 전개한다.[49] 이런 현상은 '지배공간'에서 '대안공간'이 확산되고 있음을 보여주는 것이다.

또 다른 변화는 작업장 내부에서 벌어지고 있다. 북한의 기업소에 돈 있는 사람들이 중책을 담당하면서 실질적으로 작업장을 운영하고 있다.[50] 북한 당국의 시장 활동에 대한 일정한 개방성 확대는 기업 활동의 자율성 확대로 이어져서, 돈 있는 사람들이 기업소에 개입하여 경제적 수익을 확대하는 양상으로 전환되고 있다. 이는 북한 기업소의 운영권이 기업소의 당 조직 또는 지배인에서 서서히 '돈주'들에게로 이전되는 것이다.

---

48 임강택, 「북한 시장 활성화의 숨은 그림, 국영기업의 역할」, 『KDI 북한경제리뷰』 2014년 6월호, 27쪽.
49 윤철기, 위의 글, 106~107쪽.
50 임을출, 「북한 사금융의 형성과 발전: 양태, 함의 및 과제」, 『통일문제연구』 제27권 1호(2015), 214쪽.

계획 영역에서 사유화의 확산은 점차 대규모 형식으로 전환되고 있다. 현재 사적 자본이 국영기업으로부터 명의를 대여받고 자산을 임차하여 자금 투자부터 직접 고용까지 전체 경영활동을 책임지는 방식이 확산되고 있으며, 이미 사적 자본이 국영기업에 대부투자를 하고, 투자한 몫에 해당하는 수익금을 회수하는 방식까지 등장했다.[51]

북한 경제에서 비공식 경제영역의 확산은 다양하게 전개되고 있다. 생산재 시장, 소비재 시장, 금융 시장, 노동 시장 등 4대 시장 영역에서 시장 네트워크가 확산·성장하고 있다. 그 네트워크는 '써래기'로 지칭되는 생산·판매상(일종의 매뉴팩처 운영자)의 경제활동을 통해 알 수 있다. 개인이 자기 돈 또는 대여·투자 등을 통해 자본을 확보하여 원자재와 노동력을 구매하고 물자를 생산하여 시장에 판매해 이익을 창출하는 것이다.[52] 이 과정에서 4대 시장은 유기적인 네트워크를 형성하게 되고, 지속적인 이익 창출이 가능할 경우 더욱 확산·구조화된다. 이러한 영역은 서비스, 농업, 수산업, 광업, 무역업, 제조업까지 확산되고 있다.

그다음으로 시장과 관료적 권한의 결합에 의한 시장경제 요소의 확산이 진행되고 있다는 점이다. 첫째, '특수 단위'의 관료적 권한과 돈주의 자본이 결합하는 방식이다. 돈주들은 대부분 '특수 단위'의 '보호'를

51 윤인주, 「북한 내 사적 자본에 의한 기업적 현상 연구」, 『2012 북한 및 통일관련 신진연구 논문집』(서울: 통일부, 2012), 506~507쪽.
52 김석진, 양문수, 『북한 비공식 경제 성장 요인 연구』(서울: 통일연구원, 2014), 55~56쪽.

통해 '특수 단위'의 '시장 활동 대리인'으로 활동하면서, 자기 자본을 투자하여 외화벌이 원천의 채취·가공 및 수출업에 참가하는 '외화벌이 종사자'들이기도 하다.[53] 즉, 국가 특수기관의 관료적 권한과 돈주의 자본이 결합하는 방식으로 대규모 불법적 이익을 공유하는 것이다.

둘째, 공장·기업소의 책임간부 또는 지배인과 시장 세력 간의 이익 공유를 위한 네트워크의 확산이다. 특히 지배인은 "비공식적으로 개인 자금을 투자받아 생산한 상품을 시장에 판매하여 공장·기업소 활성화 자금을 자체적으로 마련하고, 이를 설비 보강이나 자재 확보 등 생산 확대에 재투자한다."[54] 인민경제 부문의 간부들은 국가의 자재 공급이 제대로 이뤄지지 않는 가운데 계획지표를 실현해야 하는 딜레마 상황에 처해 있다. 따라서 이들은 비공식 활동을 통해 관료적 권한을 유지할 수 있는 제반 조건을 구축하는 것이 사활적이며, 동시에 관료적 권한을 통해 사적 이익을 창출하는 이중적 활동을 전개할 수밖에 없다. 이것은 과거 계획경제 시스템에서도 비공식 활동을 통해 계획지표를 채울 수밖에 없었던 다양한 노하우가 시장경제 요소와 결합하여 더욱 풍부화되고 있는 것이다.

셋째, 일반적이며 소규모 수준인 국가기관과 시장의 연계활동이다.

---

53 최봉대, 「북한의 국가역량과 시장 활성화의 체제이행론적 의미」, 『통일문제연구』 제26권 1호(2014), 169쪽. '특수 단위'는 무력부, 보안성, 보위부, 중앙당 특수 부서들, 호위사령부 등과 같은 북한의 특권적 국가기관을 지칭하는 용어다. 같은 글, 162쪽.
54 위의 글, 170쪽.

국가기관들은 시장에서 실현된 잉여를 분할하여 비생산적인 소모성 운영자금으로 사용하는 관성을 가지고 있기 때문에, 이러한 운영자금 확보를 위해 시장 활동과 연계되어 있다.[55]

이러한 북한의 변화는 대부분 합법적 공간에서 이루어지지 않기 때문에 법적 금지사항이다. 그러나 현재 이 상황은 '불법적 구조의 합법적 용인' 수준으로 진입한 것으로 보인다. 이 조치를 엄금할 경우 북한 경제가 작동하지 않기 때문에, 공식적으로 금지되어 있으나 사실상은 합법적으로 용인되는 것이다.

공간의 변형에 의한 삶의 변화

우선, 정보와 문화의 유입에 따른 신념과 가치의 변화로서 '대안공간'이 확산되고 있다. 2000년대 중반부터 북한에서 확산된 한류 현상은 북한 주민들의 신념과 가치의 변화를 가져오는 중요한 문화적 요소로 보인다. 특히, 이런 문화의 유입은 노트텔로 불리는 EVD 플레이어, 중국산 저가 태블릿 PC, 손 전화 등의 다양한 정보접촉 기술에 한류가 결합되어 빠른 속도로 확산되고 있다.

탈북자 또는 중국 체류 북한 주민, 북한 현지 주민들의 인터뷰에서도 신념과 가치의 변화가 읽힌다. 탈북자 인터뷰에서 남북한 국가 성격의 비교 평가가 이뤄지고 있다. 한 탈북자는 "남조선 보도 보면 자유가 모든 사람들한테 다 있다고 해야 하나"라면서 자유의 유무 여부를 통해

---

55 위의 글, 170쪽.

남북한을 비교하며, 동시에 "우리는 아직 대통령을 욕해본 적이 한 번도 없"는데, "남조선은 정치가 너무 물러 터졌다는 생각"도 든다는 느낌을 얘기한다.[56]

당 간부들도 남한의 발전상을 잘 알고 있는 것으로 보인다. "도당 간부나 관리직들은 우리 같은 사업하는 사람들한테 선물을 쿠쿠밥솥으로 사다 주십시오 부탁을 하죠. 그런 것을 본다면 고위층이면 고위층일수록 더 많이 한국에 대해서 알고 있으니깐 한국 물건을 더 찾죠. 지금 말씀드린 그런 사람들이 오히려 국가나 당에 대한 충성이 때가 되면 더 확 바뀔 수 있는 그런 사람들이 아닌가 싶어요."[57]

북한 사회의 기억과 행동의 변화에 의한 공간적 변형은 새로운 기억과 행동으로의 전환과 정체성의 다변화로 나타난다. 북한 주민들에게 주체사상은 삶의 지표이며 강제된 사상이었다. 그래서 여전히 주체사상 외에는 다른 사상을 불온시하는 주민들이 있는가 하면, "그저 먹고 사는 거, 얼마나 잘살 수 있을까에만 신경을 쓰지 사상은 전혀 상관없다"는 주민도 있다. 즉, "그전에 주체사상에 대해 많이 믿었는데, 지금은 주체사상이 없어요. 고저, 오직 고저 하루 살기밖에 생각 안"한다는 생존 중심의 삶, 시장과 이익 중심의 삶으로 변화되는 양상이 확대

---

56 강동완, 「북한으로의 외래문화 유입 현황과 실태: 제3국에서의 북한주민 면접 조사를 중심으로」, 『통일인문학』 제60집(2014), 186쪽.
57 곽정래, 「행위자-연결망 이론(Actor-Network Theory)으로 본 북한 사회 내 정보 이동성과 커뮤니케이션 구조 분화」, 『사회과학연구』 제26권 3호(2015), 380쪽.

되었다.[58]

이런 양상은 북한의 관료들에게도 전형적으로 나타나고 있다. 공안기관원들은 뇌물을 받는 것이 일상적인 것이 되었고, 국가의 일과 시장 두 곳에 연결되어 관료적 권한과 시장적 이익을 연계하여 이익을 창출하고 있다. "뇌물 고저 안 주이건 한 발짝 움직이지도 못"하는 것이 현실적 상황이며, 관료들도 "장사 안 하면 못 먹고 살"아가는 상황이다.[59]

둘째, 시장의 '기억-공간-일상' 변화를 통해 전개되는 공간과 삶의 변동이다. '고난의 행군' 이후 북한에 확산되는 시장은 기억의 변화와 도시 공간의 변형을 가져왔으며, 시장과의 연관 없이 살아가는 것이 어려운 일상을 만들었다. 이러한 지속적인 누적은 북한을 이전과 다른 세계와 삶으로 인도하고 있다. 시장의 확산을 통한 시장경제 공간의 확대는 북한 사회를 양극화로 인도하면서, 계층적 변화를 가하고 있다. 양극화는 시장과 연계된 계층들의 부富가 확대되는 것인데, 그 양상은 관료적 권한을 가지고 있는 관료들과 시장 활동을 통해 이익을 창출한 시장 세력이 주도권을 쥐게 되면서, 이 네트워크에 편입되지 못하는 사

---

58 강동완·박정란, 「김정은 시대 북한 사회 변화 실태 및 북한 주민 의식조사: 제 3국에서의 북한 주민 면접조사를 중심으로」, 『북한학보』 제39집 2호(2014), 117~118쪽. 이 논문은 2012~2014년 북한에서 중국으로 넘어온 북한 주민을 대상으로 한 인터뷰를 담고 있다.

59 위의 글, 128~136쪽.

60 김양희, 「북한의 시장화와 주민 식량권 사이의 상관성 연구」, 통일연구원 북한 인권연구센터 편, 『북한의 시장화와 인권의 상관성』(서울: 통일연구원, 2014), 29~36쪽.

람들을 계속 계층적으로 하락시키고 있다.[60] 이러한 양극화의 심화·확대는 북한 체제변동의 중요한 동인이 될 것이며, 동시에 하류계층들의 생존을 위한 투쟁 속에서 대안공간을 더욱 확장하는 힘으로 작용할 것으로 보인다. 양극화는 정부 능력에 대한 불신과 생존을 위한 투쟁의 적극화로 나타날 것이기 때문이다.

북한 작업장에서 벌어지는 심성 변화도 주목할 만하다. 사회주의 공장은 규율 잡힌 노동자들이 생산의 주역으로 등장하고, '혁신노동자'의 충성의 구호가 흘러나오던 공간이었다. 그러나 '고난의 행군' 이후, 노동자들의 의식은 서서히 변화되었다. 국가의 생산을 담당하는 신성한 공간에서 자신의 이익을 위해 공장을 활용하는 공간으로의 변화를 뜻한다. 즉, 공장·기업소의 '직무가 곧 나의 이익'이 될 수 있다는 생각으로 계획경제를 활용하여 자신의 생존을 최우선 가치로 삼는 노동자들의 삶이 전형화되고 있다는 것이다.[61]

그리고 이미 도시 공간에서 기억의 실천과 공간의 변형 전술을 통해 일상이 변화되고 있다는 조짐은 광범위하게 나타나고 있다. 2009년 전후로 각 도시에 보안국 기동타격대가 설치되었다. 기동타격대는 도시 소요 및 폭동 진압, 비법적 행위 및 비사회주의 현상에 대응하는 것이 목적이다. 2011년 초 청진시 전 보안서장이 괴한들에 의해 살해당한 사건, 함경북도 연사군에서 주민 땔감을 회수하던 산림감독원 3명이

---

61 김화순, 「생존의 정치: 북한의 '공장사회'와 노동자」, 『평화연구』 제26권 1호 (2018), 201~202쪽.

살해당하는 사건 등이 발생한 것은 주민들의 생존을 위한 저항이 도처에서 발생하고 있으며, 이를 방어하기 위해 도시 내부의 새로운 공권력 구축이 전개되었음을 알 수 있다.[62]

김정은의 후계자 시절인 2009년 4월에 기동타격대가 처음 조직된 것으로 알려져 있고 2011년 2월에 인민보안부 조선인민내무군 산하로 정규 편성된 것으로 보인다. 기동타격대는 도시에서 발생할 소요와 폭동을 대비하기 위함이며, 중무기로 무장한 것으로 보인다.[63] 그만큼 도시에서 '대안공간'이 확산되고 있음을 방증한다.

따라서 북한은 지속적으로 '지배공간'이 파괴되고 '대안공간'이 확대되고 있다. 즉, 북한의 주민들은 자신의 참담한 삶을 변화시키기 위한, 또는 자신의 이익을 확대하기 위한 '은밀한 지하운동적 실천을 수행'하고 '지배공간'이 강제하는 규범 밖으로 '새로운 공간적 존재와 실천 양식을 확보하려는 시도'를 지속적으로 전개하고 있는 동시에 지배의 규격화에서 벗어나 다양한 방식의 일상적 실천을 축적하여 민중적 '메티스'를 장착할 것이며, 자신들만의 일상적 리듬을 만들어가면서 공간을 변형하고 체제를 균열·부식시킬 것이다.

62 "북 폭동진압 특수기동대 이달 초 설치", 〈동아일보〉 2011년 2월 24일.
63 홍민, 『북한의 시장화와 사회적 모빌리티: 공간구조·도시정치·계층변화』(서울: 통일연구원, 2015), 177~178쪽.

5. '희뿌연' 파노라마의 북한

한반도의 정세는 급격하게 대화와 협력의 상황으로 전환되고 있다. 이 상황 변화에도 북한 사회 내부에서 생존과 이익을 위한 주민과 관료들의 일상 삶은 지속될 것이다. 주민과 관료들은 '기억-공간-일상'의 변화를 통해 '대안공간'을 창출하고 있다. 사람들이 받아들이는 정보와 사람들이 만들어낸 선택지들은 자연스럽게 습득되고 기억에서 지워지지 않는다. 변화된 일상 속에서 새로운 기억들이 누적되고, 다양한 '메티스'의 실천은 공간을 변형시키며, 변형된 공간 속에서의 일상적 기억은 지워지지 않는다.

이 과정에서 "국가의 프로파간다와 실제 삶의 질 사이의 밀고 당기기"는 지속된다.[64] 이 변화 속에서 '지배공간'의 규범과 강제를 벗어난 해방의 영역이 점차 확산되고 있다. 사회적 분열과 분파가 확산되면서 자체 독립성을 확보하는 경향성이 강해지고 있다. 그것은 북한 사회공간에 시장경제적 요소가 구조적으로 자리 잡아가는 것이다. 그리고 계획경제 공간까지 침투하여 다양한 방식으로 시장경제적 요소를 침입시키고, 직접적 경영권까지 접수하는 상황으로 발전한다. 이 과정은 관료적 권한과 시장적 이익의 공모·담합으로 더욱 확산되고 있다. 동시에 정보와 문화의 유입을 통해 주민들의 신념과 가치가 변화함에 따라 더

---

64 Jieun Baek, "주민들의 정보 접근성이 좌우할 북한 체제의 미래," *NK News* 2017. 2. 17.

욱 확산된다.

주민과 관료들의 '대항기억' 행동화의 속도도 높아지고 있으며, 저항 전술의 다양한 '메티스'도 확산되고 있다. 사회주의 북한에서 자본주의 적 요소를 제어하기 위한 형법과 민법이 보충되고 있으며, 사유화 현상 이 더욱 확산되고 있다. 동시에 북한 당국은 시장을 억제하려고 하지 만 어쩔 수 없이 반복적으로 시장경제적 요소를 확대하고 있다. 이런 조치가 가능한 것은 생존과 이익을 위한 주민과 관료들의 다양한 일상 전술 때문이다.

관료적 권한과 시장적 이익의 공모와 담합이 다양한 공간과 영역에서 벌어지고 있다. 여기에 북·중 교역 루트와 북한 지역 내 시장 네트워크 가 결합되어 상황을 구조화하고 있다. 즉, 북한 주민의 시장 활동, 북한 주민과 관료의 공모와 담합의 네트워크, 북·중 교역의 확대와 다양성 등이 결합되어 북한 전 지역은 시장적 유통망이 촘촘하게 구성되어가고 있다. 이 네트워크는 사람과 물자·정보가 전달되는 점과 선이며, 다양한 주민·관료의 네트워크와 공모·담합의 이동경로이며, 북한 당국도 통제 하기 어려운 생존과 이익이 창출되는 지대로 변모하고 있다.

북한 사회에서 벌어지는 변화가 체제 수준에서 '티핑포인트tipping point'[65]로 기능할 것인지의 예측은 '희뿌연' 파노라마다. 체제 유지의

---

65 티핑포인트 법칙은 역동적 네트워크에서 '몇 가지 중요한 조건이 충족되면' 양 이 증가하고 그것이 결국 질적인 변화까지 만들어냄을 의미한다. 리처드 오글, 손정숙 옮김, 『스마트월드: 세상을 놀라게 한 9가지 창조성의 법칙』(서울: 리더 스북, 2008), 199쪽.

강력한 상징 권력이었던 '수령'은 '화폐'와 경쟁하고 있다. 국가복지의 상징이었던 증여 시스템은 '자강력 제일주의'에 의해 강제적 자립화로 인민에게 맡겨졌다. 관료체제를 유지할 통치자금은 제재와 압박 속에 고갈되고 있다. 또한 '고난의 행군' 이후 주민과 관료들이 겪은 기억, 그리고 그들의 실천이 변화시킨 공간과 일상의 연계는 그들의 신념과 가치를 변화시키고 있다. 즉, 국가 정체성의 변화가 일상으로부터 시작되어 구조와 공간을 변동시키고 있다.

주민과 관료의 생존과 이익을 위한 '대안공간'은 확대되고 있으며, 주민을 통제·억압하는 권력에 맞서 '메티스'로 행동하고 맞서는 전술은 더욱 다양해지고 있고, 당국의 통제로는 제어하기 어려운 수준으로 새로운 관계망과 연줄 문화가 구성되고 있다. '티핑포인트'는 다가오고 있다. 그러나 체제의 붕괴는 불안과 두려움이다. 외부의 바람이 내부의 현실일 수는 없다. 북한의 체제전환은 주민과 관료들이 그 전환의 결과로서 나타날 새로운 체제에 대한 불안과 두려움을 뚫고 나올 때 현실이 될 수 있다. 그것은 온전히 그들의 몫이고, 그들의 실천이 인도할 것이다.

참고문헌

단행본

김석진·양문수. 『북한 비공식 경제 성장 요인 연구』. 서울: 통일연구원, 2014.

김양희. 「북한의 시장화와 주민 식량권 사이의 상관성 연구」. 통일연구원 북한인권연구센터 편, 『북한의 시장화와 인권의 상관성』. 서울: 통일연구원, 2014.

데이비드 하비. 임동근·박훈태·박준 옮김. 『신자유주의 세계화의 공간』. 서울: 문화과학사, 2010.

리처드 오글. 손정숙 옮김. 『스마트월드: 세상을 놀라게 한 9가지 창조성의 법칙』. 서울: 리더스북, 2008.

미셸 푸코. 박홍규 옮김. 『감시와 처벌』. 춘천: 강원대학교 출판부, 1994.

────. 「공간, 지식, 권력: 폴 래비나우와의 인터뷰」. 이상길 옮김. 『헤테로토피아』. 서울: 문학과지성사, 2016.

안병직 외. 『오늘의 사회학』. 서울: 한겨레신문사, 1998.

알프 뤼트게. 「'붉은 열정'이 어디 있었던가?」. 나종석 외 옮김. 『일상사란 무엇인가』. 서울: 청년사, 2002.

────. 「일상사 중간보고」. 나종석 외 옮김. 『일상사란 무엇인가』. 서울: 청년사, 2002.

앙리 르페브르. 양영란 옮김. 『공간의 생산』. 서울: 에코리브르, 2014.

이우영. 『북한 도시주민의 사적 영역 연구』. 서울: 한울아카데미, 2007.

장세룡. 『미셸 드 세르토, 일상생활의 창조』. 서울: 커뮤니케이션북스, 2016.

전진성. 『역사가 기억을 말하다: 이론과 실천을 위한 기억의 문화사』. 서울: 휴머니스트, 2005.

제임스 C. 스콧. 전상인 옮김. 『국가처럼 보기: 왜 국가는 계획에 실패했는가』. 서울: 에코리브르, 2010.

최완규 엮음. 『북한 도시의 형성과 발전』. 서울: 한울아카데미, 2004.

────. 『북한 도시의 위기와 변화』. 서울: 한울아카데미, 2006.

해리 하르투니언. 윤영실·서정은 옮김. 『역사의 요동: 근대성, 문화 그리고 일상생활』. 서울: 휴머니스트, 2008.

홍민. 『북한의 시장화와 사회적 모빌리티: 공간구조·도시정치·계층변화』. 서울: 통일연구원, 2015.

황태연. 『공자와 세계: 패치워크문명 시대의 공맹 정치철학 제1권(상)』. 파주: 청계, 2011.

────. 『감정과 공감의 해석학 2: 공자 윤리학과 정치철학의 심층이해를 위한 학제적 기반이론』. 파주: 청계, 2015.

Halbwachs, Maurice. translated by Lewis A. Coser. *On Collective Memory*. Chicago: Univ. of Chicago Press, 1992.

Harvey, David. *Social Justice and the City*. Baltimore: The Johns Hopkins

University Press, 1973.

Kanishka Goonewardena, Stefan Kipfer, Richard Milgrom, Christian Schmid. *Space, Difference, Everyday Life: Reading Henri Lefebvre*. New York & London: Routledge, 2008.

Lavigne, Marie. *The Economics of Transition from Socialist Economy to Market Economy*. New York: St. Martin's Press Inc. 1995.

Rubin, Eli. *Amesiopolis: Modernity, Space, and Memory in East Germany*. Oxford: Oxford University Press, 2016.

Tiktin, Hillel. *Origins of the Crisis in the USSR: on the Political Economy of a Disintegrating System*. London: M. E. Sharpe, 1992.

Weber, Max. *Economy and Society*. New York: Bedminster Press, 1968.

논문

강동완. 「북한으로의 외래문화 유입 현황과 실태: 제3국에서의 북한주민 면접조사를 중심으로」. 『통일인문학』 제60집, 2014.

강동완·박정란. 「김정은 시대 북한사회 변화 실태 및 북한주민 의식조사: 제3국에서의 북한주민 면접조사를 중심으로」. 『북한학보』 제39집 2호, 2014.

곽정래. 「행위자-연결망 이론(Actor-Network Theory)으로 본 북한사회 내 정보 이동성과 커뮤니케이션 구조 분화」. 『사회과학연구』 제26권 3호, 2015.

권태진. 「북한의 농업부문 시장화 실태와 전망」. 『시선집중 GS&J』 제249호, 2018.

김종욱. 「북한 관료의 일상과 체제변화: '지배공간'의 변형과 기억의 실천」. 『현대북한연구』 제12권 3호, 2009.

─── . 「북한관료의 일상과 체제변화: '지배공간'의 변형과 기억의 실천」. 『북한의 권력과 일상생활』. 파주: 한울, 2013.

김화순. 「생존의 정치: 북한의 '공장사회'와 노동자」. 『평화연구』 제26권 1호, 2018.

오인혜. 「북한의 헤테로토피아적 장소성과 점화 효과: 재미교포를 중심으로」. 『대한지리학회지』 제50권 4호, 2015.

윤인주. 「북한 내 사적 자본에 의한 기업적 현상 연구」. 『2012 북한 및 통일관련 신진연구 논문집』. 서울: 통일부, 2012.

윤철기. 「북한체제 위기관리의 동학: 김정일 시대, 체제 위기의 양상과 수준에 관한 평가」. 『韓國政治外交史論叢』 제36집 2호, 2014.

임강택. 「북한 시장 활성화의 숨은 그림, 국영기업의 역할」. 『KDI 북한경제리뷰』 2014년 6월호.

임을출. 「북한 사금융의 형성과 발전: 양태, 함의 및 과제」. 『통일문제연구』 제27권 1호, 2015.

임형백. 「사회주의 북한 공간구조의 자본주의 공간구조로의 변화 전망: 북한 내부요인과 동북아공간구조의 변화를 중심으로」. 『한국정책연구』 제10권 1호, 2010.

장세룡. 「미셸 드 세르토의 일상과 민중문화」. 『서양사론』 제82호, 2002.

———. 「앙리 르페브르와 공간의 생산: 역사 이론적 '전유'의 모색」. 『역사와경계』 제58권, 2006.

———. 「헤테로토피아: (탈)근대 공간 이해를 위한 시론」. 『大丘史學』 제95집, 2009.

———. 「도시공간점거와 직접행동 민주주의: 2011년 9월 뉴욕 월가 '점령하라' 운동에 관한 성찰」. 『역사와경계』. 제99권, 2016.

조정아. 「구술자료를 활용한 북한 도시연구: 이론적 자원과 방법」. 『북한학연구』 제8권 2호, 2012.

최봉대. 「북한의 국가역량과 시장 활성화의 체제이행론적 의미」. 『통일문제연구』 제26권 1호, 2014.

최완규·이무철. 「북한의 체제전환 전략과 국제협력: 평가와 과제」. 『현대북한연구』 제12권 1호, 2009.

홍민. 「북한연구에서 '공간' 이해와 도시사의 가능성: 함흥과 평성의 사례를 중심으로」. 『북한학연구』 8권 2호(2012).

Bonker, Frank, Klaus Miller and Andreas Pickel. "Cross-Disciplinary Approaches to Postcommunist Transformation: Context and Agenda," Frank Bonker et al. (eds.). *Postcommunist Transformation and the Social Science: Cross-Disciplinary Approaches.* Lanham, MD: Rowman & Littlefield, 2002.

Halvorsen, Sam. "Taking Space: Momentss of Rupture and Everyday Life in Occupy London," *Antipode* Vol. 47 No. 2(2015).

Pavlinek, Petr. "Alternative Theoretical Approaches to Post-Communist Transformations in Central and Eastern Europe," *Acta Slavica Iaponica* No. 20, 2003.

기타 자료
〈동아일보〉
BBC News
NK News
Radio Free Asia

5

미래를 위한 정치: 석과불식碩果不食

'석과불식'은 『주역』의 산지박山地剝 괘의 상효에 나오는 말이다. 산지박은 풍비박산, 박살, 부서짐, 때려 부숨의 괘이다. 그 상효는 "석과불식碩果不食 군자득려君子得輿 소인박려小人剝廬"로서, '큰 과실을 먹지 않고 남겨두니 군자는 수레를 얻으리라. 하지만 소인은 오두막마저 때려 부수리로다'라는 의미다. 즉 "군자는 마지막 큰 과실을 먹지 않고 아껴두었기 때문에 이 씨를 뿌려 큰 나무로 키우듯이 다시 덕과 영향력을 키워 소인배의 시대를 끝장낸다. 반면, 소인들은 마지막 과실을 먹지 않으면 되레 궁색해지므로 이마저 먹어 치우고 몰락한다."[1] 지금 지구는 산지박 괘의 괘사와 같은 형국이다. 지속 불가능성은 풍비박산을 의미하며, 이 위기의 시대에 군자처럼 마지막 씨앗을 남겨둘 것인가, 아니면 그것마저 먹어치울 것인가의 중대 고비다. 군자의 시대로 위기를 극복히여 지구를 살릴 것인가, 아니면 소인들의 탐욕으로 모든 것을 잃을까의 전환의 시대라는 뜻이다.

[1] 황태연, 『실증주역』(파주: 청계, 2010), 392~393쪽.

지구 온난화와 인류의 위기

지구와 인간의 노동이 맺은 열매를 공정하게 분배하는 일은 단순한 자선사업이 아니다. 그것은 도덕적 의무이다. 만약 우리 사회를 다시 판단하고 싶다면, 특히 청년들을 위해 품위 있고 보수가 좋은 일자리들이 만들어지고 있는지를 봐야 한다. 그런 일자리들을 만들기 위해서는 소수의 만족이 아니라 사회 전체적으로 보통 사람들의 혜택을 지향하는 새롭고 포괄적이며 공정한 경제 모델이 제시되어야 한다. 이런 변화를 '유동하는 경제'에서 '사회적 경제'로의 이동이라고 부른다. 그 어느 때보다 우리, 지구의 인간 거주자들은 양자택일의 상황에 처해 있다. 우리는 서로 손을 맞잡을 것인지, 아니면 같이 공동묘지로 갈 것인지 선택해야 하는 상황에 직면해 있다.[2]

고故 지그문트 바우만Zygmunt Bauman(1925~2017)은 암울한 미래의 모습에 절규했다. 우리 문명의 방향을 시민들의 합의로 바꾸지 못한다면 그 미래의 귀결은 암울하다면서 '공동묘지'라는 표현까지 사용하며 지구인들에게 호소했다. 지금부터 변화해야 한다는 것이다. 이것은 단지 방향을 선회하거나 각도를 약간 변경하는 문제가 아니라 근본적인 삶의 방식과 문명의 내용을 바꾸어 나가는 근본적 혁신을 의미한다. '지속 가능한 세상'의 주문은 지속 불가능함을 우리 스스로 인식·

---

2 지그문트 바우만 지음, 정일준 옮김, 『레트로토피아(Retrotopia): 실패한 낙원의 귀환』(파주: 아르테, 2018), 256~257쪽.

이해했을 때 나오는 것이다. 지속 불가능은 문명의 단절과 파괴를 의미하며, '제6의 멸종'으로서 인류의 멸종이다. 그야말로 파국이다. 파국을 만들어가고 있는 것도 지구인이지만, 파국을 막아낼 수 있는 것도 지구인이다.

결자해지結者解之, 우리가 저지른 것은 우리가 해결해야 한다. 지구는 우리 단독의 공간이 아니다. 지구는 수많은 생명과 사물로 구성되어 있고, 그들은 태초부터 서로 연결되어 상호 의존한다. 따라서 지구는 '공동의 것'(commons)이다. 공동체(commune)로부터 유래한 '공동의 것' 또는 공유지는 모든 사람이 이용하는 공동자원이었으며, 동등한 접근과 협동적 생활방식을 의미했다. "공유지는 공유자들의 민주적 승인이 선행되지 않는 한 사적 이해관계자들이 이를 합법적으로 탈취할 수 없으며, 사적 이윤을 위해 이용하거나 판매하거나 상업화할 수 없다."[3] 그러나 '공동의 것'은 근대와 더불어 사유화의 대상이 되어 소수에게 점령·약탈되었다.

이와 동시에 자연과 생명도 점령·배제·약탈되었다. "빈자는 배제되는 동시에 포함되는 역설적 위치를 차지 (…) 다중은 부로부터 배제되지만 부의 생산에는 포함된다."[4] 빈자는 권력과 부자에 의해 생산 과정에는 포박되나 부의 분배에서는 배제되는 존재로 전락했으며, 이와 동

3 가이 스탠딩 지음, 안효상 옮김, 『공유지의 약탈: 새로운 공유 시대를 위한 선언』(파주: 창비, 2021), 61쪽.
4 안토니오 네그리·마이클 하트 지음, 정남영·윤영광 옮김, 『공동체: 자본과 국가 너머의 세상』(고양: 사월의책, 2014), 95~96쪽.

일하게 자연과 생명도 인간 생명의 일부인 권력과 부자에 의해 생산 과정에서 점령·약탈의 대상이었으나 보호에서는 배제되었다. 대부분이 소수에게 집중되고 나머지는 배제·점령·약탈당하는 시대는 '공동의 것'이 사라지는 시대이다.

인간이 사는 땅은 지구 전체의 77퍼센트를 차지하는데 이 땅에서 살아가던 동물들은 서서히 사라지고 있다. 인간과 동물의 서식지 거리가 축소되면서 상상을 초월하는 새로운 바이러스가 발생하고 있다. '코로나19'는 인간의 문명이 개발과 성장의 욕망으로 약탈한 공간의 저항이라 할 수 있다. 20세기 백 년 동안 최소 543종의 육지 척추동물이 멸종되었다고 보고되고 있으며, 멸종 직전의 척추동물도 515종에 달한다. '공동의 것'이 사라지면서 인간과 동물 모두에게 멸종이라는 단어는 현실로 실행되었고, 또 그런 미래를 목도하고 있다.

'2018년 한국 환경위기 시계 9:35 위험'. 환경재단은 2018년 10월 일본 아사히글라스재단과 공동 조사한 '2018 환경위기 시각'을 발표하며 한국의 환경 시계가 빠르게 돌고 있다고 밝혔다. 2017년 9시 9분에 비해 26분이 더 12시에 가까워진 것이다. 9~12시는 환경위기 시각에서 '위험'에 속하므로 한국은 2017년부터 위험의 단계에 접어든 것이다. 전 세계를 기준으로 하는 '세계 환경위기 시각'은 9시 47분으로 1992년 첫 조사 이래 12시에 가장 근접했다. 1992년 당시 세계 환경위기 시각이 7시 49분이었으니 30년도 안 되는 동안 2시간이나 흘러간 것이다. 이 추세대로라면 앞으로 30년 이내에 세계 환경위기 시각은 12시에 도달할 것이다. 그야말로 재앙과 같은 상황이 얼마 안 남았다는 암울한 예측이다.

'기후변동에 관한 정부 간 패널'(IPCC: Intergovernmental Panel on Climate Change)의 예측에 의하면, 21세기 말경 해수면이 50센티미터 이상 상승할 수 있을 것으로 추정했다. 이 수치도 보수적인 계산이니 해수면은 더 높이 상승할 것이다. 온실기체(지구의 대기 속에 존재하여 온실효과를 일으키는 기체) 배출을 즉시 중단해도 이미 대기 중에 있는 온실기체가 1,000년간 태양 에너지를 계속 흡수할 것이라 한다. 지구의 온난화를 일으킨 범인은 바로 인간일 가능성이 높다는 점에 대해 IPCC는 합의했다. 즉, 인간의 문명이 만들어낸 발명품이 바로 지구 온난화다. 이 지구 온난화가 다시 인간의 문명을 파괴하는 가장 강력한 원인이 될 것이라는 섬에서 정말 아이러니한 상황에 인류는 직면하고 있다. 세계기상기구(WMO)의 데이터에 의하면 2014년부터 2019년 사이가 인류 역사상 가장 더운 5년이었다고 하며, 같은 기간 해수면이 가파르게 상승했고, 대표적 온실가스인 이산화탄소의 대기 중 농도가 최고치를 기록했다. 1850년 이후 지구 평균 온도가 1.1℃ 올랐는데, 그에 비해 2011년~2015년 사이 0.2℃가 올랐다.

〈대한민국 정책브리핑〉의 "지구 온도가 1℃ 오르면? 기후 변화 시나리오"에 의하면, 지구 온도가 1℃ 오르면 10퍼센트의 육상생물이 멸종 위기에 직면하고, 2℃ 오르면 사용 가능한 물이 20~30퍼센트 감소한다. 3℃ 오르면 20~50퍼센트의 생물이 멸종 위기에 처하며 기근으로 인한 사망이 1~3백만 명에 달할 것이고, 4℃ 오르면 사용 가능한 물이 30~50퍼센트 감소하며 매년 3억 명의 사람들이 해안 침수로 피해를 당할 것이라 한다. 또 5℃ 오르면 군소 도서국과 뉴욕·런던 등이 침수할 위험이 있고 재난으로 인한 자본시장 붕괴 및 핵무기를 동원한 전쟁 발발 가능성이 있으며, 6℃ 오르면 모든 생물체의 대멸종이 시작된다고 알리고 있다. 이런 시나리오는 앞으로 다가올 미래의 엄연한 현실이다. 2014년 IPCC의 5차 평가보고서는 지구 온난화로 세기말까지 지구 온도가 섭씨 5℃ 상승할 것이라는 최악의 시나리오를 제시했다.

최대의 문제는 지구 온난화를 방지할 대안이 부재하다는 현실이다. IPCC는 2050년까지 '탄소 순배출 제로' 목표를 달성하기 위하여 2030년까지 전 지구적 탄소 배출량을 절반으로 감축해야 한다고 주장했다. 또한 2015년 체결된 파리기후협정의 1.5℃ 목표를 달성하려면 2050년까지 석탄 사용을 전면 중단해야 하며, 이 기간까지 재생 가능 에너지가 전체 에너지 공급의 85%를 차지할 수 있도록 조치해야 한다고 지적했다. 즉, 탄소를 배출하는 인간의 에너지 공급시스템의 전면적 전환이 전제되어야 한다.

기술적 대안은 마련되어가고 있는 것으로 추정된다. 문제는 세계 국가들이 합의한 것들을 진정으로 실천할 것인가이다. 파리기후협약을 추진했던 미국 오바마 전 대통령과 달리 트럼프 전 대통령은 이 협약을 탈퇴했다. 신흥개발국들은 자국의 발전권을 주장하고 있다. 미국인을 대상으로 한 연구에서 미국인 대다수가 그 주제에 대해 불안해하거나 당혹스러워하면서도 그에 대해 생각하고 싶지 않다는 결론을 내렸다고 한다.[5] 지구는 공공의 것이며, 동시에 인간만 생존하는 공간이 아니다. 지구 온난화는 인간의 문명을 파괴할 뿐만 아니라 생명의 서식처

마저 파괴할 것이다. 이것은 생명의 파멸을 의미한다.

영화에서나 봤던 지구의 종말에 관한 스펙터클한 이야기가 현실에서 벌어지는 것이다. 우리는 영화의 주인공이 되어 마지막 삶의 끈을 놓치지 않으려는 전사가 되어야 한다. 그런 영화가 상영되는 것을 막아야 한다. 이것은 지금의 기성세대에게는 의무다. 미래세대의 환경을 뺏어서 현실을 만끽하고 소비하는 것은 범죄다. 이제 그 범죄 드라마를 끝내야 한다.

자연과 생명에 대한 사랑

동물과 자연에 대한 사랑은 앞으로 21세기 지속 가능한 사회와 지속 가능한 지구를 위해 필수적인 영역과 철학이 될 것이다. 사회생물학의 아버지라 불리는 에드워드 윌슨(Edward Osborne Wilson)은 보편적 '생명애'(biophilia)를 주장하며, 인간이 가지고 있는 생명애를 생명과 유사 생명 과정들에 관심을 집중하는 본유적 성향으로 규정한다. 본유적으로 가지고 있다는 것은 유전적이라는 뜻이며, 인간이 태어날 때부터 이미 가지고 있는 본성을 의미한다.[6] 즉, 생명애가 있다는 가설은 근본적

---

5 스펜서 R. 위어트 저, 김준수 역, 『지구 온난화를 둘러싼 대논쟁』(서울: 동녘사이언스, 2012), 239쪽.
6 Edward O. Wilson, "Biophilia and the Conservation Ethic," in Stephen R. Kellert and Edward O. Wilson (ed.), *The Biophilia Hypothesis* (Washington, D.C.: Island Press, 1993), 31쪽.

으로 자연에 대한 인간의 의존성을 전제로 한다.[7] 인간은 본성적으로 다른 생명과의 공존과 사랑 속에서 존재해왔다는 것이므로, 인간 본성적으로 살아가는 것은 생명을 사랑하는 것이다.

이것은 인간만이 아니라 다른 유인원에게서도 확인된다. 인간과 가장 가까운 친척으로 추정되는 암컷 보노보 원숭이(작은 아프리카 침팬지)인 쿠니Kuni는 동물원에서 자기 우리의 유리벽에 부딪혀 기절한 새를 발견하고는, 그 새를 풀어주려고 나무의 꼭대기까지 데리고 올라가서 새의 날개를 펴고 공중으로 날려 보냈다.[8] 어린 침팬지 요니Yoni를 관찰한 코츠의 설명에 의하면, 코츠가 눈을 감고 눈물을 흘리며 우는 척을 하면 요니는 즉각 놀이나 하던 일을 멈추고 코츠에게로 달려왔다고 전한다.[9]

우리는 개가 목숨을 바쳐 주인을 살렸다는 이야기, 인간과 개의 공감과 사랑의 관계에 관한 이야기, 동물과 다른 동물의 우정에 관한 이야기를 언론을 통해 자주 접할 수 있다. 고양이가 내버려둔 새끼를 암컷 개가 키우는 이야기 등을 통해 생명체가 생명체를 사랑한다는 것을 간접적으로 확인할 수 있다.

동물에게, 그리고 심지어 식물에게도 인간 감정을 이입하는 것은 깊이 간직된 성향이다. 아주 어린 나이부터 우리는 동물을 일련의 인간

---

7 Stephen R. Kellert, "Introduction," 위의 책, 20쪽.
8 프란스 드 발 지음, 최재천 옮김, 『공감의 시대: 공감본능은 어떻게 작동하고 무엇을 위해 진화하는가』(파주: 김영사, 2017), 135쪽.
9 프란스 드 발, 위의 책, 129쪽.

적 성격을 가진 것으로 보는 매우 다양한 이야기와 이미지에 노출되어 있다. 애완견의 소유권이나 가축들 기르기에 확대 적용되었을 때 이 유대는 강력한 감정적 연결로 발전한다. 합리적 세계에서 이 태도는 진정 감정적 오류라고 주장될 수 있지만, 이 느낌의 강렬성은 명백히 인간 정신의 깊은 부분이다. 그 기원은 동물을 이해하는 것이 우리 조상들에게 사활적으로 중요했다는 데 있을 것이고, 특히 그 중요성은 빙하기를 뚫고 살아남는 것에 있었을 것이다.[10]

생명애는 빙하기를 뚫고 살아남아 유전자를 통해 전수되었다. 인간이 동물을 이해하는 것은 생존을 위해 사활적이었고, 생존을 위한 이 이해의 시간 동안 만들어진 인간의 감정이 바로 생명애다. 그야말로 유구한 시간에 걸쳐 인간의 유전자에 뿌리박힌 감정으로서의 생명애가 이제 더욱 확산되고 깊어져야 한다. 지속 가능한 지구는 반대로 지속 불가능을 의미하므로, 지구와의 장기 공존을 위한 생명애가 발휘되어야 한다. 지속 가능한 사회는 역으로 지속 불가능성을 의미하며, 사회적 약자에 대한 배려와 나눔, 공감과 연대의 미덕을 발휘할 수 있는 힘으로서 생명애를 발휘해야 한다. 이 생명애는 인간과 동물, 그리고 자연과 사물까지 확산되는 것이다.

동아시아는 예로부터 사람 사랑, 동물 사랑, 자연 사랑을 삶의 철학

10 William J. Burroughs, *Climate Change in Prehistory: The End of the Reign of Chaos.* (Cambridge: Cambridge University Press, 2005·2006), 160쪽.

으로 삼아왔다. 『예기禮記』 「제의祭義」에 "수목은 때맞춰 벌목하고, 금수는 때맞춰 잡아야 한다. 공자 가로되, '나무 한 그루를 베고 짐승 한 마리를 죽여도 그 때를 어기면 효가 아니다'라고 하셨다"면서 부모에게 효도하는 것은 동물과 자연을 사랑할 때에야 이루어짐을 언급하고 있다. 또한 『대대례大戴禮』의 「위장군문자衛將軍文子」에는 "겨울잠에서 깨어나는 동물들을 죽이지 않는 것은 하늘의 도이고, 한창 자라고 있는 식물을 꺾지 않는 것은 공감하는 것이며, 공감하면 인애한다"고 했다. 겨울잠에서 갓 깬 동물을 죽이지 않는 것은 사람이 지켜야 할 도리이며, 덜 자란 식물을 차마 꺾지 않는 것은 그 고통에 공감하는 것이고, 공감한다는 것은 사랑한다는 뜻이다. 21세기 새로운 삶의 양식은 바로 이 인간의 본성인 생명애를 확장하여 자연과 생명을 사랑하는 것이다.

인간의 지구 파괴와 감염병·멸종의 시대

유엔환경계획(UNEP)의 「세계 토지사용의 평가」(Assessing Global Land Use) 보고서에 의하면, 전 세계 육지 면적 약 150억 헥타르(ha) 가운데 농지는 약 50억 헥타르, 거주지와 사회기반시설은 약 3억 헥타르로 세계 육지 면적의 약 30퍼센트를 사람이 차지하고 있다. 삼림 벌채도 지난 반세기 동안 연간 평균 1,300만 헥타르의 속도로 진행되었으며, 거주지와 사회기반시설 면적의 경우 2050년까지 약 6억 헥타르로 늘어날 것이라는 전망도 제기되고 있다.[11]

제러미 리프킨은 1900년경 인간이 사는 땅은 전체의 14퍼센트 정도였으나 지금은 77퍼센트에 육박하며, 야생으로 남아 있는 땅의 비율은 23퍼센트에 불과하다고 지적했다. 야생의 생명들은 인간의 점령에 따라 이주를 시작했고, 동물뿐 아니라 식물, 바이러스까지 인간의 침범과 기후 재난을 피해 탈출을 감행하여 파괴된 서식지가 아닌 인간의 곁으로 왔으며, 바이러스는 동물의 몸에 올라타서 인간에게로 이동했다는 것이다. 사스SARS, 메르스MERS, 에볼라Ebola, 지카Zika와 같은 팬데믹의 발생은 이와 같은 경로를 통해 시작되었다.[12]

바이러스는 이미 인간의 생명을 앗아가고 있다. 신종 플루(2009년, 1만 8,500명 사망), 에볼라 바이러스(2014년, 1만 1,130명 사망), 그리고 코로나19가 전 세계를 덮쳤다. 미국 조지타운대 연구팀은 2070년까지 인류는 코로나19와 같은 인수공통 감염병이 전파될 위기를 매년 최대 260회 겪을 수 있다고 분석했다. 그 이유는 기온의 상승에 따른 해수면 상승, 인간 활동에 따른 동물 서식지 파괴 등의 영향으로 인류와 포유류 등의 거주지가 이동하고, 상호 간의 거리가 가까워졌기 때문이라고 지적했다.

문제는 이와 같은 신종 감염병의 출현이 반복되고 있다는 점이다. 1920년대 침팬지를 식용한 인간에게 전파된 특정 바이러스에 의해 출현한 에이즈(HIV), 1976년 콩고 에볼라 강변의 마을에서 나타난 치사

---

11 〈동아일보〉 2020년 6월 2일.
12 안희경, 『오늘부터의 세계』(서울: 메디치미디어, 2020), 20쪽.

율 88퍼센트의 에볼라 바이러스, 1993년 미국 남서부 지역에서 인간이 사슴쥐, 흰발생쥐에 노출된 탓으로 추정되는 치사율 55퍼센트의 한타Hanta, 1994년 오스트레일리아의 교외 마을 헨드라에서 과일박쥐에게 노출된 탓에 퍼진 것으로 추정되는 헨드라Hendra, 1998년 말레이시아에서 과일박쥐가 돼지에게 옮기고 다시 인간에게 전파된 니파Nipah, 2002년 중국 광둥 지역에서 야생박쥐에 의해 시작된 것으로 추정되는 사스 등은 대부분 인간의 야생 서식지 침탈에 의한 접촉으로 발생했다.

중국 인민대학 원톄쥔(溫鐵軍) 교수는 바이러스가 현대화에 대한 일종의 비평문을 작성했다고 비유하면서, 현대화가 우리의 머리채를 잡아 대지 밖으로 던졌다고 평가했다.[13] 인간의 문명이 추구한 현대화가 지구의 온난화를 불러왔고, 그 온난화가 생태계를 파괴했으며, 동시에 대규모 감염병의 반복적 창궐 시대로 이끌었다는 것이다. 우리의 문명은 이렇듯 인간 이외의 생명과 자연을 파괴하면서 서서히 자신의 생존마저 위협하는 지경에 이른 것이다. 인간의 성장과 진보에 대한 욕망은 화석연료 채취를 통한 발전을 추구하게 했고, 이 성장 전략은 기후 변화를 초래했다. 즉, 기후 상승에 의한 지구 온난화는 지구적 차원의 물 순환을 교란시켰고 이에 따라 생태계는 빠른 속도로 붕괴되고 있다.

앞으로 인류가 어떤 방향으로 나아갈지에 따라 멸종 위기를 최소화하면서 다른 수백만 종의 운명을 살릴 수 있는 기로에 서 있는 것이다.

13 위의 책, 73쪽.

에를리히 교수는 다른 종을 멸종시키는 행위에 대해 인류가 자기들이 앉아 있는 나뭇가지를 톱으로 잘라내 자신의 생명 유지 장치를 망가뜨리는 것이라고 비유했으며, 이 상태를 더 이상 방치할 수 없다면서 각국 정부가 멸종 위기종에 대한 대책을 기후 변화처럼 세계적 긴급 현안으로 다루어야 한다고 주장했다. 6,600만 년 전 공룡이 모두 사라진 다섯 번째 멸종 이후 또 다른 대멸종이 개시된 것이다. 그러나 무엇보다도 위험한 것은 이 대멸종에 사라진 공룡 대신에 인간이 그 대상이 될 수 있다는 점이다. 이것은 그야말로 인류에게 두려운 경고이며, 공포의 미래를 의미한다.

포스트 코로나19 시대

'인터레그넘interregnum'. 고인이 된 석학 지그문트 바우만은 2013년 인터뷰에서 이 시대를 최고 지도자가 부재한 기간을 의미하는 인터레그넘의 시대로 규정했다. 바우만은 인터레그넘을 "활동하는 옛 방식이 매우 빨리 노화되어 더 이상 적절하게 작동되지 않음에도 불구하고 새로운 활동방식들이 아직 개발되지 않은 상태"로 정의했다.[14] 과거의 방식은 '지금'을 지탱할 수 없으나, '지금'을 지탱할 새로운 것은 등장하지 않은 과도기를 의미한다. 또한 유발 하라리Yuval Harari는 이 시대

14 안희경, 『문명, 그 길을 묻다』(서울: 이야기가 있는 집, 2017), 183~184쪽.

를 '웜홀wormhole', 즉 우주 공간에서 블랙홀과 화이트홀을 연결하는 통로를 의미하는 가상의 개념으로 정의했다. 우리는 위태로운 시대이지만 새로운 시대로 진입할 수 있는 그야말로 인터레그넘의 시대에 살고 있다.

21세기의 과도기적 국면에서 발생한 코로나19 바이러스는 '인터레그넘'의 위험을 내포하는 동시에 '웜홀'로서 다른 지점을 연결하는 고차원적인 계기로 우리를 인도하고 있다. 대한민국의 새로운 100년을 얘기하는 시대에 인류의 시간은 단지 50년만 남았다는 주장과 변화하지 않으면 생존할 수 없다는 절박한 요청이 제기되고 있다. 인간의 욕망은 식물의 다양성을 파괴했고, 천적이 사라지면서 생태계가 교란되었으며, 생태계의 교란은 코로나19의 확산으로 전 세계를 공포와 악몽으로 뒤덮었다.

이와 함께 우리 시대를 불안하게 하는 것은 단기적 이익만을 추구하는 신자유주의 경제 시스템이다. 오너owner와 임원, 주주의 이익을 위해 단기적 수익에 집중하면 당연히 장기적 계획과 투자는 뒷전으로 밀릴 수밖에 없다. 그리고 신자유주의 경제는 가격 인하를 위해 세계 전역이 연결되어 있는 시스템이어서 경제적 충격의 파장이 모두에게 미친다. 이 파장은 이윤 획득을 위한 효율성 중시로 인해 사회적 약자에게 집중된다. 궁극적으로 신자유주의 경제는 소수의 가진 사람들에게 부를 집중시키고, 다수의 부를 상대적으로 축소하며, 사회적 약자의 삶의 질을 더욱 악화시키는 시스템이다.

경제적·정치적 양극화에 의해 '실제 전쟁 없이 진행되는 항구적 전쟁 상태'로 치닫고 있는 현대에 덩그러니 남은 단어는 '편견'과 '상대적 빈곤'이다. 상대방의 의견은 '들리지 않는 소음'이고, 가난에 찌든 삶을 쳐다보지도 않는 '무無동정심'이 도처에서 발견된다. 동정심과 공감은 사라지고 공포와 공격이 돌출하고 있다. 그래서 사회적 병리 현상은 더욱 확산되고, 사회적 비용은 더욱 늘어나며, 사회적 연대는 빠르게 부서지고 있다.[15]

신자유주의 세계화 시대의 모순 구조를 극복하는 공정과 정의의 길도 공감과 사랑의 확대에 의해 가능할 것이다. 그 이유는 신자유주의 경제체제하에서 자본 물신物神적 이윤 극대화·무한축적 메커니즘이 인간의 공리적 행위를 지배하고 있기 때문이다. 자유시장의 경쟁 조건은 자본 축적의 무한성을 부추기는데, 그 이유는 어떤 수준의 자본축적도 안전을 보장할 수 없기 때문이다. 즉, 사회경제적 권력으로서 자본의 안전보장은 무한축적을 지속하는 것이다. 무한축적을 통해 한 분야의 독점에 도달하고, 이제 세계시장으로, 가급적 전 분야에 걸쳐 문어발식 독점 달성을 추구하는 방향으로 나아간다. 이처럼 자본은 인간의 본유적 도덕 감정을 "완전히 탈각시키고 관심의 초점을 감정(목적)에 무차별적인 수익성으로 이동시켜 고착화"하며, "인간 감정적 가치를 파괴하는 자본주의적 '목적합리적 행위'의 '물화성物化性' 또는 '물신성物神性'"을 그 본질로 한다.[16]

---

15 김종욱, 「도시의 시민성과 '공감의 정치'」, 158~159쪽.
16 황태연, 『감정과 공감의 해석학(2권)』(파주: 청계, 2015), 2111쪽.

인간은 그래도 되는 줄 알았습니다

심순덕 시인의 「엄마는 그래도 되는 줄 알았습니다」라는 시로 책을 마감한다. 지구는 인간이 함부로 대해도, "그래도 되는" 존재가 아니다. 어머니 돌아가시고 펑펑 울 수 있는 기회마저 부정당하는 시대로 치닫고 있는 우리들에게 희망은 공감으로서의 사랑과 '공감의 정치'다. 다른 생명과 자연의 고통에 공감하는 것, 다른 사람의 고통에 공감하는 것, 그것이 사람이다. 측은지심이 없으면 사람이 아니라는 동아시아의 통찰은 오히려 현재의 시점에서 더욱 빛난다. 우리는 어머니에게, 지구에게, "그러면 안 되는 것"이었다.

엄마는 그래도 되는 줄 알았습니다

심순덕

엄마는
그래도 되는 줄 알았습니다
하루 종일 밭에서 죽어라 힘들게 일해도

엄마는
그래도 되는 줄 알았습니다
찬밥 한 덩이로 대충 부뚜막에 앉아 점심을 때워도

엄마는

그래도 되는 줄 알았습니다

한겨울 냇물에 맨손으로 빨래를 방망이질해도

엄마는

그래도 되는 줄 알았습니다

배부르다 생각 없다 식구들 다 먹이고 굶어도

엄마는

그래도 되는 줄 알았습니다

발뒤꿈치 다 해져 이불이 소리를 내도

엄마는

그래도 되는 줄 알았습니다

손톱이 깎을 수조차 없이 닳고 문드러져도

엄마는

그래도 되는 줄 알았습니다

아버지가 화내고 자식들이 속 썩여도 전혀 끄떡없는

엄마는

그래도 되는 줄 알았습니다

외할머니 보고 싶다
외할머니 보고 싶다, 그것이 그냥 넋두리인 줄만……

한밤중 자다 깨어 방구석에서 한없이 소리 죽여
울던 엄마를 본 후론
아!
엄마는 그러면 안 되는 것이었습니다